库木吐喇石窟已揭取壁画保护修复研究报告

中国文化遗产研究院　张晓彤　著

文物出版社

图书在版编目（CIP）数据

库木吐喇石窟已揭取壁画 / 中国文化遗产研究院　张晓彤著.
–– 北京 :文物出版社, 2019.5
ISBN 978-7-5010-6168-6

Ⅰ.①库… Ⅱ.①张… Ⅲ.①库木土拉石窟—壁画—
介绍 Ⅳ.①K879.41

中国版本图书馆CIP数据核字(2019)第102907号

库木吐喇石窟已揭取壁画保护修复研究报告

著　　者：中国文化遗产研究院　张晓彤

封面设计：程星涛
责任编辑：孙　霞
责任印制：张道奇

出版发行：文物出版社
社　　址：北京市东直门内北小街 2 号楼
邮　　编：100007
网　　址：http://www.wenwu.com
邮　　箱：web@wenwu.com
经　　销：新华书店
印　　刷：北京荣宝艺品印刷有限公司
开　　本：889mm × 1194mm　1/16
印　　张：19.5
版　　次：2019 年 5 月第 1 版
印　　次：2019 年 5 月第 1 次印刷
书　　号：ISBN 978-7-5010-6168-6
定　　价：298.00 元

序

　　石窟寺壁画作为石窟寺建筑的重要组成部分，是古代历史、艺术、宗教信仰、文化的载体，是人类文明长河中最为璀璨的纪念之一。石窟寺壁画在我国分布之广、数量之多、持续时间之久，它处难以企及。新疆位于古代丝绸之路要冲，是东西方文化荟萃之处，是佛教石窟艺术传入中国的首及之所。新疆石窟寺壁画不仅表现出强烈的地域和民族特色，是古代新疆社会的真实反映，而且其保留的希腊、印度、犍陀罗和波斯艺术成分，更是研究东西方经济文化交流的珍贵形象资料。

　　但这些被赞叹为"殆越人工""丹青妙画"的壁画，在历经千年的自然与人为破坏和自身材料老化之后，已经面临各种各样的病害困扰。几十年来，中国文化遗产研究院同仁们在壁画保护修复方面做了大量研究和实践，积累了许多不同类型壁画保护修复研究经验并成果丰硕。包括20世纪50～90年代开展的永乐宫壁画揭取修复归安，敦煌莫高窟起甲壁画修复，西藏布达拉宫壁画保护，福建漳州二宜楼壁画和彩绘保护等；进入21世纪，开展了北京智化寺壁画环境监测与病害现状调查，集安高句丽墓葬壁画保护修复，西藏白居寺、大昭寺、哲蚌寺壁画保护修复等，出版了《馆藏壁画保护技术》等研究成果。在开展文物保护修复实践研究的同时，中国文化遗产研究院还根据国家文物局要求，举办了中意合作文物保护修复技术培训班、中日韩合作丝绸之路沿线文物保护修复技术人员培养计划、国家文物局馆藏中长期壁画保护修复培训班、西藏壁画文物保护修复技术人员培训班等，为全国各地培养了近百名壁画保护修复专业技术人员。

　　近十年来，中国文化遗产研究院受新疆维吾尔自治区文物局、新疆龟兹研究院的委托，持续开展了龟兹石窟壁画保护修复研究工作。其中由于修建水电站导致洞窟壁画遭水浸蚀，并于1991年完成揭取的库木吐喇石窟已揭取壁画保护修复工作的设计与施工工作均由我院承担完成。同时与龟兹研究院合作，为其培养了5名壁画修复技术人员。张晓彤同志所著《库木吐喇石窟已揭取壁画保护修复研究报告》，是我院在壁画保护修复领域进行的又一次探索和总结，是立足于文物修复师视角对壁画文物修复进行的深入思考。作为工程项目，我们并没有将思维仅仅限定在修复范围，而是通过一系列前期调查、检测、试验研究，在戈壁深处历时两年将135幅病害复杂、无法展示的壁画做了研究性的修复，最终使病害消除且能够展示。在技术方面也收获颇多，比如将蜂窝铝板作为非平面型壁画支撑体，为类似工作提供了借鉴。

　　同时，在时隔五年之后，这本书还能够针对工程项目中存在的遗憾，回头反思文物保护修复的核心意义所在，这在新时期具有很强的现实意义。例如，本书作者认为，壁画原本附着于石窟寺或建筑、墓葬之中，在不得已揭取之后变成了馆藏可移动文物，作为文物而言它依然珍贵，但是其与原始环境的割裂，在客观上造成了对其进行价值阐释、传播解读，甚至保护修复的障碍。因此，对揭取壁画进行保护修复工作必须回归到对其承载本体的研究，回到库木吐喇石窟经历的历史中去，将遗落在岁月中的片段串缀在一起，才能扩大馆藏壁画研究的外延，从而使其价值内涵更为丰富。又如，文物保护修复的最终目标是能够通过保护修复实践阐释其所承载的价值，并能够通过综合系统的研究使其得以长久传承。为达成这一目标，文物保护修复必须是一项需要多学科合作的专业工作，在国家高度重视文物保护的今天，其任务日益繁重，但是在历史、艺术、科学、技术研究和实践都高度专业化的情况下，在文物保护修复领域多学科融合更加需要受到业界每一个人的重视，否则正如本报告作者所言，保护修复的只是"物"而非"文物"。

中国文化遗产研究院始终致力于推动文物保护修复技术与理念的进步，坚持知行合一，相信《库木吐喇石窟已揭取壁画保护修复研究报告》一书的付梓，会对推动文物保护修复技术及相关研究进步，特别是如何在修复工作中不忘初心，遵守文物保护修复原则，自觉重视阐释文物本体价值，为展示传播利用奠定基础等带来启示和推动！

中国文化遗产研究院院长

前 言

　　长期以来的专业化工作，使我们对专业领域的成果与发展备加关注，尤其是文物保护修复技术活动本身，更专注于通过技术手段的实施使劣化的文物得到"康复"，技术行为在这个过程中被彰显。在近20余年的实践中，强调文物保护修复多学科融合的重要性，科学加技术的工作模式，被文物保护修复设计和实施活动所认可。文物保护现行87项专业标准中，其中有7项是关于文物保护修复方案编制的标准，在这些标准中无一例外地将文物价值或者价值评估写在基本信息的条目之后，几乎位于方案编制的初始。然而，在文物保护项目评估规范中，却不再有关于文物价值评估的内容。这几乎从根本上导致了文物保护修复学科建设与工作体系建设中，对文物价值认识的不平衡。

　　文物本身所具有的历史、艺术、科学、社会、文化、情感、记忆等复杂价值属性，决定了对其开展保护修复是一个多学科交叉的复杂过程，是一个历史＋科学＋技术＋艺术体系的完美融合。而在实际的保护修复项目执行过程中，项目负责人的专业背景往往是单一的，或者是有侧重的，因此项目的成果往往也是有侧重的。现行文物保护修复实际工作过程中，文物价值研究被弱化或忽视，绝大多数文物价值评估也仅仅是在工作初始阶段围绕历史价值、艺术价值、科技价值的叙述框架所进行的程序性活动，之后对于具体参与一系列技术活动的人而言往往就不再关注此项工作。不以价值评估为工作核心的保护修复行为，在技术链条的工作流程控制下，所有的行为基本是围绕本体材料、工艺及劣化而展开的，在此过程中所揭示的文物价值，常常是明珠散落、不成篇章，保护修复工作过程成了一项单一的技术活动，文物价值阐释的真实性、完整性得不到支持。历史、艺术、科学、技术的综合研究在保护修复项目中还存在不同程度的缺失。

　　笔者从事文物保护修复相关工作近20年，深切地感受到文物保护修复工作是一项复杂的系统工程。从最初关注文物保护修复技术本身，逐渐认识到多学科合作的重要性，这一认识贯穿了从业工作的整个过程。而真正思考"文物价值研究是文物保护修复的核心工作"这一问题，是从习近平总书记提出"让文物活起来""讲好中国故事"之后，站在观众视角，思考专业工作者究竟能给他们什么样的引领？若仅从单一的历史、科学、技术或艺术角度出发，都无法构成一个精彩的故事，都无法把文物的前世、今生和未来传递说明白、讲清楚。当开始审视自身技术行为本身的时候，才发现原来的工作仅仅把文物价值研究当做了一项流程，而非文物保护修复的工作核心。并没有意识到修复工作的每一步都在为价值研究服务，没有用它指导保护修复工作，因此在自己经历过的保护修复工作中留下了很多遗憾。

　　文物从诞生起就具有了其原始价值，在时间流逝中其历史价值不断增加，但自然和人为因素的影响也同时在不断削弱其原始价值。保护修复如果仅仅基于本体开展，其结果也仅仅是能恢复其原始价值，而真正链接人类情感的历史、文化、社会等价值，则需要开展更多的研究，文物修复多学科合作的深刻意义重点在于此。

对于库木吐喇石窟已揭取壁画保护修复工程项目而言，最初目的就是通过科学的保护措施，恢复壁画的安全性和稳定性，使之能够长期保存，并对其进行深入研究，因此当时所有的工作重点都集中在具体的科学、技术层面。自2014年工程完成至今，在思考文物价值如何阐释，保护修复如何服务于社会的命题上，认识到当年的工程实践仅仅是揭示、恢复文物价值的一部分；认识到对于石窟寺揭取壁画的保护修复研究，必须要回归到洞窟本身，否则这些壁画的价值就会因为一次次的干预行为而变得远离真实性和完整性。

这本书应该是献给修复师的，2018年的冬天，读到格伦威德尔于一百多年前所著的文字，深刻体味到了解历史真相是怎样一种感慨。外国"探险队"对中国西域的文化劫掠带来的伤痛不言而喻，彼得·霍普科克的描述很有代表性❶。对于一个真正的文物修复师而言，大概也没有什么比不知道自己修复对象的"身世"更痛苦了，而这个体会竟然是后知后觉。格伦威德尔在导言中❷关于壁画揭取记录的叙述，对于今天的文物修复师仍极具提醒意义，特摘录于此，以免因这些文字隐藏于历史考古类书籍中与文物修复师失之交臂。

可以说，我们在考察中遇到的，各处都是（当然也有某些例外）一系列具有基本相同的装饰壁画等内容的典型寺庙。这些壁画又可分为几组具有一定内容的画面，而我就把对这些壁画的分析研究，以及必要时的复原（只要有可能），作为我此次考察的任务。现在我在本书中把这些原始材料奉献给读者。我希望在以后的著作中，能够重新探讨它们的各个细节部分，阐述它们彼此间的联系，以及后来各个时代由于宗教本身的变化而创造了新的艺术结构之后，它们各自继续存在的状况。由上述可知，我们考察现场的任务在于，首先把所发现的东西，只要看来是有用的，就进行登记归档。其中包括绘制平面草图，对所保存下来的壁画顺序逐一记录，把里边最重要的内容描绘下来，并且对寺庙的外观进行拍照。简言之，通过尽可能深入的观察分析，力求记录所有适于切割剥离的壁画。由于所发现的壁画价值极高，如果不是时间过于短促，则会全部带走。关于哪些壁画应当带走的问题，我的看法是：或者全带，或者一幅也不带。属于全带走者，应具有足够悠久的历史，或者有学术价值，或者有艺术价值。属于下述情况者一件也不带：无法搞清残存遗物的内容，因而看来带回欧洲之后无法复原的。当然，重要的艺术品是个例外。然而要确定这一点，也只有在现场进行了深入的分析之后才有可能。另一个例外是，已经完全毁掉了的石窟寺里的值得重视的人物或装饰物的个别残部，因为这些残部可以证明已毁的这个寺庙属于何种艺术风格，所以要带走。凡是草率地剥取壁画，而未做仔细记录，未确定或未认出壁画各部分之间的联系，未绘草图或未拍照者，我认为都应受谴责。同样，不照顾到绘画而剥取题记也是不对的。

对于那些全部带回的价值极高的壁画，包括其复原的装饰部分，我都让人在现场（只要能够办得到）既进行拍照，又用透明的纸蒙在原作上做了摹绘复制或者水彩画。因为在运输过程中出现事故时，我认为迫切需要的，就是至少也要保存下来照片或透绘图。古老的壁画往往都有霉变，剥取这样的壁画就已是担着很大风险了，而剥离工作并不总是成功的。霉变的地方，可能一下子就变成灰土。我们

❶ 陈海涛译，[德]阿尔伯特·冯·勒柯克：《新疆地下文化宝藏》，新疆人民出版社，2013年英文重印本导言第001~008页。

❷ 赵崇民、巫新华译，[德]A.格伦威德尔：《新疆古佛寺——1905~1907年考察成果》，中国人民大学出版社，2007年，第3~6页。

在考察现场应尽最大努力，做到用临摹方法挽救那些尚能联系到一起的壁画。然而，当发现了大量最精美的壁画时，我不得不让人们把一些无法临摹的壁画包装起来，特别是在克孜尔（1906年4月），在清理石窟寺时发现了如此大量的、风格极其可贵的水粉画，以致我不得不把我的精力全部集中在处理受到霉菌损害的壁画上面，而让人们把保存较好的壁画，精心固定记录壁画的出处，然后立即剥取下来进行包装。记录中附加的插图，是在现场所画的透绘图和速写。当无法对轮廓图进行透绘时（或者由于壁画位于陡坡之上，或者由于壁画表面上有昆虫做巢凹凸不平，或者松脆并已开始脱落导致无法进行透绘），我就让维吾尔族人按照所测定的距离利用小针挂上细绳在画面上界出正方形的格网，然后我再以缩小的正方形把壁画的轮廓图临摹下来。就是以这种方式，我把凡是不能用透绘法复制的壁画都做了可靠的临摹。这项工作在1906年至1907年之间的冬天十分艰难……不过当我们发现，洞窟的某些装饰画是一再重复时，多少感到一些安慰。开始时还是能够观察每个单独的艺术内容，且仅仅是研究这些个别题材。但是另一方面，很快就在常常重复出现的壁画题材中，遇到了值得注意的变体，以致使人感到这里也需要对细部进行最精确的研究了。然而壁画到处都是残破不全的，要想把内容搞清楚，就应当把这些残缺之处补充完整。每当这样一块残破处填补完好时，就有隆重的喜庆活动。但是很遗憾，尽管我有热切的愿望，然而什么活也不能做。之所以不可能，既有体力上的原因，也有缺少文献资料的原因。特别是在现场鉴定经常看到的佛陀说法图时，无论是我的时间还是我的记忆力都不够用。不过我希望我们带走了足够的原物、复制品以及描述记录，以便以后（假若一切都可支配的话）在平心静气的工作中（而不是在身体与精神高度紧张的状态下，那种状态在工作现场是必要的），使得这里的困难也得到解决。我在现场已经对相同的艺术题材作了整理记录，这就是下文介绍的资料。引用的文献名称在最后才附加进来，但我并不认为我把各个适合的文献都找到了。

通过这些一百多年前的文字，可知库木吐喇石窟壁画在"外国探险队"到来之前已经遭受过严重的破坏，再加上百年前纷至沓来的文化掠夺和百年时光里自然环境变化造成的劣化，能够幸存至今的壁画其珍贵程度远高于我们此前的认知。尽力将这些幸存的壁画保护好，并致力于将相关的信息脉络理清楚应是我们的职责。

因此，本书不仅要着力于呈现科学研究及修复技术的结果，而且对135幅壁画所涉及的8个洞窟的历史信息及研究成果进行了归纳，以便使这一批离开原位的壁画能够有一个较为完整的身份信息，较为完整地解读阐释其价值。在对其进行历史研究的过程中，结合国内外研究资料，发现了很多在修复过程中无法了解的信息，如壁画的位置关系、原始位置，以及更多的内容信息等，为未来进一步开展修复和研究奠定了基础。同时，也反思在缺少前期揭取、修复资料，无法对揭取壁画进行充分历史研究的情况下，所进行整体保护修复设计和实施的工作，仅仅实现了消除壁画病害恢复其稳定的目的，而对于进一步提升其价值还存在很多缺失，如能够重新拼合的壁画应该整体修复，最大限度恢复其完整性。因此，如果没有历史研究，那么修复行为就只是修复某种材料而非"文"物。

库木吐喇石窟现有洞窟114个，其中保存着壁画的洞窟40余个，保存着丰富而独特的石窟建筑、壁画、塑像和题记等，是新疆境内规模仅次于克孜尔石窟的第二大佛教石窟寺，其开窟造像的延续时间较克孜尔长了三个世纪，保存的龟兹晚期石窟较多，是研究新疆地区佛教石窟及壁画艺术发展、演变不可缺少的资料。

20世纪70年代，新疆维吾尔自治区水电部门在库木吐喇石窟保护区范围内修建水电站时，大坝截流导致窟区水位上涨，造成下层沿河十余个洞窟被水淹没，洞窟内的壁画遭水侵蚀。为了抢救这批珍贵壁画，新疆龟兹研究院（原新疆龟兹石窟研究所）委托敦煌研究院的技术人员于1991年将窟群区第 10、11、12、14、15、16、38、61 窟等 8 个洞窟面积近 $100m^2$ 的壁画进行了揭取，并进行了简单的加固后堆积保存在地势较高的库木吐喇第 42 和 43 窟内。

由于风沙、干湿交替、温度变化等环境因素的长期影响，这批已揭取的壁画出现可移动支撑体松动、地仗层酥碱脱落、壁画颜料层起甲、粉化、画面裂隙等多种病害，威胁着这批壁画的长期保存。加之因壁画揭取的需要，曾使用角铁、麻及黏土等材料对壁画地仗层进行了加固，使得壁画整体极为厚重、不易搬动。客观上造成无法对这批已揭取壁画进行更为深入的研究，更无法进行展示宣传。

为了更好地保护和弘扬宣传龟兹佛教艺术，新疆龟兹研究院决定对这批壁画进行保护修复，并充分考虑今后展陈时壁画的预防性保护等措施。2011 年 7 月，受新疆龟兹研究院的委托，中国文化遗产研究院承担完成了库木吐喇石窟已揭取壁画保护修复方案设计工作，国家文物局文物博函〔2012〕1491 号通过该设计审批。

2013 年，龟兹研究院委托开展库木吐喇石窟已揭取壁画保护修复工程，中国文化遗产研究院组织技术力量，在完成施工设计并通过新疆自治区文物局的审核后，开始了为期两年的修复工作。该项工作是我院首次在新疆承担的可移动壁画文物修复工程，在修复过程中，我们不断对设计与施工中存在的差异进行试验，科学调整修复工艺与材料。历时两年共修复完成库木吐喇石窟已揭取壁画 135 块共 $106m^2$，其中非平面型壁画 34 幅，处理病害面积 $139.82m^2$，编制壁画修复档案 135 份，并绘制完成竣工图。通过该项目的实施，使库木吐喇石窟已揭取壁画得到了全面的保护修复，解决了旧有支撑体去除、旧有地仗与新过渡层结合、过渡层与蜂窝铝板结合、非平面型壁画蜂窝铝板支撑体切割定型、画面塌陷、错位复原等疑难问题，并通过试验证明了激光清洗烟熏的可行性与优势性。

通过本次工作，获得了新疆泥质地仗揭取壁画修复的完整经验及修复方法研究的途径。在完成修复任务的同时，对库木吐喇石窟已揭取壁画进行了病害评估、环境分析、病害机理分析、修复材料与工艺筛选试验等分析研究，并通过编制工作日志、修复档案等方式完善了文物档案管理，为进一步开展科学研究奠定了基础。

该项目 2014 年底完成，于 2016 年 3 月正式通过竣工验收。在竣工完成到验收一年多的时间里，修复完成的壁画经历了四季气候波动，未出现任何收缩开裂等现象，充分展现了施工质量的可靠性。库木吐喇石窟已揭取壁画保护修复工程，是目前国内集中修复已揭取壁画数量最大的修复工程，在修复工作中开展的研究与探索、改进与创新，为甘肃、新疆等地区同类型揭取壁画的修复，提供了可靠的借鉴依据，尤其是用蜂窝铝板作为非平面型壁画支撑体的修复方式，开创了此类壁画修复方法的先河。同时良好的组织管理、质量控制、档案建设等举措，也为库木吐喇石窟壁画的保护修复可持续研究提供了保障。项目期间还为龟兹研究院培养了 5 名修复人员，为其未来自主开展壁画修复工作储备了力量。

目 录

4

第一章

引 言

我国的壁画艺术，源远流长，作品众多，是我国绘画艺术宝库中的瑰宝[1]。壁画按照绘制方法可分为干壁画、湿壁画、干湿混合壁画。按照所依附建筑物的形式和用途又可分为石窟寺壁画、寺观殿堂壁画、墓葬壁画[2]。

石窟作为壁画的一种重要载体在我国的数量众多，分布广泛，主要集中在我国西部的新疆、甘肃地区[3]。新疆临近中亚、印度，大乘、小乘佛教向中国传播一般先要经过新疆，是佛教石窟艺术传入的首及地区。宿白先生认为：大乘佛教流行在以于阗为重点的天山南路的南道。小乘流行于以龟兹为中心的天山南路的北道。在南道上，多兴建地上的寺院；北道除见地上寺院外，还多开凿石窟。北道石窟的集中点主要是龟兹和高昌这两个区，再集中一点，龟兹石窟可以拜城、库车的克孜尔和库木吐喇作代表；高昌就是吐鲁番地区，可以吐峪沟和柏孜克里克为代表[4]。据第三次全国文物普查数据统计，新疆现有石窟寺41处，其中全国重点文物保护单位9处（合并项目6处），自治区级文物保护单位7处[5]。新疆石窟伴随佛教传入而产生，北沿路上的石窟，主要集中的地区恰好是这条路线上的三个重要的政治中心，即古龟兹、古焉耆和古高昌都城附近[6]。石窟是佛教艺术的综合体，包括建筑、雕塑和壁画，现存石窟中，建筑多已遭到破坏，雕塑基本无存，壁画成为新疆佛教艺术最为重要的载体。新疆的石窟壁画艺术创立于公元3世纪左右，自公元4世纪进入繁荣期，一直到公元14世纪伊斯兰教取代佛教而衰退[7]。龟兹石窟作为石窟密集分布区，是石窟寺艺术传播的重要中转站，其风格独特的壁画成为龟兹石窟最璀璨的艺术瑰宝，同时也成为见证印度文化、本地文化及中原文化有机结合的佐证。

龟兹石窟壁画艺术自公元4世纪左右到公元14世纪中叶，历时近千年的兴起与繁荣。之后渐被遗忘，到18世纪中叶，重新被清代的文人官吏发现。19世纪末到20世纪初，遭到了外国探险队的盗取，大批精美的壁画与雕塑流失国外[8]。龟兹石窟壁画保存丰富，特点突出，较完整地表现了新疆佛教艺术

[1] 楚启恩：《中国壁画史（修订版）》，北京工艺美术出版社，2012年，第1页。

[2] 中国文化遗产研究院：《中国文物保护与修复技术》，科学出版社，2009年，第306页。

[3] 徐永明、叶梅、郭宏：《龟兹石窟壁画——抢救性保护修复工程研究报告》，文物出版社，2016年，第2页。

[4] 黄骏、谢成水：《中国石窟壁画修复与保护》，中国美术学院出版社，2017年，第3页。

[5] 新疆维吾尔自治区文物局提供数据。

[6] 宿白：《中国佛教石窟寺遗迹——3至8世纪中国佛教考古学》，文物出版社，2010年，第11页。

[7] 周菁葆：《新疆石窟壁画的题材与艺术特色》，《艺术百家》2010年第4期，第189~197页。

[8] 霍旭初、艾买提·苏皮：《龟兹石窟及其壁画的内容与风格》，《新疆艺术》，2000年，第5~16页。

的特色。壁画讲究装饰效果、注重对称平衡，无论是龟兹洞窟两侧的因缘佛传图，或是回鹘窟的佛本行经变画和尊像，皆是幅数相等，图图相对而列[1]。这些动人的壁画凝聚着新疆古代各族人民的智慧，是展示当地社会变迁、信仰、科技等方面不可多得的、不可或缺的重要实物资料，是我国珍贵文化遗产的重要组成部分，具有重要的历史、艺术、科学、社会、文化价值。龟兹石窟壁画具有浓郁的宗教气息和民族情趣，在形式、思维、色彩表现和造型上都极具研究和借鉴价值。不仅创造了属于自身的艺术风格，对后期的石窟壁画的发展也产生了深远影响[2]。库木吐喇石窟是新疆境内规模仅次于克孜尔的第二大佛教石窟寺，在龟兹石窟研究中具有特殊意义[3]。

我国目前馆藏壁画绝大部分为揭取的墓葬壁画及少量寺观壁画[4]，鲜有石窟寺壁画，像库木吐喇石窟这样一次性抢救揭取百幅以上的石窟寺壁画更是独一无二，由于揭取后就地保存在位于戈壁山崖的洞窟内，受综合环境及揭取条件影响，加上本身制作材料和工艺原因，现存揭取壁画再次产生了多种病害。对于石窟寺壁画及馆藏揭取壁画的保护修复已有大量研究成果，涵盖了不同方面。壁画制作工艺方面，有王春燕、李蔓等对中国古代石窟壁画制作工艺的综合研究[5]，马玉华对敦煌北凉北魏石窟壁画的制作工艺研究[6]，赵林毅、李燕飞等对丝绸之路石窟壁画地仗制作材料及工艺分析研究[7]，以及段修业对敦煌莫高窟壁画制作材料的认识[8]；壁画颜料方面，有夏寅、郭宏等对内蒙古阿尔寨石窟壁画制作工艺的分析研究[9]，苏伯民等对克孜尔石窟壁画颜料的分析研究[10]；于宗仁等对马蹄寺、天梯山和炳灵寺石窟壁画颜料分析[11]，以及于宗仁对敦煌石窟元代壁画材料的整体分析[12]，还有周国信等对云冈石窟古代壁画颜料剖析[13]；壁画胶结材料方面，有苏伯民等关于克孜尔石窟壁画胶结材料的研究[14]、李实对敦煌壁画胶结材料的定量分析[15]；石窟壁画病害机理分析方面，有唐玉民、孙儒僩对敦煌莫高窟壁画颜料变色原因进行了探讨[16]，李最雄对敦煌壁画胶结材料老化进行研究[17]，以及汪万福对壁画生物病

❶ 贾应逸：《新疆佛教壁画的历史学研究》，中国人民大学出版社，2010年，第29页。

❷ 徐永明、叶梅、郭宏：《龟兹石窟壁画——抢救性保护修复工程研究报告》，文物出版社，2016年，第3页。

❸ 新疆龟兹石窟研究所：《库木吐喇石窟内容总录》，文物出版社，2008年，第1页。

❹ 郭宏、马清林：《馆藏壁画保护技术》，科学出版社，2011年，第1页。

❺ 王春燕、李蔓等：《中国古代石窟壁画制作工艺研究》，《文博》2014年第4期，第74~78页。

❻ 马玉华：《敦煌北凉北魏石窟壁画的制作》，《装饰》2008年第6期，第34~39页。

❼ 赵林毅、李燕飞等：《丝绸之路石窟壁画地仗制作材料及工艺分析》，《敦煌研究》2005年第4期，第75~82页。

❽ 段修业：《对莫高窟壁画制作材料的认识》，《敦煌研究》1988年第3期，第41~59页。

❾ 夏寅、郭宏等：《内蒙古阿尔寨石窟壁画制作工艺和颜料的分析研究》，《文物保护与考古科学》2007年第2期，第41~46页。

❿ 苏伯民、李最雄等：《克孜尔石窟壁画颜料研究》，《敦煌研究》2000年第1期，第65~75页。

⓫ 于宗仁、赵林毅等：《马蹄寺、天梯山和炳灵寺石窟壁画颜料分析》，《敦煌研究》2005年第4期，第67~70页。

⓬ 于宗仁：《敦煌石窟元代壁画制作材料及工艺分析研究》，兰州大学，2009年。

⓭ 周国信、程怀文：《对云冈石窟古代壁画颜料剖析》，《考古》1994年第10期，第948~951页。

⓮ 苏伯民、真贝哲夫等《克孜尔石窟壁画胶结材料的HPLC分析》，《敦煌研究》2005年第4期，第57~61页.

⓯ 李实：《敦煌壁画中胶结材料的定量分析》，《敦煌研究》1995年第3期，第29~46页。

⓰ 唐玉民、孙儒僩：《敦煌莫高窟壁画颜料变色原因探讨》，《敦煌研究》1988年第3期，第18~25页。

⓱ 李最雄：《敦煌壁画中胶结材料老化初探》，《敦煌研究》1990年第3期，第69~83页。

害进行了研究❶，陈港泉❷、郭清林❸分别就莫高窟盐害分析与治理、水盐来源进行了专门研究；揭取壁画修复研究成果众多，王世襄❹、祁英涛❺、陆寿麟❻、马家郁❼、铁付德❽、张蜓❾等都做过深入研究。

对新疆壁画的系统保护修复研究，主要集中在对龟兹石窟开展的工作，有徐永明、叶梅、郭宏❿针对包括克孜尔石窟、库木吐喇石窟、森木塞姆石窟、阿艾石窟在内的龟兹石窟进行的现状调查与评估、保存环境、壁画制作材料和工艺分析、病害机理研究、修复材料与工艺筛选及保护修复研究。此外，还有孙洪才⓫、李最雄⓬关于本次修复所涉及库木吐喇石窟壁画的揭取及修复方法研究。

对于珍贵又饱受磨难的新疆石窟壁画而言，本次库木吐喇石窟揭取壁画的二次保护修复，尤其是在时间、资金、修复场地条件都有限的情况下，一次性集中修复上百幅壁画，并且非平面异形壁画数量较大，对于修复理念、修复技术、修复材料、修复工艺及整体管理都是一次考验。此次壁画的旧支撑体去除、蜂窝铝板用于非平面型壁画支撑的研究成果及其修复工作，将为以后类似壁画的修复提供可靠的借鉴。同时以烟熏病害为对象，开展的激光清洗研究实验，实验成果对于具有相似制作材料和工艺的壁画具有较好的推广价值。

❶ 汪万福、蔺创业等：《仿爱夜蛾成虫排泄物对敦煌石窟壁画的损害及其治理》，《昆虫学报》2005 年第 1 期，第 74~80 页。

❷ 陈港泉：《敦煌莫高窟壁画盐害分析及治理研究》，兰州大学，2016 年。

❸ 郭清林：《敦煌莫高窟壁画病害水盐来源研究》，兰州大学，2009 年。

❹ 王世襄：《记修整壁画的"脱胎换骨法"》，《文物参考资料》1957 年第 3 期，第 32~43 页。

❺ 祁英涛：《永乐宫壁画的揭取方法》，《文物》1960 年第 Z1 期，第 82~86 页．

❻ 陆寿麟、施子龙等：《中国古代壁画保护的研究》，《文物保护技术》1987 年第 5 期，第 21~39 页。

❼ 马家郁：《云南丽江大宝积宫壁画的揭取和重装复原》，《文物保护技术》1987 年第 5 期，第 116~120 页。

❽ 铁付德、孙淑云等：《已揭取壁画的损坏及保护修复》，《中原文物》2004 年第 1 期，第 81~86 页。

❾ 张蜓：《辽金时期弧形连砖揭取墓葬壁画的支撑保护体系研究》，西北大学，2009 年。

❿ 徐永明、叶梅、郭宏：《龟兹石窟壁画抢救性保护修复工程研究报告》，文物出版社，2016 年。

⓫ 孙洪才：《新疆库车库木吐拉石窟壁画揭取保护技术》，《敦煌研究》2000 年第 1 期，第 150~152 页。

⓬ 李最雄：《丝绸之路石窟壁画彩塑保护》，科学出版社，2005 年，第 332~337 页。

第二章

库木吐喇石窟壁画概述

第一节　库木吐喇石窟概况

　　库木吐喇石窟（又称库木吐喇千佛洞）位于新疆维吾尔自治区库车县西北 25km 的确尔达格山南麓，木札提河（汉名称渭干河）东岸，地理坐标为东经 82°40'，北纬 41°41'（图 2-1）。维吾尔语"库木吐喇"汉语意为"沙漠中的烽火台"。清人徐松在《西域水道记》卷二记载"渭干河南流，经胡木吐喇庄西，又南流，经札依庄东、和卓土拉斯蓝庄西，库车城西六十里。盖唐之白马渡也。……"阿布力克木·阿布都热西提对"胡木吐喇庄"进行了详考：胡木吐喇庄为清代库车属地名。胡木吐喇，又译作"胡木土拉"，为维吾尔语 Qumtur 的音译，qum 有"沙"之意；tur（a）为"房屋废墟""城市或其他建筑物的废墟遗址"，一般是指"锋火台"或"锋火台遗址"。据《新疆识略》《新疆图志》清代文献记载，胡木吐喇庄在库车城南六十里。依今图，其地在库车县玉奇吾斯塘乡西南，今译作"库木吐尔村"，1996 年版《新疆维吾尔自治区地图集》将其标为（Qumtur）❶。该村位于石窟所在地南 3km，石窟因此而得名❷。

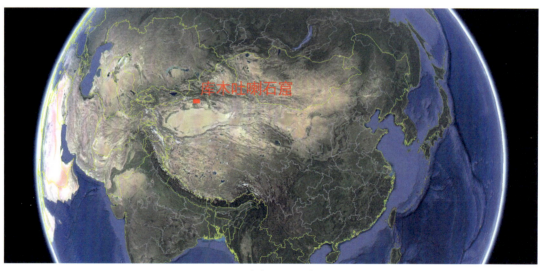

图 2-1　库木吐喇石窟位置图

---

❶ 阿布力克木·阿布都热西提：《＜西域水道记＞天山南路回语地名考注与研究》，南京大学，2018 年。
❷ 晁华山：《中国石窟——库木吐喇石窟》，文物出版社，2016 年，第 170~202 页。

4

从库车县旧城沿公路向西行 21km，路北面就是库木吐喇石窟的谷口区。所谓谷口区是指流经这里的渭干河河谷南口区域。在渭干河的出口处，即石窟群的最南端的大河两岸，耸立着规模较大的地面寺院遗址，河东的玉曲吐尔遗址，据考证是《新唐书·地理志》中所称的柘厥关；河西的夏哈吐尔寺遗址则为《大唐西域记》里所述的阿奢里贰寺。

较早考察并记录库木吐喇石窟的是清代的谢济世和徐松二人。谢济世 18 世纪 30 年代巡视库车，在其《戎幕随笔》❶中记录到："丁谷（即确尔塔格山）出于佛洞白衣洞，即唐书所谓阿羯田山……白衣洞有奇篆十余，剥落不可识。"晁华山先生认为，"白衣洞"即今窟群区第 69 窟，"奇篆"是指洞内壁面上所刻的龟兹文。徐松在考察新疆河道时来到库木吐喇石窟，在《西域水道记》❷中记述"渭干河东流，折而南，凡四十余里，经丁谷山西。山势斗绝，上有石窟五所，高丈余，深二丈许，就壁凿佛像数十铺，璎珞香华，丹青斑驳。洞门西南向，中有三石槛，方径尺，隶书梵字，镂刻回环，积久剥蚀，惟辨'建中二年'字。又有一区是沙门题名……两岸有故城。""石窟五所"即今窟群区第 68~72 窟，俗称五连洞。"梵字"即第 69 窟内壁面上所刻的龟兹文；"镂刻回环"即第 69 窟东壁上所刻的方形回文图及法轮常转之圆轮图，文字均为汉文；"建中二年"之题字在现在的洞窟内并未发现。台来提·乌布力认为，"二年"或许是"六年"之误，因为在第 66~68 号窟的狭长甬道的壁面上，有两处题刻，其中均有"建中六年"字样。在幽暗的甬道内，刻写的"六"极易被看成"二"❸。

20 世纪初德国人格伦威德尔、勒柯克，俄国人别列卓夫斯基兄弟，法国人伯希和，以及日本大谷光瑞探险队的渡边信哲等，都曾染指库木吐喇石窟，将大量壁画切割，盗运到国外，使这些珍贵的文化遗产遭到了严重的破坏。民国时期（1928 年 9 月）黄文弼作为中国和瑞典联合组织的西北科学考察团成员，对库木吐喇石窟进行了考察。新中国成立后，前西北行政委员会文化局组织的新疆文物调查组、中国佛教协会与敦煌文物研究所联合组成的新疆石窟调查组（阎文儒先生担任调查组负责人），北京大学考古系宿白先生率领马世长、晁华山、许宛音等先后来这里考察，中国学者对库木吐喇石窟的研究由此开始，对库木吐喇的时代、洞窟类别形制、寺院组合、壁画题材及艺术风格进行了系统的探讨❹。

库木吐喇石窟，开凿于约公元 5 世纪至回鹘时期，现有洞窟 113 个，其中保存有壁画的洞窟约 48 个。库木吐喇石窟保存有丰富而独特的石窟建筑、壁画、塑像和题记等，是新疆境内规模仅次于克孜尔石窟的第二大佛教石窟寺，其开窟造像的延续时间较克孜尔石窟长了约三个世纪，保存的唐代与回鹘时期石窟较多，是研究新疆地区佛教石窟及壁画艺术发展、演变不可缺少的资料。库木吐喇石窟由南向北绵延分布 3km 之多，按照石窟所处位置，可大致分为两个区域。一是位于大河南端东岸的谷口区，散布着已编号的洞窟 33 个。二是位于渭干河北端东岸的窟群区，现有已编号洞窟 80 个。石窟的形制有中心柱窟和方形窟等，按其功能可分为礼拜窟、僧房窟、讲堂窟和罗汉窟。

根据调查，壁画的年代可分为三个时期：早期即 5~6 世纪中叶为龟兹王国时期，其中又可分为前后两期。前期以谷口区第 20、21、22、23、27 窟为代表。后期有谷口区的第 17 窟和窟群区的第

---

❶ 谢济世：《戎幕随笔》，收入俞浩：《西域考古录》。

❷ 徐松：《西域水道记》卷一《罗布淖尔所受水上》。

❸ 台来提·乌布力：《新疆库木吐喇石窟的题记、题刻和榜题》，《西域研究》2015 年第 3 期，第 10~15 页。

❹ 晁华山：《中国石窟——库木吐喇石窟》，文物出版社，2016 年，第 170~202 页。

23、33、46 等窟。中期为 7~9 世纪安西大都护府时期，代表性洞窟有龟兹风格的窟群区第 34、43、50、58、63 窟等，汉地风格的第 11、14、15、16 和 73 窟等[1]。本次修复所涉及的第 11 号窟、第 14 号窟、第 15 号窟、第 16 号窟揭取壁画均属汉风洞窟。晚期为回鹘时期，以第 10、12、38、45、75、79 等窟为代表，是公元 8 世纪及以后彩绘的洞窟。本次修复涉及第 10 号窟和第 38 号窟壁画保存相对完整，绘画精美，内容丰富是库木吐喇石窟回鹘时期代表性作品。库木吐喇石窟因其多元文化现象，在世界佛教文化遗产中占有特殊的地位，1961 年被国务院公布为全国重点文物保护单位。

第二节　石窟壁画概况

库木吐喇石窟壁画面积达 4000 余平方米，壁画内容因时代不同差别较大。

早期（5~7 世纪），中心柱窟的主室券顶中脊多绘日天、月天、金翅鸟、立佛等组成的天相图，券顶侧壁是以菱形山峦为背景的佛本生故事画或因缘故事画，后者为描绘佛所说"诸佛法本起因缘"的故事画，是佛教重要教义，龟兹佛教着重宣扬的内容。主室侧壁多绘方形构图的因缘佛传，后室内画以涅槃为中心的佛传内容，库木吐喇的涅槃经变很有特点：后甬道前壁为焚棺图，长方形棺四周烈火熊熊，上方佛塔耸立，棺右侧站一比丘，右手托钵，左手上举，下方绘出一双佛的脚印。棺左侧上方，帝释天手持长竿挑一罐正在倒水，下方密迹金刚交脚而坐。这是根据《大般涅槃经后分》而绘制的。方形窟的壁画题材，主要是尊像和佛传图，以佛和菩萨像为最多。从穹窿顶中心莲花图案中，画出若干条辐射线，把窟顶分成条条梯形纵幅，尊尊佛和菩萨立于盛开的莲花上。谷口区第 20 窟为佛和菩萨交替而立，谷口区第 21 窟则全绘菩萨像，有的脚两侧还各涌出一身供养菩萨。谷口区第 22 窟穹窿顶的菩萨像是早期壁画风格的典型代表：在淡土红色和蓝灰色相间的背景中，飘动着朵朵白花，十三身菩萨，除一身外，均双双相对而立，或提净瓶，或持莲花，或托钵，或捧花绳供养。佛传图描绘释迦牟尼的生平事迹，或其成道后，游方说法教化的圣迹。主要布局在主室侧壁，以连续方格的画面一幅幅铺陈出来，一格一画，犹如连环画形式。画面简洁，佛坐中央台上，两侧各有一或二人，表现故事内容。谷口区第 20 窟门道右侧龛内的降魔变，是佛传图中最完整的，同时也是库木吐喇，以至龟兹石窟中现存唯一的一组塑绘结合的代表作。

中期（7~8 世纪），石窟的洞窟形制主要是中心柱窟和方形窟。在壁画题材及绘画风格上，除延续具有本地龟兹特色的早期洞窟外，还出现了和中原唐代相似的洞窟。这些中原唐式的洞窟，中心柱窟主室两侧壁绘制通壁一铺的大幅经变画，内容有药师变、净土变等，其构图形式、人物形象、线描技法，以及施彩特点等，与敦煌石窟唐代同类内容的壁画极其相似，且榜题也以汉文书写。经变画是唐代以来流行于中原地区的一种宗教绘画的表现形式。在汉风洞窟中，出现源于大乘经典的经变画，是题材内容上的一大特点，它是中原地区经变画的原样移植。在龟兹石窟中大幅经变画仅见于库木吐喇石窟。汉风洞窟的壁画中另一类题材是尊像图。这类尊像图多画在中心柱窟的左、右两侧甬道和后甬道的侧壁，取代了龟兹风中心柱窟甬道外侧壁习见的舍利塔以及与释迦涅槃相关联的佛传故事、立佛像等。这些尊像图大多是佛与菩萨相间成组地出现，形象完全是汉族式样。像旁也标有汉文榜题。这类汉风尊像图在龟兹石窟中也是仅见于库木吐喇石窟壁画中。此外，还发现了衣冠服饰与龟兹截然

---

❶ 贾应逸：《新疆佛教壁画的历史学研究》，中国人民大学出版社，2010 年，第 170~207 页。

不同的汉式供养人像。这一时期的窟顶，则多绘莲花、团花、茶花、云头等中原形式的图案。

晚期即回鹘时期，这一时期开凿、改建或重绘的壁画洞窟约占1/4。第10、12、42和45窟有比较典型的回鹘风格壁画。这几个洞窟的形制继承了龟兹式的中心柱窟，顶作纵券式。这些洞窟的壁画，在题材内容上承袭唐代汉风的尊像图越来越占主要地位。除塑像外，在左、右甬道外侧壁和后甬道后壁交替绘佛和菩萨立像，有的还有榜题，如第42、45窟有"南无阿弥陀佛""南无观世音菩萨""南无大势至菩萨""南无释迦牟尼佛""南无文殊师利菩萨"等。观世音、大势至从经变故事画中独立出来，观世音菩萨也已经成为回鹘人求得解脱、寄托美好愿望的尊神。库木吐喇回鹘壁画是在汉风佛像艺术的基础上，吸收龟兹风的养分，更重要的是发扬了回鹘民族的传统，尤其是以本民族人物为原型塑造形象，强调装饰意匠效果，喜爱热烈色泽，由此而形成符合回鹘人审美趣味的艺术。这一时期的洞窟中，龟兹文题记已经消失，除了汉文榜题外，回鹘文不仅被用来书写供养人名，而且还写在佛像旁，如第42窟主室右壁的画面就有回鹘文榜题，后甬道后壁有与汉文"南无阿弥陀佛"合璧的回鹘文题记。

第三节 壁画价值评估

保存至今的佛教遗迹和遗物，是中国古代文化遗产中极为重要的组成部分，而佛教石窟又以其特有的艺术风貌和丰富的遗存尤其引人注目。中国的石窟遗迹分布之广，数量之多，延续时间之长，在世界范围内都是罕见的。规模较大的石窟群中，已经有30多个被确定为全国重点文物保护单位，其中敦煌莫高窟、大足石窟、龙门石窟、云冈石窟更被列入世界文化遗产名录。佛教石窟在古代文化遗产中的地位和价值不言自明。新疆的石窟，西起古代之疏勒（今喀什），经龟兹（今库车），东至高昌（今吐鲁番），在中国石窟中自成体系，独树一帜。而古代龟兹境内的石窟遗迹，分布最为集中，数量最多，延续时间最长，并且具有浓郁、鲜明的地方特色。分布于拜城县、库车县、新和县境内的龟兹石窟中重要的石窟群有克孜尔、库木吐喇、森木塞姆、玛扎伯哈、克孜尔尕哈、托乎拉克艾肯、台台尔、温巴什、苏巴什以及阿艾石窟等，洞窟总计达800余个，壁画近20000m²。龟兹石窟保存了大量古文字资料，有纸质文书，也有木简。洞窟内的榜题和题刻有梵文、龟兹文、汉文、粟特文、回鹘文、突厥文、古藏文、察合台文等。这些壁画、文书和题记等遗存均是龟兹文化最重要的实证，保存着丰富的历史信息，展现了龟兹古国时期的生产生活方式、思想观念、风俗习惯和社会风尚。龟兹石窟中，克孜尔石窟规模最大、内容最为丰富，其次即为库木吐喇石窟。库木吐喇石窟的壁画，是龟兹历史发展的珍贵资料，是汉唐时期中外文化、艺术交流的集中体现，也是新疆古代各民族团结的见证。

(1) 库木吐喇石窟壁画是龟兹历史发展的映射

古代龟兹在西域诸国中是个大国，控制着丝绸之路北道中段沿线的大面积土地。张骞凿通西域后，龟兹地区的经济、文化得到进一步繁荣和发展。东汉和帝永元三年（公元91年）班超任都护时曾迁西域都护府于龟兹。从汉文文献来看，约在公元2世纪前后，佛教已经传入龟兹。4世纪时，龟兹已经成为葱岭以东的一个佛教中心，寺庙林立，僧人众多。库木吐喇石窟早期壁画，其题材、布局以及人物形象和绘画风格，与克孜尔石窟中期洞窟接近，具有显著的龟兹本土文化特色，也是这一时期龟兹历史的真实写照。唐太宗贞观二十二年（公元648年），唐军击败西突厥，将安西都护府治所设于龟兹。公元 658 年，唐将安西都护府迁至龟兹都城，下设龟兹、于阗、焉耆、疏勒四镇，龟兹开始成为唐朝统治西域的中心。库木吐喇一带应即安西大都护府驻节地，库木吐喇洞窟壁画榜题表明龟兹四镇僧都统也驻锡于此，且这位僧都统由大乘汉僧出任。库木吐喇石窟大量汉风壁画的出现，深刻地反映了这一历史发展的事实。公元 840 年后，回鹘人奔安西并建立了本民族的政权，龟兹进入西州回鹘势力范围，人种也逐渐回鹘化。龟兹回鹘曾有过一段辉煌的发展时期，它和高昌回鹘一同形成了一个幅员广大的回鹘王国并与甘州回鹘保持着密切的联系。库木吐喇晚期洞窟壁画的回鹘风格，正是这一历史背景的折射。综上所述，库木吐喇不同时期的石窟壁画，正如一幅连绵不绝的画卷，生动描绘着古代龟兹的发展历史。

（2）库木吐喇石窟壁画是龟兹、唐、回鹘文化、艺术交流的集中体现

库木吐喇石窟可以称得上是镶嵌在"丝绸之路"上一颗闪烁着东西方交流光芒的明珠，它是整个龟兹石窟群中吸收中西文化最突出的一处，体现出沿丝绸之路持续不断的中西文化交流。根据洞窟壁画题材、内容、布局、纹样、技法等特点，库木吐喇石窟可以归纳出主要的三种风格，即龟兹风格、汉地风格和回鹘风格。库木吐喇石窟中，多种艺术风格融合并同存一窟的现象十分普遍，几乎没有单一风格的洞窟。可见，库木吐喇融合了中原艺术、龟兹艺术和回鹘艺术等多种文化成分，创造了鲜明而独特的地域风格，它的洞窟形制及装饰艺术提供了龟兹佛教艺术发展的几乎所有模式。早期洞窟见证了佛教文化自印度和中亚经新疆传入中国的历史，并对中国佛教艺术的发展产生了深远的影响。库木吐喇石窟的石窟造型和壁画特征展现出源自古代南亚、西域佛教艺术在中国生根、发展、繁荣乃至衰落的完整阶段，是西域佛教、文化、艺术延续至今的生动载体。

（3）库木吐喇石窟壁画是新疆古代各民族团结的见证

库木吐喇石窟第 75 和 79 窟反映了龟兹地区较早的民族团结史。从现存的壁画绘画的历史背景来看，回鹘窟中出现汉僧和汉族供养人形象，甚至连回鹘供养人的榜题也采用汉文与回鹘文书写，有可能出自汉族画工之手，这有力证明了各民族之间是和睦共处的。其次从绘画内容看，既可以看到汉族人的形象、也可以看见回鹘人的形象，并且大量反映他们共同生产生活的画面，都直观地再现了当时龟兹地区回鹘与汉友好相亲的动人场景。最后，从壁画当中折射出的文化内涵来看，无论是因缘故事、本生故事还是供养人的服饰和绘画风格都可以明显找到汉与回鹘之间相互影响的论据。

第三章

本次修复壁画原始洞窟
分布及内容研究

本次修复的壁画揭取自库木吐喇窟群区第 10、11、12、14、15、16、38、61 窟共 8 个洞窟，其中 10、12、38、61 为回鹘时期的洞窟，其余为唐风洞窟[❶]。这批壁画已经由于揭取远离洞窟，且因资料留取不全，已无法准确还原每一幅壁画的原始位置。为了避免在时间流逝中，使这批壁画原始信息变得漫漶不清，本书按照库木吐喇石窟内容总录[❷]将本次涉及洞窟的原始文字内容和测图进行摘录，同时结合历史研究和新的研究成果尽可能补充完善各窟的真实信息。

第一节　窟群区第 10 号窟

概况

位置：位于第 9 窟的北侧下方，是窟群区南侧拦洪坝最南端的一个洞窟。南侧拦洪坝外为第 6 窟和第 5 窟，与本窟相距约 8m，地坪高差约 3m。北侧与第 11 窟相邻，两窟口相距约 4m，处同一地平高度，窟内地坪低于坝内地坪约 1.5m。由本窟向北在同一地坪高度现存有 8 个洞窟。坐东面西，方向 238°（图 3-1、图 3-2）。

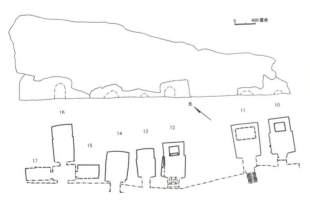

图 3-1　窟群区第 10-17 窟联合平、立面图

图 3-2　窟群区第 10 窟外部（摄于 2018 年 10 月）

---

❶ 刘韬：《唐与回鹘时期龟兹石窟壁画研究》，文物出版社，2017 年，第 043~058 页。

❷ 新疆龟兹石窟研究所：《库木吐喇石窟内容总录》，文物出版社，2008 年。该内容总录编制工作时间为 2002 年 5 月~2004 年 10 月，完成于本次修复壁画揭取之后，基本能够反映洞窟现状。

形制： 主室中心柱纵券顶窟，平面呈方形，宽 405cm，深 400cm，高 402cm。门道宽 165cm，深 125cm，高 20cm。左、右甬道结构相同，尺度大致相等，宽 80cm，深 165cm，高 175cm。后甬道横宽 350cm、纵深 80cm、高 180cm（图 3-3）。

内容与现状

前室：原应有一个前室，现多已坍毁，仅于窟外的左侧壁保存少量的墙体遗迹，余毁无存。

主室正壁：草泥层脱落，壁面未开龛，上方存一段横向的凹槽遗迹，左右两端为甬道口（图 3-4）。

主室前壁：中下部为门道，方形平顶，多已残失，仅存右侧壁，草泥无存。

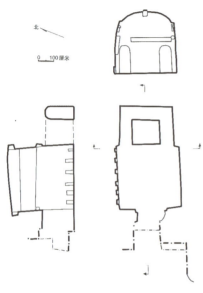

图 3-3　窟群区第 10 窟平、剖面图

图 3-4　窟群区第 10 窟主室现状（2018 年摄）

主室左、右侧壁：壁面浸蚀较甚，草泥均无存，在右侧壁下部残存 6 个柱形的凹槽遗迹，墙体根部被水泥修补，其他遗迹已不存。左侧壁根部壁面保存较差，遗迹未存。

主室顶部：纵券顶，中脊存一道凹槽，草泥层脱落。下沿原应有一根水平的横梁，两端嵌入正壁、前壁内。向上约 100cm 高的壁面草泥层无存，上方亦有一根水平的横梁遗迹，现于正壁、前壁保存凹槽遗迹。券顶左右两侧结构相同，在第二道横梁之上保存壁画，右侧较完好（图 3-5）。由下而上绘一列 50cm 高的红色背景的莲花纹（图 3-6），之上绘一列箭形团花纹。再上绘三列因缘，画面之间无栏格界限，每列约有 11~12 幅，共存 30 幅，每幅坐佛的左侧均有一身相关的人物，坐佛的下方均绘祥云纹样（图 3-7）。上沿一列筒瓦形的团花纹。左侧仅于中部上沿保存两列 3 幅因缘图，

图 3-5　窟群区第 10 窟主室券顶右侧壁画（2014 年 10 月摄）

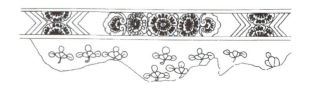

图 3-6　窟群区第 10 窟主室券顶右侧下沿壁画图案（摘自库木吐喇石窟内容总录 96 页，下简做总录）

余毁。

主室地坪：本窟的地坪多次进水，故原貌不明。

左、右甬道：结构相同，草泥层均无存。

后甬道：正壁、前壁壁面下部的草泥层已脱落。正壁绘焚棺图，前壁绘涅槃图。现壁画被揭取保存。顶部不存草泥层，地坪与主室相同。

备注：南侧坝内的崖壁上下由南向北分布有三层洞窟，下层是第 10~18，25~40 号窟。中层

图 3-7　窟群区第 10 窟主室券顶因缘图（2014 年 10 月摄）

南段是第 7~9 窟，中段是第 19~24 窟。在 25 窟的位置修一水泥梯道可抵第 22 窟，再由第 22 窟可去第 21、23、24 窟。

风格研究

马世长先生在《库木吐喇的汉风洞窟》[1] 中曾记述，当年（1991 年之前）石窟残存的壁画在主室券顶和后甬道。主室券顶中脊处壁画已残去，内容不明。左右侧壁各画坐佛三列，每列原有十一身。坐佛袈裟为右袒、通肩和偏衫三种形式。坐式有结跏坐和交脚坐等不同姿态。坐佛下为圆形莲座。佛颈均侧转、微俯，注视着其旁侧的供养者。坐佛手中或持一钵，或做种种不同的说法手势。坐佛的右下侧各画一身做献物、供养状的跪像。供养者的形象有男、女、老、幼，所

图 3-8　窟群区第 10 窟后甬道前壁举哀天人揭取前（摘自中国石窟图 8）

献物品亦不尽相同。根据每列画面推测，壁画表现的内容是某种因缘故事。这是龟兹风洞窟中菱格因缘画的一种简化形式，内容和人物形象都具有龟兹画风的特色。但是在坐佛莲座下出现的流云和坐佛上下端的茶花图案却完全是汉风的装饰。然而从后甬道的前、后壁遗存的涅槃图和茶毗焚棺图来看，却是龟兹石窟壁画中流行的传统题材，人物仍是龟兹形象。

图 3-9　回鹘风格壁画类比（摘自刘韬著唐与回鹘时期龟兹石窟壁画研究第 227 页，以下简称刘韬）

❶ 马世长：《库木吐喇的汉风洞窟》，《中国石窟·库木吐喇石窟》，文物出版社，1992 年，第 204 页。

刘韬在《唐与回鹘时期龟兹石窟壁画研究》中，就后甬道举哀天人图像（图3-8）类比了12窟、38窟、45窟相关图像，论述了回鹘壁画风格是回鹘民族在吸收汉地与龟兹风格基础上混合形成的。人物造型呈现混合性特征，延续了龟兹圆形脸、短颈并简化其五官程式化结构，演变出龟兹回鹘风洞窟人物的造型特点[1]（图3-9）。

第二节　窟群区第11号窟

概况

位置：位于第10窟的北侧，两窟相距约4m，处同一地坪高度。坐东面西，方向232°。

形制：本窟窟门及外部立面均用卵石垒砌加固，现因卵石墙体坍损，暴露出少量的前室遗迹。主室为方形纵券顶，平面呈长方形，宽500cm，深595cm，高433cm。地坪中部略靠后设方形坛基（由于窟内积水潮湿，中央的砂岩体坛基多呈沙堆状），宽360cm，深240cm，高40cm（图3-10、图3-11）。

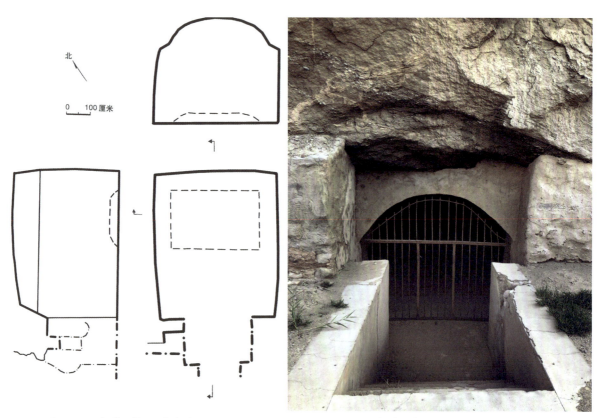

图3-10　窟群区第11号窟平、剖面图　　　　图3-11　窟群区第11号窟入口（2018年摄）

内容与现状

前室：在主室外立面上部的右端，由于护墙坍塌，在上方暴露出前室的右侧壁及少量的平顶遗迹。

主室正壁：上部绘大幅的西方净土变，下部草泥层脱落，残存壁画被揭取保存。（图3-12、图3-13）

---

[1] 刘韬：《唐与回鹘时期龟兹石窟壁画研究》，文物出版社，2017年，第224~229页。

图 3-12　窟群区第 11 窟主室正壁揭取前（摘自中国石窟图 11）　图 3-13　窟群区第 11 窟主室正壁揭取后（2018 年 10 月摄）

　　主室前壁：正中开一个宽敞的门道，门道顶呈平缓券形，现于顶部保存少量草泥层，两侧壁的根部残损。门道上方的半圆形壁面绘一幅经变画，左端残损（图 3-14）。

图 3-14　窟群区第 11 窟主室前壁入口上方圆拱壁残部（摘自中国石窟图 12）　图 3-15　窟群区第 11 窟主室券顶南侧壁千佛局部（摘自中国石窟图 14）

　　主室左、右侧壁：左侧壁大多草泥层已脱落，左侧里端残存部分壁画，可识为佛传故事画，被揭取保存。

　　主室顶部：纵券顶，下沿各有一层弧形的叠涩，叠涩面草泥无存。中脊画面内宽外窄，约 10~40cm，绘一绿一黑相间的 12 个团花纹，团花纹的直径由内向外依次渐小，直径最大为 15cm，最小仅 5cm，且内疏外密。券顶两侧绘千佛。右侧多残失，现存 11 列，每列约 32~33 身，现残存 184 身。左侧与右侧略同，存 15 列，共计 380 身。

　　地坪：中部偏后的部位存坛基遗迹，余部积沙。

风格研究

　　11 窟主室侧壁所绘小千佛（图 3-15），全为正面结跏趺坐像，袈裟为土红色，双领下垂，是典型的汉式千佛像，整个洞窟汉风式样明显，只是壁画多已漫漶，辨识困难[1]。本次修复 11 窟壁画共计 15 块，

❶ 马世长：《库木吐喇的汉风洞窟》，《中国石窟·库木吐喇石窟》，文物出版社，1992 年，第 205 页。

由于揭取资料缺失，难以还原壁画原貌，现根据揭取编号顺序及画面内容，结合图3-13所示，能够基本确认编号为11K5、11K6、11K7（上）、11K7（下）、11K8（上）、11K8（下）、11K9（上）、11K9（下）、11K10的9幅壁画的位置关系（见图3-16）❶。

据贾应逸❷核对，柏林亚洲艺术博物馆藏编号MIK Ⅲ 8377的壁画为11窟主室前壁菩萨图（图3-17），对于该图的位置现存争议。勒柯克称其为色彩最鲜艳、最华丽的收藏品，出自库木吐拉第12号窟（德人编号），位于紧靠门的墙的右侧，差不多一人高的地方，尺寸为62cm×30cm❸。刘韬则认同马世长与晁华山判断该壁画出自库木吐喇石窟第13号洞窟❹。由于本次修复未涉及13号洞窟壁画，无法明确判断，此处仅陈述研究现状，供后续研究讨论。

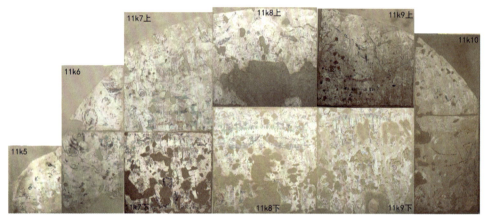 

图 3-16　窟群区第11窟9幅壁画拼对示意图　　　　　图 3-17　窟群区第11窟主室前壁菩萨（摘自53）

第三节　窟群区第 12 号窟

概况

位置：位于第11窟的北侧，两窟相距约13米，处同一地坪高度，其北侧与第13窟为邻。坐东面西，方向240°。

形制：中心柱纵券顶窟，现存主室及左右后三甬道。主室平面呈矩形，宽460cm，深390cm，高430cm。正壁中心开一莲瓣形浅龛，宽135cm，深40cm，高245cm，龛底距地坪高125cm。

两侧开甬道环绕中心柱，左、右甬道结构相同，尺度大致相等，宽95cm，深190cm，高183cm。后甬道横宽422cm，纵深70cm，高222cm（图3-18）。

内容与现状：窟外岩体坍塌，未保存建筑遗迹（图3-19）。

主室正壁：中部开莲瓣龛，塑像不存。下部残存低台遗迹，风蚀残损，原貌不明，壁面残存极少

---

❶ 由于修复现场拍摄条件有限，色彩及比例都可能存在偏差，仅供后续研究参考。

❷ 贾应逸：《"德国吐鲁番探险队"窃取库木吐喇石窟壁画的位置核对》，《龟兹学研究（第二辑）》，2007年，第221~223页。

❸ 该图摘自《中国石窟·库木吐喇石窟》图192，但是该书标注为13窟；《西域壁画全集4·库木吐喇石窟壁画》第192页标注为11窟，但因照片未反应壁画现状，故未采用。

❹ [德]阿尔伯特·冯·勒柯克、恩斯特·瓦尔德施密特著，管平、巫新华译，：《新疆佛教艺术》（第三卷），新疆教育出版社，2006年，第220、249页。

的草泥层。

图 3-18　窟群区第 12 号窟平、剖面图

图 3-19　窟群区第 12-17 窟外景（摘自刘韬 072 页）

　　主室前壁：中部开方形门道，多有残损，壁面草泥层脱落。左端绘画不存，右端绘一身汉地风格的供养人，壁画被揭取保存。

　　主室左、右侧壁：墙体保存状况欠佳，左侧壁下部被浸蚀残损。右侧壁前端根部坍毁，且与第 13 窟相通，在下部的里端保存一段预留岩体的低像台，宽约 40cm，高 12cm。壁面上部仅保存粗糙的草泥层痕迹，绘画不存。

　　主室顶部：下沿一层叠涩，叠涩之上原应有一根横木，现于正壁，前壁相对应处均保存一方形凹槽遗迹。券顶仅存草泥痕，壁画未存。

　　左、右甬道：两甬道内侧壁的壁画均不存。外侧壁绘一佛一菩萨立像。顶部绘大团花、云纹和小坐佛。所存壁画被揭取保存。

　　后甬道：正壁中部绘一身三头八臂的立姿菩萨，其两侧绘与左、右甬道外侧壁相连续的一佛一菩萨立像。上沿绘一列团花纹样。顶部绘大团花、云纹和小坐佛。所存壁画被揭取保存。（图 3-20、图 3-21、图 3-22❶）

图 3-20　窟群区第 12 窟后甬道正壁壁画佛、菩萨摹本（摘自总录）

---

❶ 对应本次修复 12K9 号壁画。

15

图 3-21　窟群区第 12 窟后甬道正壁及南端壁　图 3-22　窟群区第 12 窟后甬道券顶南端壁揭取前（摘自中国石窟图 17）
揭取前（摘自中国石窟图 18）

复原研究[1]

　　刘韬结合巴黎吉美博物馆、柏林亚洲艺术博物馆馆藏历史照片及德国探险队的文字记录与龟兹研究院临摹壁画资料进行核对，初步判定格伦威德尔[2]记录的第 33 号涅槃窟主室正壁及甬道壁画均出自库木吐喇石窟窟群区中国编号第 12 窟，并于 2014 年在本修复工程项目进行期间与本次修复的 12 窟揭取壁画进行了比对。不仅提供了柏林亚洲艺术博物馆的照片（图 3-23、图 3-24[3]、图 3-25），并且完成了正壁线描图的绘制（图 3-26），对各壁内容进行了还原研究（图 3-27）。在与刘韬老师交流过程中得知，12 窟正壁崖体前倾有凹面，德方在修复时修成了平直状，因此甬道弧形变窄且有部分残片无法在修复时复位。

　　图 3-22、图 3-25 所示图像与本次修复的揭取壁画 12K9 号、12K10 号壁画风格一致，充分证明了刘韬的判断。将本次修复的壁画 12K2（图 3-28）与勒柯克所著中格伦威德尔记载的库木吐拉涅槃窟持薰灯的菩萨[4]（图 3-29）进行了比对，图 3-28 尺寸 89cm×60cm，持薰灯菩萨整体尺寸 149cm×102cm，按照图 3-29 在整幅图片中所占比例，应该与本次修复的 12K2 壁画大小一致，而且两幅壁画人物构图、表现手法非常接近，进一步证明了德人所称涅槃窟即为现在的 12 窟。

---

[1] 刘韬：《唐与回鹘时期龟兹石窟壁画研究》，文物出版社，2017 年，第 087~098 页。

[2] [德]A.格伦威德尔著，赵崇民、巫新华译：《新疆古佛寺—1905-1907 年考察成果》，中国人民大学出版社，2007 年，第 50、55 页。

[3] 此幅图在《西域壁画全集 4 库木吐喇石窟壁画》第 247 页二三八图标作第 10 窟降魔变，《中国石窟·库木吐喇石窟》196 图标作第 38 窟主室正壁降魔成道（MIK Ⅲ 8834）。

[4] [德]阿尔伯特·冯·勒柯克、恩斯特·瓦尔德施密特著，管平、巫新华译：《新疆佛教艺术》（第六卷）新疆教育出版社，2006 年，第 516 页，第 546 页，图版 24 显示该壁画曾被切割成四部分，本书仅摘用右上部分。

图 3-23　窟群区第 12 窟后甬道内侧壁涅槃图（摘自刘韬 226 页）

图 3-24　窟群区第 12 窟主室正壁降魔成道图（摘自刘韬 093 页）

图 3-25　窟群区第第 12 窟后甬道顶部壁画（摘自刘韬 096 页）

图 3-26　窟群区第 12 窟主室正壁复原线描图（摘自刘韬 093 页）

图 3-28　本次修复 12K2 壁画 (2014 年拍摄)

图 3-29　持薰灯菩萨（摘自新疆佛教艺术 58）

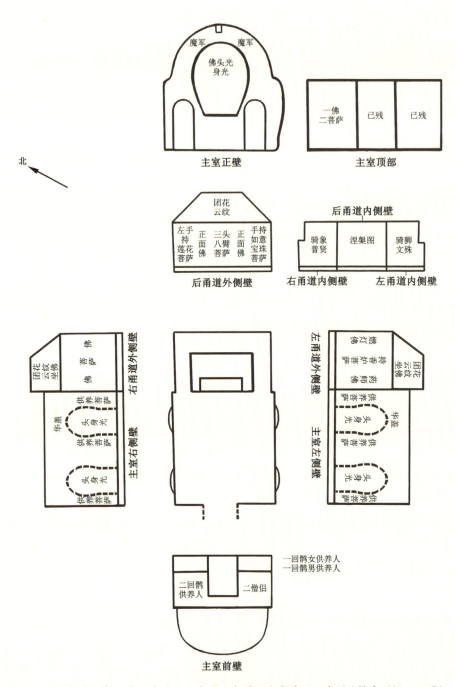

图 3-27　窟群区第 12 窟洞窟平面示意图及各壁面内容展开示意图（摘自刘韬 098 页）

第四节　窟群区第 14 号窟

概况

位置：位于第 11 窟的北侧，两窟相距约 13 米，处同一地坪高度，其北侧与第 13 窟为邻。坐东面西，方向 240°。

形制：中心柱纵券顶窟，现存主室及左右后三甬道。主室平面呈矩形，宽 460cm，深 390cm，高 430cm。正壁中心开一莲瓣形浅龛，宽 135cm，深 40cm，高 245cm，龛底距地坪高 125cm。

内容与现状：本窟外的崖壁多有坍塌，未存建筑遗迹。

主室正壁：下部约 1/2 的壁面草泥层脱落。上部绘大幅西方净土变，残存部分壁画被揭取保存（图 3-31）。

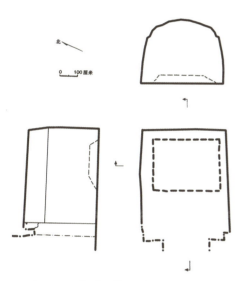

图 3-30　窟群区第 14 窟平、剖、立面图　　图 3-31　窟群区第 14 窟主室券顶及正壁（摘自中国石窟图 23）

主室前壁：下部 2/3 的墙体坍毁，门道已不存，上方的半圆形壁面绘一幅经变，残损。

主室左、右侧壁：两侧壁下部的墙体被水浸风蚀，壁面的始凿痕已所存无几，整个壁面约有 3/4 的草泥层脱落，上部绘有佛传故事画，残存的部分壁画被揭取保存。

主室顶部：纵券顶，券面平缓且低矮。中脊画幅宽约 50cm，绘直径 30cm 的莲花 7 朵，莲花的四角饰以云纹。券顶两侧绘千佛，每侧 12 列，每列约 37 身，左侧现存 400 身，右侧现存 417 身。下沿一层叠涩。水平面绘云纹。

地坪：中部靠后的地坪上有一矩形坛基，因窟内曾被水浸，坛基已风化为一堆沙土，原状不明。

风格研究及局部复原

从本窟（图 3-31）与 11 窟（图 3-12）对照来看，两窟风格一致，均属于汉风洞窟。北京大学考古系曾对库木吐喇石窟窟群区 14 窟主室墙泥中草样作碳 14 测定，测定距今（1982 年）为 1210±35 年，即唐天宝年间（742-756年）[1]。从检测角度证明14窟壁画为盛唐中期所绘[2]。

经与《中国石窟·库木吐喇石窟》对照，图24、25、26、27、28、29、30、31、33、34、35、36、37分别对应14窟揭取编号为13、9、14、7（可见沥粉工艺）+8、12、10+11、3、2、6左、5、6右、1左、1右。图39北壁佛传图特写[3]（图3-32）可与本次修复的14K4（图3-33）对应，可以

图3-32　北壁佛传图特写（摘自中国石窟图39）

图3-33　本次修复壁画14K14

看出壁画已经明显褪色。

图3-31对于确定本次修复第14窟第7、8、9、10、11、12、13、14幅的原始位置有着重要的参考意义。经比对，拼合示意图见图3-34。此拼合图证实《西域壁画全集4·库木吐喇石窟壁画》第195页图190显示为原壁画的镜像。

图3-34　窟群区第14窟揭取壁画第7~14幅拼合示意图

---

❶ 北京大学考古系碳十四实验室，陈铁梅、原思训、王良训、马力、蒙青平：《碳十四年代测定报告（六）》，《文物》1984年第4期，第95页。

❷ 刘韬：《唐与回鹘时期龟兹石窟壁画研究》，文物出版社，2017年，第246~247页。

❸ 该图摘自《中国石窟·库木吐喇石窟》图37。韩翔、朱英荣：《龟兹石窟》，新疆大学出版社，1990年，图版图六十九称之为大宅失火图。

第五节 窟群区第 15 号窟

窟群区第 15~17 窟概述

第 15~17 窟为一组中心柱式的三佛堂组合窟，三窟共用一个前室，组合窟的平面略呈"品"字形。位于第 14 窟的北侧，两窟相距约 7 米，地坪高出第 14 窟约 0.5m。向北约 18m 是第 20 窟，其北侧上方相距 5 米是第 18~19 窟，地坪高差约 6 米。坐东面西，方向 29°。三窟共用的前室现状，平面呈矩形，宽 440cm，深 275cm，高 295cm。前室正壁中部为第 16 窟的门道，宽 128cm，深 80cm，高 212cm。左侧为第 15 窟门道，残损右侧为第 17 窟门道，残损。窟外未存任何建筑遗迹，前壁完全坍毁，左、右侧壁的前端多已坍毁，现由修筑的水泥墙支撑部分前室的墙体。正壁中部开门道入第 16 窟的主室，右端根部墙体残损，下部草泥层多脱落，上部保存草泥层，且存绘画痕迹，多磨灭，仅隐约可见一方竖条的题榜，题记文字无存。前壁坍毁，左侧壁仅保存里端和上沿的少量墙体，余为修补面。中部为第 15 窟的门道，坍毁，现修复了拱形门道。右侧壁与左侧壁相同，中部修复拱形门道入第 17 窟主室，拱门上方的壁面存绘画痕迹。顶部为平顶，前端坍毁，里端泥层保存较好，草泥层上的粉层已脱落，仅见绘画残根。由内向外残存团花纹 2 列，第一列 5 个，第二列 2 个。

地坪：积沙，且存后人垒砌的石台。

概况

位置：位于前室的左端。坐南向北，方向 15°。

形制：规模较小的中心柱纵券顶窟，平面呈方形，宽 244cm，深 255cm，高 212cm。正壁下部的地坪上残存一个半圆形的像台，宽 86cm，深 70cm，高 45cm。左、右、后三甬道环绕扁平的中心柱体。左、右甬道相同，尺度大致相等，宽 60cm，深 80cm，高 175cm。后甬道横宽 260cm，纵深 80cm，高 173cm(图 3-35)。

内容与现状

主室正壁：上方半圆形壁面中部绘 1 个大华盖，两侧绘相向飞翔的飞天，壁画被揭取保存。余草泥层未存，下部柱体坍毁后进行了加固。

主室前壁：仅保存右端的部分墙体，草泥层无存，余坍毁。

主室左侧壁：与前壁的左端和前室的前壁一同坍毁，现仅存里端上角的部分券顶，草泥层无存。

主室右侧壁：墙体保存较好，但草泥层不存。

主室顶部：是一个弧面十分平缓的纵券顶，残损，草泥层均不存。

主室地坪：积沙。

左甬道：内、外侧壁下部草泥层脱落，上部保存壁画，内侧壁绘 1 身立姿菩萨。外侧壁与后甬道左端壁连接，绘立姿一佛一菩萨。顶部绘团花图案。

右甬道：内侧壁绘一身立姿菩萨，仅存头部，余毁。外侧壁草泥层损毁。顶部草泥层多脱落，现残存前端的团花。

后甬道：正壁右端残毁，绘立姿一佛一菩萨立像，现仅存三身像的头部，余毁。在立像右侧均存题榜，但题记磨灭。前壁绘立姿一佛一菩萨，仅残存上部，题记磨灭，下部损毁。顶部绘团花图案，团花的两侧饰以云纹。

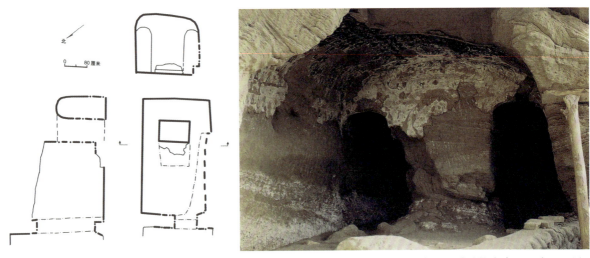

3-35　窟群区第 15 窟平、剖面图　　　　　图 3-37　窟群区第 15 窟主室正壁未揭取前（摘自中国石窟 39 图）

复原研究[1]

根据法国巴黎吉美博物馆编号 AP7055 历史照片，库木吐喇窟群区第 15 窟主室正壁所塑坐佛像无存，仅残留佛像的头光与身光，头光与身光内以团花纹装饰。圆拱部头光与身光上绘华盖，华盖两侧对称绘面向华盖飞行的两身飞天[2]，每身飞天下各绘两朵云纹。在佛身光与左、右两甬道口空白处对称绘两株宝树，树冠承托飞天，其余空白处绘花瓣。左、右甬道口沿均绘一圈拱形装饰花纹。主室顶部为纵券顶，但拱形顶部弧面平缓接近平顶。券顶中脊绘团花带，团花四周绘云纹。以团花带为中轴对称，中脊两侧绘成排的坐姿千佛，千佛与团花带间再绘一排云气纹带分隔。根据法国巴黎吉美博物馆编号 AP7055 历史照片，刘韬复原库木吐喇第 15 窟主室正壁壁画位置、内容并绘制线描图。另据格伦威德尔记录，库木吐喇第 15 窟两侧壁以及入口内壁靠上一半均绘千佛，主室前壁入口右壁下半部分绘观世音菩萨 (Avalokitesvara)，入口左壁绘一身佛像。刘韬根据记录与辨识绘制了窟群区第 15 窟平面示意图及各壁面内容展开示意图（图 3-36）。

正壁拱部壁画内容可与中国石窟·库木吐喇石窟卷第 39 图（图 3-37）、本次修复壁画（图 3-38）对照研究。另外《中国石窟·库木吐喇石窟》第 40、41 图则呈现了壁画揭取前飞天特写，为进一步研究与修复提供了依据。

图 3-38　本次修复从左至右 15k-9、15k-10（58#）、15k-10（59#）壁画拼合图

---

[1] 刘韬：《唐与回鹘时期龟兹石窟壁画研究》，文物出版社，2017 年，第 076~077 页。

[2] 分别对应本次修复 15k-9（飞天）、15k-10（58# 华盖）、15k-10（59# 飞天）

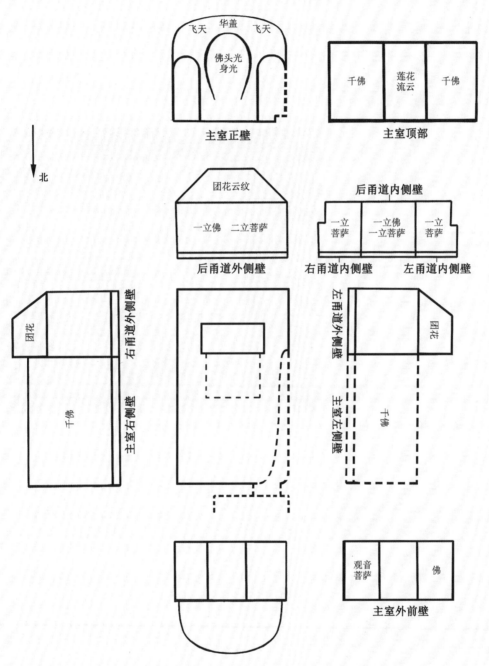

飞天　华盖　飞天

佛头光
身光

主室正壁

千佛　　莲花流云　　千佛

主室顶部

北

团花云纹

一立佛　二立菩萨

后甬道外侧壁

后甬道内侧壁

一立菩萨　　一立佛一立菩萨　　一立菩萨

右甬道内侧壁　　左甬道内侧壁

右甬道外侧壁

团花

千佛

主室右侧壁

左甬道外侧壁

团花

千佛

主室左侧壁

观音菩萨　　　佛

主室外前壁

图3-36　窟群区第15窟洞窟平面示意图及各壁面内容展开示意图（摘自刘韬077页）

23

第六节　窟群区第 16 号窟

概况

位置：本窟是组合窟的中心洞窟，位于前室的正后方。坐东面西，方向 299°。

形制：主室为中心柱纵券顶。门道残损，宽 128cm，深 80cm，高 212cm。主室平面呈长方形，宽 375cm，深 437cm，高 475cm。正壁上方的半圆形壁面上开一个拱形龛，宽 100cm，深 89cm，高 130cm，龛底距下部像台高 300cm。正壁下方的地坪上存一个纵长的预留岩体像台，宽 150cm，深 214cm，高 40cm。左右后三面开甬道环绕中心柱，左、右甬道结构相同，尺度大致相等，宽 80cm，深 151cm，高 183cm。后甬道横宽 372cm，纵深 78cm，高 200cm（图 3-39）。

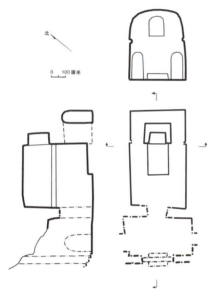

图 3-39　窟群区第 16 窟平、剖面图

图 3-40　窟群区第 16 窟主室顶部残存壁画（2014 年摄）

内容与现状

主室正壁：上方半圆形壁面中间开有 1 拱形龛，龛内正壁大多残损，现仅于右上端绘有一棵树。左侧壁画无存。右侧残存部分莲花、叶瓣等。龛券顶中脊绘 1 大团花，残损；左侧券面残存 1 身姿态飘逸的飞天，双手持排箫作吹奏状。龛外壁面草泥层脱落，龛下壁面绘菩萨群像，残存的壁画被揭取保存。

主室前壁：开门道入主室，各壁墙体大多尚存，但草泥层均已脱落，左右两端绘汉地风格的供养人，残存的壁画被揭取保存，下部残毁。

主室左、右侧壁：墙体保存较好，下部 1/2 的壁面草泥层脱落，上部的草泥层均已斑驳，且被揭取保存。左侧壁绘大幅西方净土变 1 幅。右侧壁绘东方药师变 1 幅。

主室顶部：微拱，近似平顶，中脊画幅宽约 80cm，草泥层大多脱落，仅存少量的团花和云纹。两侧绘千佛，每侧 17 列，每列绘 34~36 身不等，左侧现残存 419 身；右侧残存 408 身（图 3-40）。两侧的下沿有一层弧转的叠涩与左、右侧壁连接，叠涩面绘大叶花蕊卷草纹。

主室地坪：沉积细泥土，且十分潮湿。

左、右甬道：原甬道口均有道楣，现仅存右甬道少许遗迹，余残毁。甬道内、外侧壁和顶部的草泥层均未存。

后甬道：各壁的草泥层均未存。

地坪：与主室相同。

复原研究

　　本次修复第16窟揭取壁画共24幅，但残损严重，能明确判断内容的只有不足10幅，有幸的是对于16窟原始壁画内容的记录和相关研究还能为呈现其原有的精美与丰富提供例证。

　　贾应逸、买买提·木沙❶描写第16窟是壁画保存最好❷的一个中心柱窟。大型经变画布局在左右侧壁，其构图形式是在横长方形的图中央描绘佛国世界，两侧配以纵式条幅，是敦煌莫高窟同类经变画的移植。右壁是按《佛说灌顶经》卷十二《佛说灌顶拔除过罪生死得度经》绘制的。左壁彩绘《观无量寿经变》，仅见主尊两侧，迦陵频伽飞来，托盘供养；菩萨头梳云鬟髻，戴宝冠，面向中央而坐，"九品往生"的童子丰肥可爱。后面楼阁高耸云端，大象驮着菩萨奔驰，天乐系着飘带悬挂彩云间。两侧对称形式的立轴画，右侧为《未生怨》，残存频毗娑罗王坐在城门紧闭的宫中，阿阇世王骑着高头大马来到宫门前的画面。左侧是《十六愿》，其中的"日观想"宛如一幅风景画：远处群峰叠嶂，绿林丛丛，一轮红日正徐徐下落，开始淹没在彩云中。与右壁、"十二大愿"背景中，起伏的山峦，好像近在咫尺，都是我国唐代山水画的代表作。第16窟前壁门上方，半圆形壁面上的绘画，是现知库木吐喇唯一的一幅汉风涅槃经变图。

　　马世长先生在对库木吐喇的汉风洞窟❸一文中研究显示，北壁经变画西侧的立轴条幅，自上而下画出多组人物形象，画面已被烟熏黑。据部分情节和汉文榜题，可知其内容是"十二大愿"。并结合渡边哲信《西域旅行日记》所记录的内容，判断北壁的经变画为药师净土变。其中汉文榜题："第二愿者使我来世自身光明□□；琉璃内外明彻净无瑕秽妙□□大；功德巍巍安住十方如日临世幽圆；众生悉蒙开晓；第三愿者……"与本次修复壁画16K2中榜题内容相符。但是，现在能够辨识的文字已经少于马先生的记载（图3-41❹、图3-42、图3-43）。

　　刘韬结合现场调查及柏林亚洲艺术博物馆与巴黎吉美博物馆历史照片记录，对第16窟进行了复原研究，并且根据格伦威德尔对后壁的描述（尤其是明确的坐骑形象）❺，更正了柏林亚洲艺术博物

---

❶ 贾应逸、买买提·木沙：《赏析龟兹历史的画廊》，《西域壁画全集〇4库木吐喇石窟壁画》，新疆文化出版社，2017年，第14~15页。

❷ "壁画保存最好"应该指相对于格伦威德尔揭取走的壁画中保存最好的。因为格伦威德尔在《新疆古佛寺》中描述"14窟（对应现16窟）非常漂亮，但被严重破坏了"。

❸ 马世长：《库木吐喇的汉风洞窟》，《中国石窟·库木吐喇石窟》，文物出版社，1992年，第206~209页。

❹ 这是位于16窟主室右壁《东方药师净土变》右侧竖条式画面中的十二大愿之局部。经与本次修复壁画对照，可以判定为16K2壁画揭取前。

❺ 在《新疆古佛寺》中，格伦威德尔描述了后壁：半圆形部分里有一小佛龛，龛里画着乔达摩佛在菩提树下，构成入口墙上涅槃图的对应图。佛龛四周是美丽的飞天。在这组人物下方，在左、右两侧甬道入口之间，有一修饰壮观的宝座，宝座四周绘有菩萨、诸天神以及天女，宝座受到了严重破坏。在两侧入口上方，画了主要人物的两组胁侍菩萨；在缺失的主要形象右侧是骑象的普贤，有为数众多的胁侍人物；左侧是骑狮子的文殊师利。此二组人物与第33窟提到的人物十分相像，在那里他们画在两侧甬道中。由此可见，后壁前边应补充的主要人物是观音菩萨。

馆藏照片反向倒置的谬误（图3-44），并绘制了主室正壁复原线描图、洞窟平面示意图及各壁面内容展开示意图（图3-45）。同时，将现藏德国的壁画、原德藏后于二战中丢失或损毁的壁画资料，现藏俄罗斯的壁画及韩国馆藏的壁画资料，进行了汇总（表3-1），对壁画内容进行了深入的考释与重构研究^❶。

图3-41 窟群区第16窟主室右壁十二大愿局部(摘自西域壁画全集4) 图3-42 窟群区第16窟北壁西侧壁画
217页 （16K2，2014年修复）

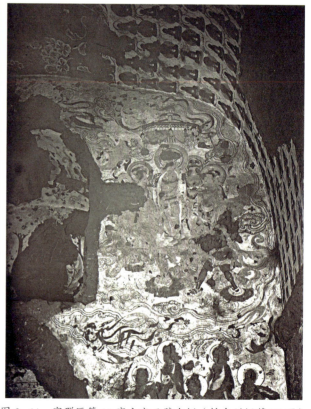

图3-43 窟群区第16窟北壁西侧壁画榜提特写　　　　图3-44 窟群区第16窟主室正壁左侧（摘自刘韬第79页）

❶ 刘韬：《唐与回鹘时期龟兹石窟壁画研究》，文物出版社，2017年，第78~86页，第138~160页。

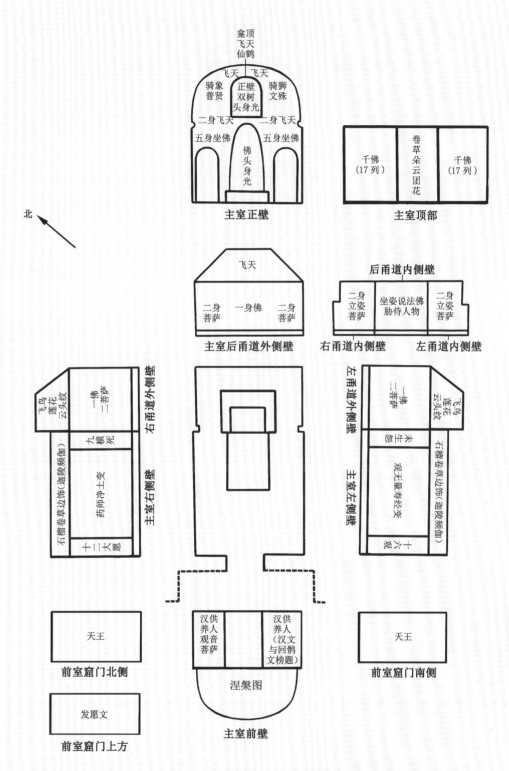

图 3-45　窟群区第 16 窟洞窟平面示意图及各壁面内容展开示意图（摘自刘韬 086 页）

27

表 3-1 库木吐喇石窟第 16 窟境外藏壁画（照片）资料汇总

序号	现存地	目录号	壁画内容	尺寸（宽×高）cm	壁画原位置	备注
1	德国柏林亚洲艺术博物馆	III 4444	迦陵频伽	28×21	主室左壁或右壁枭混线处花卉中间某部	图 3-46❶
2		III 8843	日观想	34×27	主室左壁南侧观无量寿经变中十六观立轴部分	图 3-47❷
		IB8893		54×49		勒柯克
3		III 8913a	供养天人	68×41	主室正壁接近顶部右上方	图 3-48❸
4		III 8913b	飞天	58×39	主室正壁小龛右上方	
5		III 9374	韦提夫人请佛	42×39	主室左壁北侧观无量寿经变中未生怨立轴部分	图 3-49❹
6		III 9104	千佛与云纹	66×51	拱顶	
7		III 9104c	千佛与云纹	71×44.5	拱顶	
8	仅有档案卡片存于柏林亚洲艺术博物馆	IB8715	石榴卷草纹边饰带	52×12.5	主室左壁枭混线	图 3-50❺
9		IB8912	涅槃图	354×228	主室前壁上方半圆形壁面	图 3-52❻
			涅槃佛与举哀者（涅槃图局部）	212×145		
10		IB9104b	千佛与云纹	74×55	拱顶	

❶ 摘自《西域壁画全集 4·库木吐喇石窟壁画》第 219 页。

❷ 摘自《中国石窟·库木吐喇石窟》图 193。

❸ 摘自《中国石窟·库木吐喇石窟》图 194。

❹ 摘自刘韬：《唐与回鹘时期龟兹石窟壁画研究》，文物出版社，2017 年，第 82 页。

❺ [德] 阿尔伯特·冯·勒柯克、恩斯特·瓦尔德施密特著，摘自管平、亚新华译：《新疆佛教艺术》（第七卷），新疆教育出版社，2006 年，第 624、661 页，图版 26c。

❻ 摘自刘韬：《唐与回鹘时期龟兹石窟壁画研究》，文物出版社，2017 年，第 158 页。

序号	现存地	目录号	壁画内容	尺寸（宽×高）cm	壁画原位置	备注
11		IB9105	千佛与云纹	52×78	拱顶	
12		ВД634	绿色背景上三只套在一起的圆环	20×19	不详	德藏编号IB9095
13	俄罗斯艾尔米塔什博物馆藏德国揭取16窟壁画	ВД635	水观想	15×19	主室左壁南侧观无量寿经变十六观部分	德藏编号IB9165
14		ВД636	钵	不详	甬道侧壁	IB9073
15		ВД637	左手托钵	不详	甬道侧壁	IB9091
16		ВД638	双手上举人物	15×20	不详	IB9225
17		ВД640	六瓣花纹装饰带	20×12	不详	IB9245
8		ВД726	石榴卷草花纹边饰带	52×12.5	主室左壁枭混线	IB8715
18		bon4089	观无量寿经变铭文残片	9×21	主室左侧壁西侧	
19		bon4089	药师净土变铭文残片	9.5×16	主室右侧壁东侧	
20		bon4089	壁画残片	13×9	不详	
21	韩国国立中央博物馆藏日本大谷探险队收集库木吐喇石窟壁画资料	bon4089	壁画残片	7.5×7	不详	参见national museum of korea,
22		bon4067	千佛图残片	36×45	主室窟顶	
23		bon4067	千佛图残片	40×43	主室窟顶	
24		bon4069	千佛图残片	63.5×41	主室窟顶	
25		bon4086	千佛图残片	26×31	主室窟顶	
26		bon4086	千佛图残片	24×23.5	主室窟顶	

图 3-46　窟群区第 16 窟迦陵频伽　　　　　　　　图 3-47　窟群区第 16 窟日观想

图 3-48　窟群区第 16 窟供养天人　　　　　　　　图 3-49　窟群区第 16 窟韦提夫人请佛图

图 3-50　窟群区第 16 窟石榴卷草纹边饰带（德藏资料照片）　　　图 3-51　窟群区第 16 窟现存石榴卷草纹壁画（2014 年摄）

　　图 3-51 为库木吐喇石窟窟群区第 16 窟主室左侧壁枭混线现存壁画，库木吐喇石窟内容总录记作大叶花蕊卷草纹，图 3-50 与此对照能够确定无疑出自同一洞窟。根据李欢❶的研究，该纹样称作石榴卷草纹更为恰当，有较为明显的盛唐纹样特征。

---

❶李欢：《卷草纹在初唐、盛唐、晚唐的对比研究》，武汉纺织大学出版，2018 年，第 11~12 页。

图 3-52　窟群区第 16 窟主室前壁涅槃图（摘自刘韬 158 页）

图 3-53　本次修复 16K3、16K12 相对位置图（底图摘自刘韬第 80 页）

本次修复两幅壁画 16K3、16K12 与刘韬所绘线图相比对，能够确定其相对位置（见图 3-53）。

丁和也对现藏于德国柏林亚洲艺术博物馆的 16 窟壁画进行了复原研究，主要针对表 3-1 中编号为 III 8913b（飞天）、III 9104（千佛与云纹）、III 9104c（千佛与云纹）、IB8893（日观想）、III 4444（迦陵频伽）的五幅壁画进行。他将壁画（图 3-54）、复原位置示意（图 3-55）及目前在展厅的现状（图 3-56）进行了图示。

图 3-54　德藏 III 8913b 飞天❶

图 3-55　飞天复位图示❶

图 3-56　飞天馆藏现状❶

第七节　窟群区第 38 号窟

概况

位置：位于第 37 窟的北侧，地坪低于第 37 窟约 1m，北面与第 39 窟为邻，两窟相距约 3m。坐东面西，方向 238°。

形制：中心柱纵券顶窟，保存少量前室遗迹，主室、左、右、后三甬道保存较完好。主室门道坍毁。主室平面略呈长方形，宽 385cm，深 423cm，高 460cm。里端存方形的二层立像台，下层台宽 170cm，深 115cm，高 15cm；上层台宽 140cm，深 100cm，高 10cm。左、右侧壁下部均存

---

❶ 丁和：《德藏新疆壁画》，上海市新闻出版局内部资料，2015 年，第 192 页～195 页。图 3-54、3-55、3-56 摘自丁和先生微信公众号"九璞十景"，《德藏新疆壁画》系列赏析（三十八）：库木吐喇石窟窟群区第 16 号窟。

通壁的像台，进深 10~15cm，高 55cm。像台之上各开两个莲瓣形龛，宽约 140cm，深 50cm，高 175cm。侧壁上部一层叠涩，宽 45cm。左右两侧开甬道环绕中心柱。左右甬道结构相同，尺度大致相等，宽 80cm，深 215cm，高 168cm。后甬道横宽 375cm，纵深 96cm，高 192cm，正壁中部开一拱形龛，宽 114cm，深 61cm，高 150cm，龛底距地坪高 35cm(图 3-57)。

内容与现状：本窟的门道现为新修复的木门。正壁与左右两侧壁原塑有尊像，现已损毁。窟内残存的部分壁画也已揭取保存。本窟的壁画均被烟熏，多已漫漶。

前室：现仅存正壁左端的部分壁面和左侧壁转角的少量墙体，余坍毁。现地坪高出主室地坪约 1m。

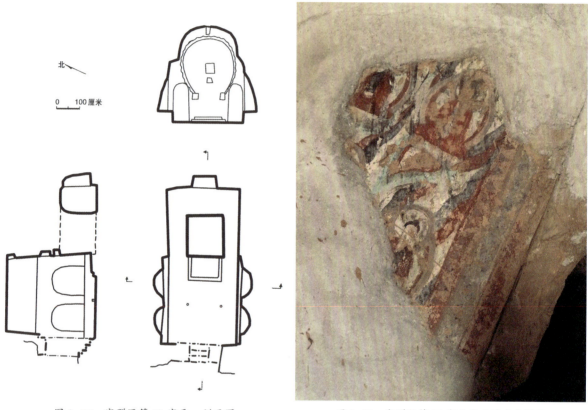

图 3-57　窟群区第 38 窟平、剖面图　　　　图 3-58　窟群区第 38 窟主室正壁残存壁画

主室正壁：立像已毁，现于左端残存浮塑的头光，背光遗迹。背光由内向外绘小坐佛，坐佛的头光、背光外沿绘有火焰纹，再外绘一圈三角形组合纹样，最外沿一周贴塑千佛，惜已无存（图 3-58）。背光上方绘菩提树冠，树冠左侧绘一身天人，天人脚下有一身形体较小的飞天。中下部壁面保存固定塑像的桩孔，下方二层像台的正壁绘一整二破的莲花图案。

主室前壁：中部为门道，残毁。右端壁面残存少许壁画，似一立像的痕迹，但十分模糊。

主室左侧壁：下部存通壁的像台，其上的壁面开两个莲瓣形拱形龛，龛壁弧转，由下而上逐渐内收，上沿与侧壁平齐。外端龛内草泥层脱落，下部存两个圆形桩孔，上部正中存一个桩孔。里端龛内左右侧壁的下部残存绘画遗迹，下方似有人物的形象，模糊。龛外右上角存一块壁画。龛沿一周绘汉式衣着的菩萨小坐像，其上有菱形排列的坐佛 4 身。右侧下方似绘 1 身人物，模糊。

主室右侧壁：与左侧壁相同，开有两个莲瓣形龛。外端龛内保存浮塑的头光、背光遗迹，头光、背光内绘牡丹花纹，较模糊。里端龛内背光中部以上残毁，纹样相对较清晰，左右两侧下方似有人物，模糊。龛外壁面泥层全部脱落。

主室顶部：券顶中脊壁画残毁。两侧绘一佛二菩萨，佛的头光上方均有菩提树冠和华盖。每侧3列，每列5幅，左侧存2列9幅。右侧存3列8幅，皆被烟炱覆盖。下沿一层斜坡式的叠涩，残损。

左、右甬道：外侧壁各绘立佛4身，立佛间均绘一身形体较小的菩萨。内侧壁均绘千佛6列，每列14身，顶部绘飞天。残存的部分壁画现均被揭取保存。

后甬道：正壁中部开龛，龛内外草泥层均无存。龛外左侧绘立姿一佛一菩萨，立像间绘有相关人物；右侧也绘立姿一佛一菩萨，前壁绘涅槃图，顶部绘飞天，残存部分壁画现被揭取保存（图3-59、3-60）。

图 3-59　窟群区第 38 窟后甬道顶部飞天（编号 38K37）

图 3-60　窟群区第 38 窟后甬道顶部飞天（编号 38K41）

地坪：地坪低于窟外约1米。现于侧壁及甬道的地坪上保存部分石膏坪。地坪中央像台前部的石膏坪上原绘有壁画，且于四周设有围栏，现于前端仍存2个围栏木桩遗迹。地坪画已被揭取保存。

第38窟风格研究

马世长先生在《库木吐喇的汉风洞窟》一文中初步判定38窟为汉风洞窟。从本窟揭取的编号为38K6、7、8、13、14、15、16、17的壁画看，所绘千佛用色、衣饰、排列方式呈现回鹘时期的风格；从18、19、37、38中菩萨、飞天及举哀天人的面部画法中，呈现了明显的回鹘风格画法，头部成球形，面部五官及下巴部分用白色线条勾勒，起到"提"的作用[1]。贾应逸先生在其研究中推断38窟是吐鲁番柏孜克里克艺术的西渐，应是甘州回鹘和安西(龟兹)回鹘统一后的产物。[2]主室地画所绘为敷曼陀罗，图中莲花丛生、水生动物游移、童子嬉戏、两侧各立一尊密宗六大观音之一马头观音(图3-61、3-62)，该窟碳14测定数据为公元999~1175年[3]。从不同风格特点在同一幅画中出现来看，证明绘画风格的演变过程存在旧风格与新风格并存的时期。

图3-61　窟群区第38窟地画童子

图3-62　窟群区第38窟地画马头观音

第八节　窟群区第61号窟

概况

位置：位于第60窟的北侧，两窟毗邻，隔墙厚度0.6m。其北侧与第62窟相距约7m。本窟地坪与第60窟大致处同一水平高度，坐东面西，方向229°。

形制：中心柱纵券顶窟，窟形保存相对完好，现存前室，主室门道、主室及左、右、后三甬道。前室平顶，平面呈矩形，宽660cm，残深280cm，高460cm。主室门道平顶，宽180cm，深140cm，高256cm。主室纵券顶，平面呈方形，宽330cm，深348cm，高406m。下部像台宽108cm，，深56cm，高40cm。左、右甬道结构相同，尺度大致相等，宽87cm，深151cm，高190cm。后甬道横宽350cm，纵深86cm，高204cm(图3-63)。

---

❶ 马世长：《库木吐喇的汉风洞窟》，《中国石窟·库木吐喇石窟》，文物出版社，1992年，第204页。

❷ 王征：《龟兹佛教石窟美术风格与年代研究》，中国书店，2009年，第40页。

❸ 贾应逸：《新疆佛教壁画的历史学研究》，中国人民大学出版社，2010年，第203~206页。

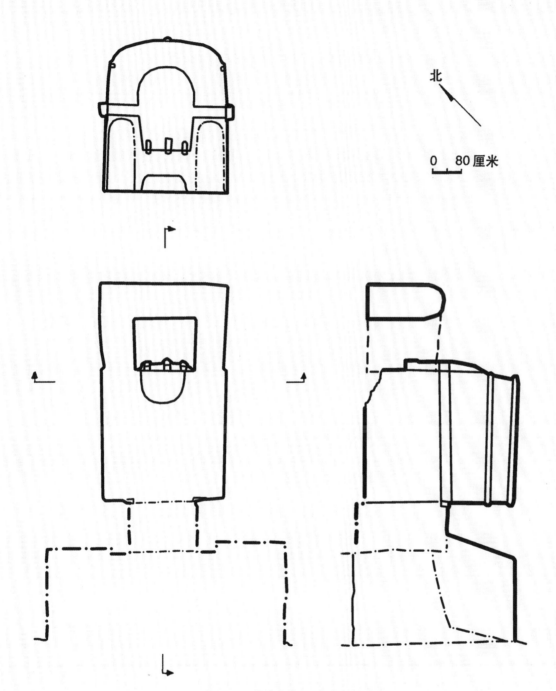

北

0　80厘米

图 3-63　窟群区第 61 窟平、剖面图

内容与现状：本窟除前室部分墙体坍塌外，余保存完整，但壁面的草泥层均无存。主室形制完好，但壁画层多已不存，左、右侧壁和甬道残损尤甚。顶部现存的壁画均被烟熏，十分模糊。

前室：下部坍毁，保存正壁和左、右侧壁的上部及部分顶部。

前室正壁：中部开方形平顶门道，门上方存 2 个槽孔，壁面仅存始凿痕，草泥层脱落。

前室前壁：坍毁。

前室左、右侧壁：墙体根部坍毁，现用水泥加固，上部壁面草泥层未存。

前室顶部：平顶，草泥层脱落。

前室地坪：与窟外的平台处同一水平，原始地坪情况不明。

主室门道：平顶，两侧壁残损，草泥层不存。

主室正壁：下部残存预留岩体的半圆形像台，像台之上的壁面内凹，如一个莲瓣形的龛（即龛底呈一个半月的弧形，由龛底向上的壁面逐渐外弧与上部壁面相接）。龛底均匀分布 3 个桩孔，龛中部横贯一条方形凹槽，此凹槽与左右两侧壁是贯通相连的，深度和高宽均相等。壁面草泥层全部脱落。

主室前壁：中部开门道且残存固定门的槽孔遗迹，门上方一条通壁的方形凹槽，门两侧壁面残损，上方半圆形壁面保存少量草泥层，烟熏。

主室左侧壁：下部残损，部分壁面用水泥加固，上部残存少量草泥层，中部存一条贯通正壁、前壁的方形凹槽。

主室右侧壁：保存状况及构造与左侧壁相同，外端和里端的壁面上部均有一块壁面被切割。

主室顶部：中脊绘团花图案，大多残失，现仅于左侧上沿残存少许痕迹。券顶两侧下沿向上 100cm 处和中部均有一个椽槽且两端插入正前壁内。椽槽以下壁面草泥层无存，椽槽之上保存部分壁画，但被烟熏，仅识大致轮廓。券两侧均绘 4 列千佛，每列约有 16 身，每身佛的一侧绘有形体较小的供养天人，下方有云气纹承托。现于券左侧残存 51 身，右侧残存 37 身。

主室地坪：积沙。

左甬道：因窟内潮湿，壁画酥碱十分严重，外侧壁绘画无存。内侧壁绘立像，被揭取保存。顶部残存少量壁画，烟熏。

右甬道：内、外侧壁均绘立姿佛，菩萨，顶部绘团花，现均被揭取保存。

后甬道：正壁绘 6 身立佛，立佛之上有一列榜题，再上是一列千佛。前壁绘涅槃，现被揭取保存。顶部绘团花，模糊。

地坪：与主室相同。

风格研究

第 61 窟位于窟群区谷北区，谷北区由第 52~72 窟组成，第 61 窟处在该区的核心位置，是一处拥有大前室的中心柱窟，应该是此区的礼拜中心❶，与著名的五联洞共处一区（图 3-64）。刘韬根据残存壁画用色及绘制方法判断认为该窟属于回鹘风洞窟❷，本次修复的揭取壁画 61K1 中部和下部可见三块汉文题记，均写在矩形框内，字体可辨认程度不同（图 3-65）。由于修复期间未采集到 61 窟内残留壁画内容，揭取壁画又漫漶不清，因此作者认为该窟应是有汉族画工参与绘制的回鹘风洞窟。

❶ [意] 魏正中：《区段与组合—龟兹石窟寺院遗址的考古学探索》，上海古籍出版社，2013 年，第 79 页。

❷ 刘韬：《唐与回鹘时期龟兹石窟壁画研究》，文物出版社，2017 年，第 51 页。

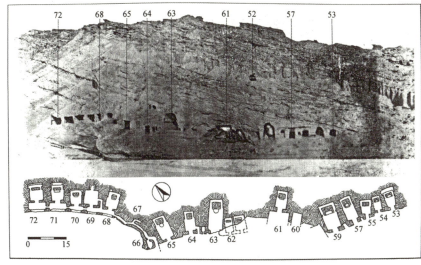

图 3-64　窟群区谷北区洞窟立面分布图与联合平面图（摘自 80 原始照片由柏林亚洲艺术博物馆提供，编号 MIKB0861）

图 3-65　窟群区第 61 窟汉文题记之一

两幅无编号壁画所处洞窟分析

本次修复项目中有两幅壁画没有原始编号，其中一幅修复后长 66cm，宽 61cm，画面主要内容为一佛头，发髻高耸，面部圆润，头光处装饰以红绿两色火焰纹，壁画顶端呈弧形（图 3-66）。经与本次修复所有洞窟壁画比对，发现其与 38 窟壁画风格吻合，其中编号为 38K19（图 3-67）的壁画修复后长 144cm，宽 76.5cm，在纹饰、构图、用色等方面与此壁画一致。两幅壁画顶端均呈弧形，按照壁画构图对应尺寸两幅壁画也较为一致，故初步判断此幅无编号壁画应揭取自 38 窟。

图 3-66　窟群区第 38K19 壁画局部

图 3-67　无编号壁画（佛头）

另外一幅无编号壁画呈方形，画面损毁严重，可见上部有团花纹饰，纹饰下部可见残存约 1/4 的绿色头光，其他内容已不可辨识（图 3-68）。修复后长 105cm，宽 101cm。经与本次修复所有洞窟壁画比对，发现其与 12 窟壁画风格吻合，其中编号为 12K4（图 3-69）的壁画修复后尺寸长 104cm，宽 68cm，在纹饰、构图、用色方面信息都与此幅壁画相似，同时按照壁画构图对应尺寸两

图 3-68　无编号壁画（方形）　　　　　　　图 3-69　窟群区第 12K4 壁画

幅壁画也基本一致，可以判定此幅壁画应揭取自 12 窟。

第四章

已揭取壁画保存现状调查与评估

　　现行文物保护修复工程在方案设计阶段，已经完成了壁画保存现状调查与评估。但是，文物修复的设计与实施之间始终会因为受修复理念、修复技术及修复环境条件等多种因素的影响而产生差异。因此，在施工阶段继续进行详尽的现状调查与评估才是减少差异的有效保障。在本次修复工作开始前，团队对《库木吐喇石窟已揭取壁画保护修复及其预防性保护方案》进行了认真学习，对揭取的每一块壁画按照国家文物局颁布的《古代壁画病害类型与图示》《壁画保存现状调查规范》进行了再次详细勘察，对壁画的病害类型和数量进行了确认与分类统计。

第一节　已揭取壁画病害类型

　　库木吐喇石窟已揭取壁画共 135 幅，其中非平面型壁画 34 幅，综合统计病害共有 27 种。其中表面附着、沉积型病害包括灰尘覆盖、鸟粪、泥渍、水渍、胶液残留、水泥，颜料层劣化病害包括起甲、龟裂、烟熏、颜料层脱落、粉化、点状脱落、霉斑，白粉层病害为白粉层脱落，地仗层病害包括地仗脱落、地仗碎裂、塌陷、空鼓、酥碱，整体结构病害包括覆盖、错位、支撑体变形、裂隙，人为干预病害包括历史修补、涂写、凿痕、划痕。由于鸟粪、霉斑、水泥、点状脱落、白粉层脱落病害不典型，本书不做讨论。

壁画灰尘覆盖病害

　　灰尘覆盖（图 4-1a、4-1b）是库木吐喇石窟已揭取壁画一种普遍病害，每幅壁画表面都覆盖了一层灰尘，严重影响画面辨识度和欣赏性，同时也使病害调查的准确性降低，故本次修复时各幅壁画均在除尘后进行了其它病害的调查。灰尘长时间在壁画表面沉积，其中复杂的成分和沙粒都有可能对壁画造成永久性损害。由于 20 世纪 90 年代揭取修复后的壁画长期存放于 42 窟和 43 窟内，窟门设置透气窗，当地风沙极为严重，导致大量粉砂、尘土进入窟内，并最终降落、沉积在壁画上。

壁画泥渍病害

　　画面泥渍（图 4-2a、4-2b）是揭取壁画的主要病害之一。泥渍覆盖在壁画表面，在由湿变干的过程中不仅紧密地与表面结合难以去除，影响壁画的艺术价值，同时会因为泥渍收缩诱发壁画颜料层起甲脱落。

壁画水渍病害

　　此类病害通常是由于雨水、渗水等在文物表面流过而留下的流淌痕迹。库木吐喇石窟已揭取壁画

图 4-1a　灰尘覆盖　　　　　　　　　　　图 4-1b　灰尘覆盖

图 4-2a　泥渍　　　　　　　　　　　　　图 4-2b　泥渍

图 4-3a　水渍　　　　　　　　　　　　　图 4-3b　水渍

中存在很多水渍（图 4-3a、4-3b），水渍均为黑色，污染了画面，影响了壁画的艺术价值及观赏性。水渍与库木吐喇石窟早期的烟熏清理有关，在 20 世纪 70 年代曾对石窟烟熏壁画进行清洗，这些水渍应为清洗烟熏所留下。

壁画胶液残留病害

揭取壁画的过程中会使用可溶性胶作为画面贴纸（布）粘结的材料，揭取工作完成后会将贴纸（布）去除并清洁壁画表面，但由于清洁不全面或已经渗透于壁画孔隙内，就会导致胶液残留。胶液残留（图4-4a、4-4b）是较为普遍的病害，不仅表面产生炫光影响壁画观赏性，还对壁画长久保存造成损害。胶液残留处常呈黄褐色，局部污染部位发霉变黑，并常伴随起甲病害发生。

图 4-4a　胶液残留　　　　　　　　4-4b　胶液残留

壁画起甲病害

这是库木吐喇揭取壁画中较为普遍的一种病害，在已揭取壁画中有不同表现形式，根据起甲发生层位可分为颜料层起甲、颜料层附带白粉层起甲、颜料层附带细泥层起甲。颜料层起甲发生在壁画颜料层部位，表现为画面涂层或胶液残留卷曲，附带颜料层卷曲起翘，这类起甲病害甲片小，卷曲严重，常呈"蛋卷"状，如图 4-5a 所示。颜料层附带白粉层起甲常表现为颜料层碎裂，边缘轻微翘起，未见明显卷曲，甲片稍大，如图 4-5b 所示。颜料层附带细泥层起甲常发生在胶液残留部位，通常胶液渗透到细泥层，因收缩产生起甲，这类甲片大且厚，甲片发硬、发黄褐色，甲片轻微起翘，无卷曲现象，如图 4-5c 所示。

造成壁画起甲的原因主要有：1. 与壁画自身制作材料和工艺有关。同一幅壁画中，某些特定颜色部位发生起甲，其它部位并无起甲现象，这与壁画自身制作材料密切相关，因壁画选材不同，所采用工艺不同，因而在同等保存状况下表现出不同的起甲现象；2. 与保存环境有关。通过对库木吐喇石窟库内环境变化的监测可知，洞窟属于半开放式环境，随洞窟内温湿度交替变化，壁画制作材料交替热胀冷缩、湿胀干缩，因各组分应变系数不同，颜料层便开裂、卷曲；3. 与揭取工艺有关。壁画揭取时，画面残留胶液未清理干净，加大画面胶液含量，从而诱发起甲病害发生。以上各因素综合作用导致了起甲、龟裂病害的产生。

图 4-5a　颜料层起甲

图 4-5b　颜料层附带白粉层起甲

图 4-5c　颜料层附带细泥层起甲

壁画龟裂病害

壁画表面微小的网状开裂现象（图4-6），通常由于壁画颜料层、底色层或地仗层表面泥层内所含胶质材料过多，或因为地仗层的收缩变化等原因引起，破坏了画面整体性，但破损边缘没有起翘现象。

图4-6　龟裂

壁画烟熏病害

烟熏（图4-7a、4-7b）是壁画表面污染严重的病害之一，在库木吐喇石窟揭取壁画中分布较广，尤其是穹顶位置壁画几乎无一幸免。该种病害形成的主要原因是壁画在揭取前洞窟内长期存在燃灯、烧火取暖、做饭等活动，木材燃烧混合着蒸汽、油烟等产物在壁画表面形成一层与颜料层紧密结合的黑色污垢，严重破坏壁画艺术价值和观赏价值。烟熏部位通常都伴随着龟裂病害。

图4-7a　烟熏

图4-7ba　烟熏

壁画颜料层脱落病害

是颜料层脱离白粉层或地仗层的病害（图4-8a、4-8b），由于颜料层薄而脆弱，脱落之后很难保存，故此病害是使壁画艺术价值灭失的最严重病害之一。颜料层脱落有仅颜料层脱落以及连白粉层一同脱落两种形式，前者是颜料层与白粉层之间失去黏性，后者则是两者与地仗层失去黏性。库木吐喇石窟壁画颜料层脱落通常是后一种情况。

图 4-8a　颜料层脱落　　　　　　　　　　　图 4-8b　颜料层脱落

壁画颜料层粉化病害

　　壁画颜料层粉化病害主要发生在接近洞窟门，局部画面受日光照射时间较长处（图 4-9a、4-9b）。由于存放壁画的第 42 窟和第 43 窟位置较高，所在区域的阳光辐射强度大、日照时间长，导致壁画颜料胶结材料老化，颜料颗粒因失去黏性而脱落，形成颜料层粉化病害，用手指轻轻擦拭，颜料即行脱落。

图 4-9a　颜料层粉化　　　　　　　　　　　图 4-9b　颜料层粉化

壁画地仗脱落病害

　　是壁画地仗层脱离支撑体而掉落的病害（图 4-10），是库木吐喇石窟壁画在未揭取前就普遍存在的一种病害，地仗脱落会导致颜料层一同脱落。防止地仗层脱落或者在地仗脱落后及时将其复位，是壁画保护修复的重要手段。

壁画地仗碎裂病害

　　表现为壁画地仗水平与纵向均产生不规则裂缝，裂缝两侧壁画存在分离性缺失（图 4-11）。库木吐喇石窟揭取壁画中此类壁画病害较为普遍，此类壁画病害的产生既有壁画制作材料工艺方面原因，也有壁画揭取、加固工艺、搬运等人为活动引起的碰撞、震动等因素。

图 4-10　地仗脱落

图 4-11　地仗碎裂

壁画塌陷病害

是壁画表面受压后造成的壁画表面向下凹陷或伴随边缘裂隙产生的现象（图 4-12a、4-12b）。该类病害普遍面积较小，呈现坑状，边缘破损较轻微的应是壁画潮湿状态下按压所产生；塌陷面整体比较破碎应是地仗有空鼓或比较脆时受压所致。

图 4-12a　塌陷

图 4-12b　塌陷

壁画空鼓病害

空鼓分层病害在库木吐喇石窟已揭取壁画中较为常见（图 4-13a、4-13b），在第 12 号窟和第 38 号窟揭取壁画最多。主要表现为细泥层和粗泥层分离，局部隆起鼓包，上层画面松软，通常伴随有地仗层酥松、纤维糟朽，空鼓分层部位常有糟朽纤维、尘土、蛛网等杂物堆积。最大空鼓分层面积可达 0.8m²，严重影响画面整体性和稳定性。

图 4-13a　空鼓

图 4-13b　空鼓

造成壁画空鼓病害的主要原因有：1.与壁画制作工艺有关。通常空鼓层发生在粗泥层与细泥层之间，下层麦草泥层表面涂抹较为光滑，麻泥敷上去两者之间的粘接力不强。粗泥层和细泥层中纤维成分不同，其应变系数不同；2.与保存环境有关。通过对库木吐喇石窟库内环境变化的监测可知，洞窟属于半开放式环境，随洞窟内温湿度交替变化，粗泥层与细泥层不同的应变力导致两者分离；3.与洞窟进水有关。空鼓分层严重壁画多处于洞窟下层，遭水浸泡促进和加剧了两者分离。

壁画酥碱病害

壁画地仗中的可溶盐，随环境湿度变化而溶解、结晶，所产生的膨胀、收缩反复作用使壁画地仗结构被破坏而产生的疏松状态称为酥碱（图4-14a、图4-14b）。壁画酥碱病害在库木吐喇石窟已揭取壁画中较为普遍，通常发生在壁画靠下部位置，画面富集有颗粒极小的白色盐结晶，画面松软，地仗层酥松，纤维糟朽发白。

图4-14a 酥碱　　　　　　　　　　　　　　　　　图4-14b 酥碱

造成壁画酥碱病害的主要原因有：1.与壁画制作工艺有关。壁画制作材料含盐，作为支撑体的洞窟岩体中含有大量盐分；2.与保存环境有关。洞窟属于半开放式环境，随洞窟内温湿度交替变化，盐分反复在壁画表面、地仗层、支撑体中运移，在此过程反复溶解、结晶、再溶解、再结晶，从而使地仗酥松，发生酥碱病害；3.与洞窟进水有关。这批壁画在揭取之前因底层洞窟进水而受到浸泡，壁画地仗层中存在可溶盐。壁画地仗层在可溶盐溶解－结晶的作用下，造成地仗层酥松、解体、脱落。

壁画覆盖病害

壁画表面被其它材料所遮盖的病害（图4-15）。库木吐喇石窟壁画在揭取之前，部分画面边缘被边缘加固的材料所遮盖，不仅影响了画面的美观，同时修补材料中的可溶盐等物质会使壁画颜料层受到破坏。

壁画错位病害

壁画在保存过程中出现滑移或在修复过程中拼对不准确造成的画面错位现象（图4-16）。库木吐喇石窟已揭取壁画中12窟的部分壁画此病害表现明显，修复难度也较高。

壁画支撑体变形病害

表现为壁画支撑体与地仗层分离的现象（图4-17a、4-17b），这是库木吐喇揭取壁画中较为普遍的一种病害。壁画揭取修复后长期悬挂于支架上，且壁画和可移动支撑体自身重量大，加之黏接框架的黏土泥的黏结强度有限，使支撑体与地仗层产生分离，严重影响壁画的安全。

图 4-15　覆盖

图 4-16　错位

图 4-17a　支撑体变形

图 4-17b　支撑体变形

壁画裂隙病害

因地震、卸荷、不均匀沉降等因素的影响，使支撑体失稳，致使壁画开裂或因为壁画地仗层自身的变化而产生缝隙的现象。库木吐喇石窟已揭取壁画裂隙病害严重，发育较浅的裂隙主要影响画面的完整性（图 4-18a），贯通性断裂（图 4-18b）则严重影响壁画的安全。

图 4-18a　裂隙

图 4-18a　贯通性裂隙

壁画历史修补

库木吐喇石窟壁画未揭取之前，经历过多次修补，历史修补在一定程度上对壁画脱落和空鼓病害的产生起到了延缓或者预防作用。但有些填补材料为水泥或三合土,这些材料难与壁画本体兼容,有些边缘已与壁画地仗相分离,不仅起不了应有的保护作用,而且还会因修补材料中的盐分给壁画带来新的破坏;同时不同历史时期修补的颜色不统一、高低不平,严重影响了画面的艺术性(图 4-19a、4-19a)。

图 4-19a　不当修复

图 4-19b　不当修复

壁画其他人为破坏病害

　　库木吐喇石窟壁画在揭取前,曾经历人为破坏,表面凿痕(图 4-20a)、刻划(图 4-20b)、涂写(图 4-20c)比比皆是,严重破坏了画面的完整性,是最严重的病害之一。部分壁画表面有历史修补过程中造成的擦痕(图 4-20d),造成了颜料层的脱落。

图 4-20a　凿痕

图 4-20b　刻划

图 4-20c　涂写

图 4-20d　擦痕

第二节　已揭取壁画现状与统计评估

库木吐喇石窟已揭取壁画修复前总面积为 98.48m²，除尘土覆盖外，病害面积 138.82m²，为壁画总面积的 141%。其中历史修补、烟熏、起甲、颜料层脱落、龟裂、涂写、胶液残留所占比重最大，共占总病害面积的 75.18%；划痕、水渍、泥渍、地仗碎裂、酥碱、地仗脱落、粉化、裂隙、白粉层脱落为壁画的次要病害，约占总病害面积的 21.2%（详见附录 1）。各种病害面积及比例，如图 4-21 和表 4-1 所示：

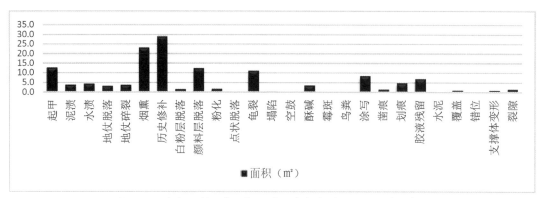

图 4-21　库木吐喇石窟已揭取壁画病害类型及面积统计示意图

表 4-1　库木吐喇石窟已揭取壁画病害面积及比重表

病害类型	起甲	泥渍	水渍	地仗脱落	地仗碎裂	烟熏	历史修补	白粉层脱落	颜料层脱落	粉化	点状脱落	龟裂	塌陷
面积（m²）	12.8	3.9	4.5	3.3	3.9	23.2	29.0	1.7	12.5	1.9	0.2	11.2	0.5
占总病害比例%	9.20	2.84	3.27	2.39	2.81	16.74	20.91	1.22	9.01	1.36	0.12	8.05	0.37
病害类型	空鼓	酥碱	霉斑	鸟粪	涂写	凿痕	划痕	胶液残留	水泥	覆盖	错位	支撑体变形	裂隙
面积（m²）	0.2	3.6	0.1	0.0	8.6	1.6	4.8	7.1	0.0	1.1	0.3	1.0	1.7
占总病害比例%	0.13	2.59	0.06	0.01	6.17	1.13	3.49	5.11	0.02	0.80	0.24	0.73	1.23

壁画揭取自库木吐喇石窟窟群区 8 个洞窟，绘画风格唐代与回鹘时期并存；揭取前洞窟并未处于同一水平高度，洞窟进水情况不尽相同；为进一步了解各窟壁画病害特征、病害成因，分析壁画病害与制作工艺、保存环境、揭取工艺，以及绘画风格等因素之间的相互关系，本次修复研究工作按照洞窟编号对已揭取壁画分别进行了统计。遗憾的是，修复时除受空间影响外，也因为缺乏相应的意识，未按照壁画的洞窟编号顺序修复，失去了同时观察同一洞窟壁画保存现状，从而获得更多整体评价的机会。

窟群区第 10 号窟已揭取壁画现状及病害统计评估

窟群区第 10 窟已揭取壁画现状：揭取自库木吐喇石窟窟群区第 10 号窟壁画共 5 幅（表 4-2），其中非平面型 3 幅。根据本书内容判定，五幅壁画应揭取自后甬道顶部及前后壁。

表 4-2　库木吐喇石窟窟群区第 10 窟已揭取壁画现状调查表

窟群区第 10 窟已揭取壁画修复前	编号及基本信息	主要病害
	10 窟 1 块（10K1）长：200cm 宽：45cm 厚：4.5~5cm 面积：0.9m^2。 绘画内容为天人举哀图上部。7 个人物面部丰满圆润，有头光，人物中间空白处填以纹饰。	灰尘覆盖、泥渍、地仗缺失、裂隙、历史修补、绘画泥层脱落、颜料层脱落、酥碱、鸟粪污染、胶液残留、覆盖。
	10 窟 2 块（10K2）长：116cm 宽：62cm 厚：3~6.4cm 面积：0.69m^2。 呈不规则弧形，画面下部为五尊宝塔，中部可见有人物形象，画面皆模糊不清，身形可以辨别的有两尊，画面上部主要为飘带。	烟熏、灰尘覆盖、泥渍、起甲、裂隙、颜料层粉化、颜料层脱落、颜料层点状脱落、地仗碎裂、凿洞、地仗缺失、历史修补。
	10 窟 3 块（10K3）长：105cm 宽：59cm 厚：3~6.4cm 面积：0.62m^2。 壁画呈不规则弧形，画面下部为三尊宝塔，中部可见有人物形象，画面模糊不清，身形可以辨别的有两尊，画面上部主要为飘带。	烟熏、灰尘覆盖、泥渍、起甲、裂隙、颜料层粉化、颜料层脱落、颜料层点状脱落、地仗层碎裂、凿洞、地仗层缺失、历史修补。
	10 窟 4 块（10K4）长：205cm 宽：36cm 厚：3~5.4cm 面积：0.74m^2。 壁画呈窄长弧形，画面主要内容为飘带，主要的有七条，其间还有数条小的，飘带呈红色，形态呈连续"S"状，动感强烈。	灰尘覆盖、泥渍、起甲、裂隙、颜料层粉化、颜料层脱落、颜料层点状脱落、凿洞、地仗层缺失、地仗层脱落、历史修补。
	10 窟 5 块（10K5）长：93.8cm 宽：27.2cm 厚：3-5.4cm 面积：0.26m^2 画面内容漫漶不清，隐约可见残存的三身头光，发髻模糊难辨。	灰尘覆盖、泥渍、裂隙、颜料层脱落、地仗层缺失、地仗层脱落、历史修补。

窟群区第10窟已揭取壁画病害统计与评估

窟群区第10窟总画面面积为3.21m²，总病害面积4.48m²，共有15种病害（图4-22），其中烟熏、起甲、颜料层脱落、历史修补所占比例最多，分别占总病害面积的37.20%、27.05%、9.76%、8.24%；覆盖、裂隙、粉化为次要病害分别占总病害面积的3.08%、1.59%、1.41%（表4-3）。非平面型壁画全部被熏黑，其它2幅没有烟熏现象，但颜料层脱落严重，且细泥层与粗泥层分离，画面覆盖有一层薄薄泥浆。

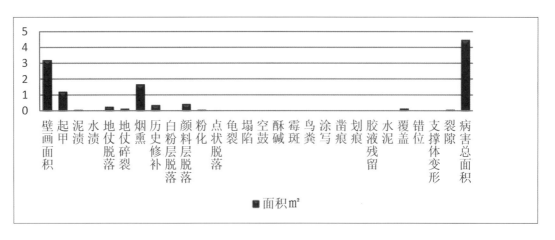

图4-22　库木吐喇石窟窟群区第10号窟揭取壁画病害统计图

表4-3　库木吐喇石窟窟群区第10号窟已揭取壁画病害面积及比重表

病害类型	起甲	泥渍	水渍	地仗脱落	地仗碎裂	烟熏	历史修补	白粉层脱落	颜料层脱落	粉化	点状脱落	龟裂	塌陷
面积（m²）	1.21	0.07	0.00	0.27	0.14	1.67	0.37	0.01	0.44	0.06	0.02	0.00	0.00
本窟病害比例%	27.05	1.48	0.00	6.08	3.01	37.20	8.24	0.00	9.76	1.41	0.49	0.00	0.00

病害类型	空鼓	酥碱	霉斑	鸟粪	涂写	凿痕	划痕	胶液残留	水泥	覆盖	错位	支撑体变形	裂隙
面积（m²）	0.00	0.00	0.00	0.00	0.00	0.01	0.00	0.01	0.00	0.14	0.00	0.00	0.07
本窟病害比例%	0.00	0.00	0.00	0.02	0.00	0.17	0.00	0.17	0.00	3.09	0.00	0.00	1.59

窟群区第11号窟已揭取壁画现状及病害统计评估

窟群区第11窟已揭取壁画现状：揭取自库木吐喇石窟窟群区第11号窟壁画共15幅（表4-4），均为平面型。根据本书内容判定，15幅壁画应分别分布于主室正壁及左右侧壁，其中11K5、11K6、

11K7（上）、11K7（下）、11K8（上）、11K8（下）、11K9（上）、11K9（下）、11K10 分布于主室正壁。

表 4-4　库木吐喇石窟窟群区第 11 窟已揭取壁画现状调查表

窟群区第 11 窟 已揭取壁画修复前	编号及基本信息	主要病害
	11 窟第 1 块（11K1）长：98cm 宽：68cm 厚：3.5~5cm 面积：0.67m²。 画面内容漫漶不清，模糊可见的有红绿两色飘带，局部有蓝色残留。	灰尘覆盖、泥渍、地仗缺失、历史修补、裂隙、颜料层脱落、颜料层起甲、胶液残留、划痕、凿痕、覆盖。
	11 窟第 2 块（11K2）长：107cm 宽：60cm 厚：33.5~5cm 面积：0.64m²。 画面内容漫漶不清，模糊可见有红绿色飘带、圆形头光局部，局部有蓝色残留。	灰尘覆盖，泥渍，地仗缺失，历史修补、裂隙、颜料层脱落、起甲、胶液残留、划痕、凿痕、覆盖。
	11 窟第 3 块（11K3）长：116cm 宽：57cm 厚：3.5~5cm 面积：0.66m²。 画面内容漫漶不清，模糊可见的有一华盖轮廓。	灰尘，泥渍，地仗缺失，历史修补、裂隙、白粉层脱落，颜料层脱落，起甲、胶液残留、划痕、凿痕、覆盖。
	11 窟第 4 块（11K4）长：102cm 宽：62cm 厚：3~5.4 cm 面积：0.63m²。 画面内容漫漶不清，大部分颜料层已脱落，残存部分白粉层和绘画痕迹，内容通过肉眼已无法辨识。	灰尘、泥渍、地仗缺失、历史修补、裂隙、白粉层脱落、颜料层脱落、起甲、胶液残留、划痕、凿痕、覆盖。
	11 窟第 5 块（11K5）长：57cm 宽：78.6cm 厚：3~5.4cm 面积：0.44m²。 画面内容以褐色和绿色组成的纹饰图案为主，可辨识有树叶状和圆形组成的纹饰，模糊可见的还有飘带。	灰尘、泥渍、地仗缺失、历史修补、裂隙、白粉层脱落、颜料层脱落、颜料层粉化、胶液污染、划痕、覆盖。

窟群区第 11 窟 已揭取壁画修复前	编号及基本信息	主要病害
	11 窟第 6 块（11K6）长：142.5cm 宽：64cm 厚：3.5~5cm 面积：0.91m²。 画面内容以卷云纹和其它纹饰图案为主。还有一尊飞天，头戴华冠，有头光，周身彩带飞扬。	灰尘、泥渍、地仗缺失、历史修补、裂隙、白粉层脱落、颜料层脱落、颜料层粉化、胶液残留、划痕、覆盖。
	11 窟第 7 块（上）{11K7(上)} 长：92.5cm 宽：93cm 厚：33.5~5cm 面积：0.86m²。 画面内容以卷云纹和其它纹饰图案为主。还有一华盖，由红绿黑三色莲瓣状图案组成。	灰尘、泥渍、地仗缺失，历史修补、裂隙、白粉层脱落、颜料层脱落、颜料层粉化、划痕、覆盖。
	11 窟第 7 块（下）{11K7(下)} 长：92~93.6cm 宽：84.3~85.1 57cm 厚：4.4~5.1cm 面积：0.79m²。 画面主要内容为一华盖下有一坐佛，残留上半身及头光，面部五官较难辨识，脖子部分损毁。	灰尘、泥渍、地仗缺失、历史修补、裂隙、绘画泥层脱落、颜料层脱落、颜料层粉化、划痕、凿痕、覆盖。
	11 窟第 8 块（上）{11K8(上)} 长：93.5~94cm 宽：70.5~71cm 厚：3~5.4cm 面积：0.67m²。 画面主要内容为一华盖，其余部分皆已损毁，华盖上部有一宝珠。	灰尘、泥渍、地仗缺失、历史修补、裂隙、白粉层脱落、颜料层脱落、颜料层粉化、划痕、覆盖、凿痕。
	11 窟第 8 块（下）{11K8(下)} 长：111cm 宽：92.5cm 厚：3.4~4cm 面积：1.03m²。 绘画内容上部为华盖，华盖下为坐佛一身。佛像头面部及身体大部缺失。	灰尘、泥渍、地仗缺失，历史修补、裂隙、白粉层脱落、颜料层脱落、颜料层粉化、划痕、覆盖、蛛网覆盖、凿痕。

窟群区第 11 窟 已揭取壁画修复前	编号及基本信息	主要病害
	11 窟第 9 块（上）{11K9(上)} 长：89.5cm 宽：88.5cm 厚：4.6cm 面积：0.79m²。 画面颜料脱落严重，剩余画面能辨识的有黑色卷云纹、红、黑两色为主的飘带等。	灰尘、泥渍、地仗缺失、历史修补、裂隙、颜料层脱落、颜料层粉化、划痕、覆盖、凿洞。
	11 窟第 9 块（下）{11K9(下)} 长：92cm 宽：91cm 厚：4.4~5.1cm 面积：0.84m²。画面主要内容为一华盖下，似有三个佛像，可见三处残留头光，其余难辨。	灰尘、泥渍、地仗缺失、历史修补、裂隙、绘画泥层脱落、颜料层脱落、颜料层粉化、划痕、覆盖、凿洞。
	11 窟第 10 块（11K10） 长：156cm 宽：55.5cm 厚：3.0~4.5cm 面积：0.86m²。 画面内容模糊，有部分华盖、背光、多卷云纹残存。	灰尘、泥渍、地仗缺失，历史修补、裂隙、颜料层脱落、颜料层粉化、划痕、覆盖、凿洞。
	11 窟第 11 块（11K11） 长：93.4 205cm 宽：93cm 厚：3.0~4.5cm 面积：0.87m²。 画面主要以卷云纹为主，左侧有一红色勾勒面部的飞天，周身祥云围绕，右上侧有一宝塔状图画，宝塔周围彩带飘扬，以蓝、绿色为主。	灰尘、泥渍、地仗缺失、历史修补、裂隙、颜料层脱落、颜料层粉化、划痕、覆盖、凿洞。
	11 窟第 13 块（11K13）长：76cm 宽：56cm 厚：3.0~4.5cm 面积：0.43m²。 画面大面积缺失，零星可见白色、黑色颜料。	灰尘、泥渍、地仗缺失、历史修补、裂隙、颜料层脱落、颜料层粉化、覆盖。

窟群区第11窟已揭取壁画病害统计与评估

窟群区第11窟已揭取壁画总面积为11.09m²，病害面积10.02m²，共有14种病害，其中历史修补、颜料层脱落、划痕、地仗脱落、白粉层脱落、胶液残留为主要病害（图4-23），分别占总病害面积的32.23%、18.62%、14.10%、9.50%、8.59%、5.25%；泥渍、起甲、酥碱、粉化为次要病害，分别占总病害面积的2.62%、2.35%、1.74%、1.25%（表4-5）。第11窟壁画与其他洞窟不同的是人为损害较严重，画面没有遭受烟熏伤害，颜料层较薄，粉化脱落严重（特别是绿色颜料部位），胶液残留较多，且胶液残留处画面发褐，起甲严重，甲片附带细泥层，局部画面发灰，应为有机物霉变产生。

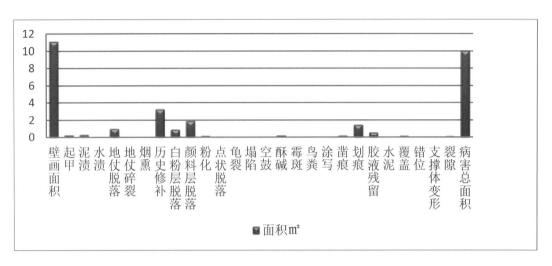

图4-23 库木吐喇石窟窟群区第11号窟揭取壁画病害统计图

表4-5 库木吐喇石窟窟群区第11号窟已揭取壁画病害面积及比重表

病害类型	起甲	泥渍	水渍	地仗脱落	地仗碎裂	烟熏	历史修补	白粉层脱落	颜料层脱落	粉化	点状脱落	龟裂	塌陷
面积（m²）	0.24	0.26	0.00	0.95	0.00	0.00	3.22	0.86	1.86	0.13	0.00	0.00	0.00
本窟病害比例%	2.35	2.62	0.00	9.50	0.00	0.00	32.23	8.59	18.62	1.25	0.00	0.00	0.00

病害类型	空鼓	酥碱	霉斑	鸟粪	涂写	凿痕	划痕	胶液残留	水泥	覆盖	错位	支撑体变形	裂隙
面积（m²）	0.00	0.17	0.00	0.00	0.03	0.15	1.41	0.53	0.00	0.12	0.00	0.00	0.09
本窟病害比例%	0.00	1.74	0.00	0.00	0.27	1.49	14.10	5.25	0.00	1.25	0.00	0.00	0.90

窟群区第 12 号窟已揭取壁画现状及病害统计评估

窟群区第 12 窟已揭取壁画现状：揭取自库木吐喇石窟窟群区第 12 号窟的壁画共 14 幅（表 4-6），均为平面型，根据本书内容判断，14 幅壁画揭取自主室前壁、左右甬道内侧壁及后甬道正壁。

表 4-6　库木吐喇石窟窟群区第 12 窟已揭取壁画现状调查表

窟群区第 12 窟已揭取壁画修复前	编号及基本信息	主要病害
	12 窟第 1 块（12K1）长：108.5cm 宽：73.8cm 厚：4.5~5cm 面积：0.80m²。画面主要内容为一佛像，佛像发髻损毁、绿色背光，身着红色袈裟。佛像左侧有一飞天，周身飘带飞舞，最左侧为一列红色一整两破半圆形团花图案。	灰尘、泥渍、画面污染、地仗缺失、历史修补、裂隙、颜料层脱落、颜料层粉化、划痕、覆盖。
	12 窟第 2 块（12K2）长：89.1cm 宽：60~61cm 厚：33.6cm 面积：0.54m²。画面主要内容为一菩萨，菩萨为坐姿，头戴宝冠，面相端庄秀丽，脖戴宝珠装饰项圈，左手作说法印、手腕戴两个圆形手镯，头光由几个光圈组成，最外层为绿色，其它均为白色。	灰尘、泥渍、画面污染、地仗缺失、历史修补、裂隙、颜料层脱落、颜料层粉化、划痕、覆盖。
	12 窟第 3 块（12K3）长：91cm 宽：92cm 厚：3.3~4.6cm 面积 0.84m²。画面主要内容为一佛像，佛像发髻及嘴唇损毁、绿色头光，身着红色袈裟。佛头右侧题记内容已不可辨识，仅剩绿色底色。	灰尘、泥渍、地仗缺失、裂隙、历史修补、白粉层脱落、颜料层脱落、霉斑、生物损害、划痕、涂写、历史修补、覆盖、黑水泥喷溅。

窟群区第 12 窟已揭取壁画修复前	编号及基本信息	主要病害
	12 窟第 4 块（12K4）长：63.5cm 宽：100cm 厚：2.5—3.4 cm 面积：0.64m²。画面内容为一尊佛，佛左手托一钵，可以看见鼻子、嘴、右边耳朵上方有损毁，画面上方有条状团花纹饰，头光隐约可见。被人为破坏，刻有汉字"崔刘"的字样。	灰尘、泥渍、起甲、裂隙、颜料层粉化、颜料层脱落、颜料层点状脱落、凿洞、地仗层缺失、地仗层碎裂、历史修补、刻划。
	12 窟第 5 块（12K5）长：72.6cm 宽：112.4cm 厚：2.2~3.4cm 面积：0.81m²。画面多已漫漶，主要内容为一尊佛，仅佛像头光和身体轮廓尚可辨识。	灰尘、泥渍、起甲、裂隙、颜料层粉化、颜料层脱落、颜料层点状脱落、凿洞、地仗层缺失、地仗层脱落、地仗层碎裂、历史修补。
	12 窟第 6 块（12K6）长：114cm 宽：62cm 厚：2.5~3.4cm 面积：0.82m²。主要内容为一尊佛，可见绿色头光，佛发髻部位颜料层脱落，眼、鼻、口部位皆遭到破坏，画面上方有条状团花纹饰。	灰尘、泥渍、画面污染、地仗缺失，历史修补、裂隙、颜料层脱落、颜料层起甲、颜料层粉化、划痕、覆盖。

窟群区第 12 窟已揭取壁画修复前	编号及基本信息	主要病害
	12 窟第 8 块（12K8）长：110cm 宽：85cm 厚：3.6cm 面积：0.94m²。主要内容为一尊佛，可见残存绿色头光，身体轮廓及线条隐约可见，佛像头部损毁，佛像上方有条状团花纹饰。	灰尘、泥渍、画面污染、地仗缺失、历史修补、裂隙、颜料层脱落、颜料层粉化、划痕、覆盖、人为刻画、地仗层空鼓分层。
	12 窟第 9 块（12K9）长：114cm 宽：61.5cm 厚：3.3~4.6cm 面积 0.70m²。壁画所绘内容为两朵大团花和云纹。	灰尘、泥渍、地仗缺失、裂隙、历史修补、白粉层脱落，颜料层脱落、错位、地仗层碎裂、覆盖。
	12 窟第 10 块（12K10）长：151.4cm 宽：64.6cm 厚：3.5~5.4cm 面积：0.98m²。壁画所绘内容为两朵大团花和云纹，下端绘四尊千佛。	灰尘、泥渍、地仗缺失、裂隙、历史修补、白粉层脱落、起甲、龟裂、颜料层脱落、错位、地仗层碎裂、覆盖。

窟群区第 12 窟已揭取壁画修复前	编号及基本信息	主要病害
	12 窟第 11 块（12K11）长：70cm 宽：115cm 厚：3.2~5.4cm 面积：0.81m²。画面大部分缺失，仅可见上部残存团花图案、中部残缺头光、左下部残缺头光和部分冠饰。	灰尘、泥渍、起甲、裂隙、颜料层粉化、颜料层脱落、颜料层、凿洞、地仗层脱落、划痕、历史修补。
	12 窟第 12 块（12K12）长：79cm 宽：90cm 厚：3.5~4.5cm 面积：0.71m²。画面主要内容为一尊佛像，佛像脸部残缺毁坏，可见绿色头光和高耸发髻，佛像头顶残留有团花纹饰。	灰尘、泥渍、地仗缺失、裂隙、历史修补、裂隙、绘画泥层脱落、颜料层脱落、凿孔、胶液污染、覆盖、划痕、地仗层碎裂。
	12 窟第 13 块（12K13）长：33.5cm 宽：96.6cm 厚：3~6.4cm 面积：0.32m²。画面多已损毁，可看见残存有 5 尊千佛的莲座及半身；千佛下部为纹饰，大部分已损毁；千佛与团花纹饰之间绘有卷云纹图案。	灰尘、泥渍、起甲、裂隙、颜料层粉化、颜料层脱落、凿痕、地仗层缺失、地仗层碎裂、历史修补。
	12 窟第 14 块（12K14）长：143cm 宽：76cm 厚：3~4.4cm 面积：1.07m²。画面内容漫漶不清，隐约可见一供养人身体轮廓及腰部装饰物，供养人头部缺失。左侧残留另一人物的红色服饰。	灰尘、泥渍、起甲、龟裂、裂隙、颜料层粉化、颜料层脱落、颜料层点状脱落、地仗碎裂、酥碱、凿洞、刻划、地仗层缺失、地仗层碎裂、地仗层空鼓分层、历史修补。

窟群区第12窟已揭取壁画修复前	编号及基本信息	主要病害
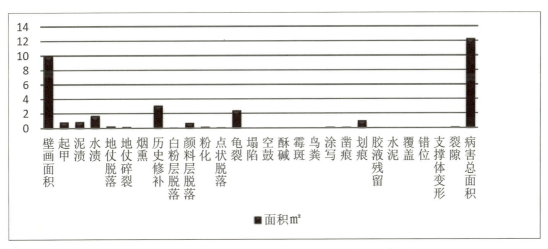	12窟第15块（12K15）长：38cm 宽：14cm 厚：3.5~4.4cm 面积：0.05m²。面积很小，残留红色线条勾勒团花纹饰等。	灰尘、泥渍、起甲、裂隙、颜料层粉化、颜料层脱落、地仗层缺失、地仗层脱落、历史修补。

窟群区第12窟已揭取壁画病害统计与评估

窟群区第12窟已揭取壁画总面积10.03m²，病害面积12.33m²，共有22种病害（图4-24）。其中历史修补、龟裂、水渍、划痕、泥渍、起甲、颜料层脱落为主要病害，分别占总病害面积的25.39%、19.89%、14.01%、8.17%、7.30%、7.04%、6.03%；粉化、裂隙、涂写为次要病害，分别占总病害面积的1.66%、1.15%、1.12%（表4-7）。第12窟壁画历史上人为破坏严重，且受到水患影响较大。病害类型复杂、水渍较多、龟裂较其他洞窟严重。第12窟壁画地仗层整体比其他洞窟薄，其中编号"第12窟第4块""第12窟第5块""第12窟第6块"的壁画地仗层最薄处仅0.2cm，画面碎裂严重，甚至可见背部角铁支撑体；此外12窟壁画画面有许多黑色小点，应为历史修补喷溅所致。

图 4-24　库木吐喇石窟窟群区第12号窟揭取壁画病害统计图

表 4-7　库木吐喇石窟窟群区第12号窟已揭取壁画病害面积及比重表

病害类型	起甲	泥渍	水渍	地仗脱落	地仗碎裂	烟熏	历史修补	白粉层脱落	颜料层脱落	粉化	点状脱落	龟裂	塌陷
面积（m²）	0.87	0.90	1.73	0.27	0.20	0.00	3.13	0.07	0.74	0.20	0.10	2.45	0.00
本窟病害比例%	7.04	7.30	14.01	2.21	1.61	0.00	25.39	0.59	6.03	1.66	0.81	19.89	0.00

病害类型	空鼓	酥碱	霉斑	鸟粪	涂写	凿痕	划痕	胶液残留	水泥	覆盖	错位	支撑体变形	裂隙
面积(m²)	0.06	0.03	0.00	0.00	0.14	0.12	1.01	0.06	0.02	0.06	0.02	0.00	0.14
本窟病害比例%	0.51	0.20	0.04	0.00	1.12	0.94	8.17	0.47	0.19	0.49	0.19	0.00	1.15

窟群区第14号窟已揭取壁画现状及病害统计评估

窟群区第14窟已揭取壁画现状：揭取自库木吐喇石窟窟群区第14号窟的壁画共14幅（表4-8），均为平面型，根据本书内容判断，14幅壁画分别揭取自主室正壁、左右侧壁。

表4-8　库木吐喇石窟窟群区第14窟已揭取壁画现状调查表

窟群区第14窟已揭取壁画修复前	编号及基本信息	主要病害
	14窟第1块（14K1）长：85.5cm 宽：57.5cm 厚：3.4~4.5cm 面积：0.49m²。 画面严重残缺、无法识别内容，仅可见几个残留红色的色块，其中一块为三角型。	灰尘覆盖、地仗残缺、裂隙、划痕、酥碱、历史覆、起甲、泥渍、颜料层粉化、历史修补。
	14窟第2块（14K2）长：146cm 宽：39~42cm 厚：4.4~5cm 面积：0.61m²。 画面模糊，仅可见卷云纹和4个残留千佛。	地仗碎裂变形（三合土填补部分碎裂）、灰尘、泥渍、地仗缺失、历史修补、裂隙（三合土与原地仗之间）、白粉层脱落、划痕、涂写、蛀洞。
	14窟第3块（14K3）长：82.5~90.5cm 宽：83~89cm 厚：3.3~4.6cm 面积0.84m²。 缺失严重，右上部为菩提树下立佛一身；左下部画面内容似为讲经说法图。	尘土、颜料层粉化、点状脱落、起甲、龟裂、裂隙（后期填补也出现裂隙）、酥碱、白粉层脱落、历史修补、划痕。

窟群区第 14 窟已揭取壁画修复前	编号及基本信息	主要病害
	14 窟第 4 块（14K4）长 66.3~72.2cm 宽：96cm 厚：3.7~5.2 cm 面积：0.67m²。画面存在大面积缺失，画面内容右上有题记，但字迹漫漶仅存黑色底纹；画面左下部残留建筑纹样，为主室右壁法华经变中的大宅失火图。	灰尘、颜料层点状脱落、颜料层粉化、白粉层脱落、龟裂、地仗脱落、划痕、裂隙、泥渍、历史修补。
	14 窟第 5 块（14K5）长：99.4cm 宽：72.8cm 厚：3.2~4.4cm 面积：0.72m²。隐约可见祥云图案、佛说法图。右上角似有题记残留，无法辨识。	灰尘、泥渍、地仗缺失、裂隙、历史修补、裂隙(三合土与原地仗之间）、白粉层脱落、颜料层脱落、划痕、涂写、覆盖。
	14 窟第 6 块（14K6）长：151cm 宽：69cm 厚：3.5~4.3cm 面积：1.04m²。画面中间有一坐佛，头顶华盖，画面另一侧绘一坐佛，周身祥云缭绕。	灰尘、泥渍、画面污染、历史修补、裂隙、颜料层脱落、颜料层起甲、颜料层粉化、划痕、地仗层缺失、覆盖。
	14 窟第 7 块（14K7）长：116cm 宽：52cm 厚：4.0~4.7cm 面积：0.6m²。画面可辨认处为一佛像头部的局部和部分头部背光，以及一些装饰性画面，绘画除了平面绘画之外局部亦有沥粉画法。	灰尘、泥渍、画面污染、历史修补、裂隙、颜料层脱落、颜料层粉化、划痕、地仗层缺失、覆盖。
	14 窟第 8 块（14K8）长：76cm 宽：110cm 厚：3.3~4.6cm 面积 0.84m²。画面内容是说法图局部，可辨别的有 5 尊菩萨和闻法天人，其头冠部分为沥粉堆塑，以及一些装饰性画面。	灰尘、泥渍、地仗缺失、裂隙、历史修补、白粉层脱落、颜料层脱落，颜料层粉化、画面污染、错位、地仗层碎裂、覆盖、凿洞、划痕。

窟群区第14窟已揭取壁画修复前	编号及基本信息	主要病害
	14窟9块（14K9）长：111cm 宽：89cm 厚：3.5~5.0cm 面积：0.99m²。 中间为一座佛，两腿做叠加坐，旁边并立二菩萨。佛为背光，菩萨为头光。菩萨头部和腰部装饰用沥粉画法，做出立体效果。画面下部用沥粉做出供盘之类的装饰，装饰左右对称。	灰尘、泥渍、地仗缺失、裂隙、历史修补、白粉层脱落、颜料层脱落、颜料层粉化、覆盖、凿洞、划痕。
	14窟10块（14K10）长：110.8cm 宽：70.2cm 厚：3.7~4.2cm 面积：0.78m²。 画面主要内容为说法图，佛及周围闻法天人。佛颈部沥粉装饰宝珠项圈。	灰尘、泥渍、裂隙、颜料层粉化、颜料层脱落、画面污染、凿洞、地仗层缺失、地仗层脱落、划痕、历史修补。
	14窟11块（14K11）长：114.2cm 宽：63.3cm 厚：4.5~5cm 面积：0.72m²。 颜料层脱落严重，仅可见三尊佛像的宝冠残留。	灰尘、泥渍、起甲，颜料层脱落，塌陷、泥渍、粉化、地仗层脱落、历史修补、覆盖。

窟群区第 14 窟已揭取壁画修复前	编号及基本信息	主要病害
	14 窟 12 块（14K12）长：119cm 宽：65cm 厚：4~4.5cm 面积：0.77m²。绘画面残缺，剩余部分可辨识有千佛形象，还有一华盖残留的右半部分。	灰尘、泥渍、覆盖、起甲、变色、裂隙、颜料层粉化、颜料层脱落、划痕、地仗层碎裂、地仗层缺失、水渍、历史修补。
	14 窟 13 块（14K13）长：96.5~98cm 宽：65.1~72cm 厚：3.5~4.4cm 面积：0.71m²。画面主要由 6 尊千佛、华盖、宝珠、纹饰等组成，画面上有沥粉堆金和浮塑。	颜料层粉化、颜料层缺失、灰尘覆盖、地仗层缺失、画面错位、画面塌陷、泥渍、历史修补、覆盖、空鼓。
	14 窟 14 块（14K14）长：115cm 宽：72cm 厚：3.5-4.4cm 面积：0.82m²。可辨识的有两尊飞天，可见的有红色和绿色的飘带，橙色头光，右边一身监看见手捧托盘，两身飞天周围有祥云图案，画面右下部为一滑盖，中下部有纹饰，画面左部绘一白色圆轮。	灰尘、泥渍、覆盖、起甲、变色、裂隙、颜料层粉化、颜料层脱落、划痕、地仗碎裂、地仗缺失、水渍、历史修补。

窟群区第 14 窟已揭取壁画病害统计与评估

　　窟群区第 14 号窟的壁画总面积为 10.6m²，病害面积 9.15m²，共有 20 种病害（图 4-25），其中历史修补、颜料层脱落、水渍为主要病害，分别占总病害面积的 46.49%、13.44%、12.61%；划痕、地仗脱落、粉化、凿痕、白粉层脱落、覆盖为次要病害，分别占总病害面积的 4.65%、3.80%、3.50%、2.47%、2.21%、1.89%（表 4-9）。第 14 窟壁画历史修补面积较其他洞窟都大，且填补所用材料有水泥、三合土、麻泥、羊毛泥 4 种，第 14 窟颜料层粉化和颜料层脱落病害较其他洞窟揭取壁画严重，壁画残留白粉层较其它洞窟白粉层厚且细腻。

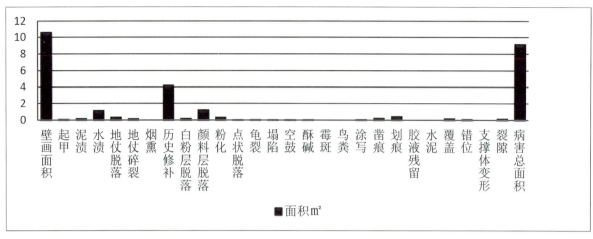

图 4-25　库木吐喇石窟窟群区第 14 号窟揭取壁画病害统计图

表 4-9　库木吐喇石窟窟群区第 14 号窟已揭取壁画病害面积及比重表

病害类型	起甲	泥渍	水渍	地仗脱落	地仗碎裂	烟熏	历史修补	白粉层脱落	颜料层脱落	粉化	点状脱落	龟裂	塌陷
面积（m²）	0.87	0.90	1.73	0.27	0.20	0.00	3.13	0.07	0.74	0.20	0.10	2.45	0.00
本窟病害比例%	0.94	1.88	12.61	3.80	1.70	0.00	46.49	2.20	13.44	3.50	0.35	0.53	0.00

病害类型	空鼓	酥碱	霉斑	鸟粪	涂写	凿痕	划痕	胶液残留	水泥	覆盖	错位	支撑体变形	裂隙
面积（m²）	0.06	0.03	0.00	0.00	0.14	0.12	1.01	0.06	0.02	0.17	0.07	0.00	0.14
本窟病害比例%	0.23	0.32	0.00	0.00	0.57	2.47	4.65	2.21	0.06	1.89	1.88	0.00	1.33

窟群区第 15 号窟已揭取壁画现状及病害统计评估

窟群区第 15 窟已揭取壁画现状：揭取自库木吐喇石窟窟群区第 15 号窟的壁画共 11 幅（表 4-10），均为平面型，根据本书内容判断，15 幅壁画主要揭取自主室正壁。

表 4-10　库木吐喇石窟窟群区第 15 窟已揭取壁画现状调查表

窟群区第 15 窟已揭取壁画修复前	编号及基本信息	主要病害
	15 窟第 1 块（15K1）长 57.5cm 宽 129cm 厚：3.4~4.5cm 面积：0.74m²。整个画面被熏黑，隐约可见千佛形象。	灰尘覆盖、地仗残缺、裂隙、划痕、烟熏、划痕、泥渍、颜料层粉化、颜料层脱落、历史修补。

窟群区第15窟已揭取壁画修复前	编号及基本信息	主要病害
	15窟第3块之一（15K3之一） 长：75~76cm 宽：66cm 厚：3~4.5cm 面积：0.5m²。 壁画为一幅横七纵五的小千佛图，最下面一行为团花图案。	灰尘、裂缝、地仗酥碱、错位、历史修补、颜料层粉化、烟熏、泥渍、划痕、地仗与支撑分离、地仗层碎裂。
	15窟第3块之二（15K3之二） 长：110cm 宽：76.1~78cm 厚：3.9~4.6cm 面积0.86m²。 可见千佛图案，下边隐约可见团花边饰。	尘土、颜料层粉化、点状脱落、起甲、龟裂、裂隙（后期填补也出现裂隙）、酥碱、白粉层脱落、历史修补、划痕。
	15窟第4块（15K4） 长128cm 宽：76cm 厚：3.5~4cm 面积：0.97m²。 整个画面被熏黑，隐约可见千佛形象，共有四排13列。最上边为纹饰。	烟熏、颜料层脱落、裂隙、泥渍、灰尘、地仗缺失、起甲、支撑体与地仗层分离、划痕、地仗碎裂、画面错位叠压、错位、塌陷、水渍。
	15窟第5块（15K5）长：101.5cm 宽：47.5cm 厚：4.5cm 面积：0.48m²。 画面被熏黑、残损，可见横向排列的小坐佛（千佛）。	烟熏、灰尘、颜料层粉化、脱落、起甲、褪色、裂缝、白粉层脱落、划痕、涂写、历史修补。

窟群区第 15 窟已揭取壁画修复前	编号及基本信息	主要病害
	15 窟第 6 块（15K6）长：79~86cm 宽：62cm 厚：3~4.2cm 面积：0.53m²。可见团花图案和周围祥云环绕。	烟熏（变色？）、灰尘、泥渍、地仗缺失、裂隙、历史修补、裂隙、白粉层脱落，颜料层脱落、划痕、裂隙、泥渍、覆盖、支撑体变形。
	15 窟第 7 块（15K7）长：143cm 宽：58cm 厚：3.5~4.5cm 面积：0.83m²。画面上部为千佛，下部残缺。	灰尘、烟熏、颜料层脱落、颜料层粉化、地仗与支撑体分离、地仗缺失。
	15 窟第 8 块（15K8）：长：70cm 宽：60cm 厚：3.4~4.7cm 面积 0.42m²。画面被熏黑，可见千佛图案，右侧缺失。	灰尘、泥渍、画面污染、历史修补、裂隙、颜料层脱落、颜料层粉化、划痕、地仗层缺失、覆盖。
	15 窟第 9 块（15K9）15K9 长：72cm 宽：85cm 厚：3.5~5.0cm 面积 0.61m²。残缺严重，残存飘带局部图案。	灰尘、泥渍、地仗缺失、裂隙、历史修复、颜料层脱落、颜料层粉化、覆盖、划痕。

窟群区第15窟已揭取壁画修复前	编号及基本信息	主要病害
	15窟第10块（58#）[15K10（58#）] 长：68cm 宽：58cm 厚：3.7~4.2cm 面积：0.39m² 。	灰尘、泥渍、裂隙、颜料层粉化、颜料层脱落、画面污染、地仗层缺失、地仗层脱落、历史修补。
	15窟第10块（59#）[15K10（59#）] 长：50cm 宽：72cm 厚：3.8~5.7cm 面积：0.36m² 。	灰尘、颜料层粉化、褪色、颜料层脱落、塌陷、凿洞、地仗层缺失、裂缝、历史修补。

窟群区第15窟已揭取壁画病害统计与评估

窟群区第15窟的11幅已揭取壁画，修复前总面积为6.69m²，病害面积11.39m²，共有19种病害（图4-26）。其中历史修补、烟熏、颜料层脱落、地仗碎裂、起甲为主要病害，分别占总病害面积的26.63%、16.44%、12.00%、11.77%、10.26%；粉化、地仗脱落、涂写、酥碱、划痕、泥渍为次要病害，分别占总病害面积的3.79%、3.13%、3.11%、2.91%、2.30%、1.83%（表4-11）。第15窟壁画较其他洞窟最为显著的区别是颜料层厚且脆，颜料层韧性低，15窟壁画烟熏严重，几乎所有原始画面均被烟熏黑，部分壁画存在变色。

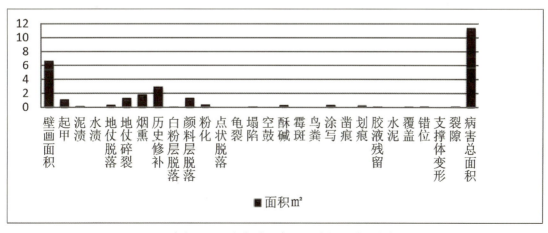

图4-26 库木吐喇石窟窟群区第15号窟揭取壁画病害统计图

表 4-11　库木吐喇石窟窟群区第 15 号窟已揭取壁画病害面积及比重表

病害类型	起甲	泥渍	水渍	地仗脱落	地仗碎裂	烟熏	历史修补	白粉层脱落	颜料层脱落	粉化	点状脱落	龟裂	塌陷
面积（m²）	1.17	0.21	0.05	0.36	1.34	1.87	3.04	0.07	1.37	0.43	0.00	0.00	0.08
本窟病害比例%	10.26	1.83	0.43	3.13	11.77	16.44	26.63	0.59	12.00	3.79	0.00	0.00	0.71
病害类型	空鼓	酥碱	霉斑	鸟粪	涂写	凿痕	划痕	胶液残留	水泥	覆盖	错位	支撑体变形	裂隙
面积（m²）	0.00	0.33	0.00	0.00	0.36	0.02	0.26	0.08	0.00	0.09	0.12	0.00	0.15
本窟病害比例%	0.00	2.91	0.00	0.00	3.11	0.21	2.30	0.71	0.00	0.82	1.01	0.00	1.35

窟群区第 16 号窟已揭取壁画现状及病害统计评估

窟群区第 16 窟已揭取壁画现状：揭取自库木吐喇石窟窟群区第 16 号窟的壁画共 24 幅（表 4-12），均为平面型，根据本书内容判断，24 幅壁画分别揭取自主室正壁、主室前壁、主室左右侧壁。

表 4-12　库木吐喇石窟窟群区第 16 窟已揭取壁画现状调查表

窟群区第 16 窟已揭取壁画修复前	编号及基本信息	主要病害
	16 窟第 1 块（16K1）长：110cm 宽：98cm 厚：3.5~5cm 面积：1.08m²。画面碎裂严重，仅有一处半个荷叶纹样残留。	灰尘覆盖、地仗层缺失、地仗碎裂、裂缝、覆盖、颜料层脱落、不当历史填补。

窟群区第16窟已揭取壁画修复前	编号及基本信息	主要病害
	16窟第2块（16K2）长：66cm 宽：70cm 厚：3.4~4.5cm 面积：0.46m²。画面为山水画样，左上部有题记，题记内容为："第二愿者使我来世自身光明□□；琉璃内外明彻净无瑕秽妙□□大……"右侧有披绿色袈裟的佛立于仰佛莲上，有直线所绘四射的光芒。下面似有顶礼膜拜的人像，残缺不全。❶	灰尘、覆盖、画面污染、起甲、裂缝、颜料层脱落、地仗层缺失、历史修补、地仗层与支撑体分离、泥渍。
	16窟第3块（16K3）长：71cm 宽：91cm 厚：3.3~4.6cm 面积0.65m²。左侧为宝相花纹饰带，画面有一华丽华盖，装饰祥云、莲花、宝珠。左右两侧均有飘带。❷	灰尘、覆盖、画面污染、起甲、裂缝、颜料层脱落、地仗层缺失、历史修补、地仗层与支撑体分离、泥渍。
	16窟第4块（16K4）长：66cm 宽：68cm 厚：3.8~4.4cm 面积：0.45m²。可辨识的有一身飞天（脸部残坏），飘带飞舞，右下侧残留有半个头光，纹饰等。❸ （与图录相比劣化加重）	灰尘、覆盖、画面污染、起甲、裂隙、颜料层脱落、地仗层缺失、历史修补、塌陷、凿洞、泥渍。
	16窟第5块（16K5）长：80cm 宽：84cm 厚：3.2~4.4cm 面积：0.67m²。残缺严重，残留内容难以辨识。	灰尘，泥渍（流淌痕迹），地仗缺失，裂隙，历史修补、裂隙、颜料层酥碱脱落，白粉层脱落，划痕，覆盖。

❶ 《西域壁画全集4·库木吐喇石窟壁画》第217页，称之为唐代山水画中的佳作。

❷ 与《西域壁画全集4·库木吐喇石窟壁画》第216页，图二○八相符。为药师经变中位于胁侍菩萨上方的华盖，书中图片倒置。

❸ 与《西域壁画全集4·库木吐喇石窟壁画》第215页，图二○七相符。是主室右壁东方药师经变画中的中堂佛国净土中的两身飞天。画面上方飞天手托花盘，回首顾盼；下方飞天一手托花盘，一手上扬散花。飞天长带曳空，飘逸洒脱，可与敦煌壁画相媲美，为龟兹壁画中的精品之作。

窟群区第16窟已揭取壁画修复前	编号及基本信息	主要病害
	16窟第6块（16K6）长：133cm 宽：58cm 厚：3.5~4.0cm 面积：0.77m²。严重残缺，画面内容不详。	灰尘、泥渍、地仗缺失、裂隙、历史修复、裂隙(三合土与原地仗之间)、白粉层脱落、颜料层脱落、酥碱、划痕、涂写、鸟粪污染、胶液污染霉变、覆盖。
	16窟第7块（16K7）长：109cm 宽：79cm 厚：3.5~4.6cm 面积：0.83m²。严重残缺，画面内容不详。	灰尘、泥渍、画面污染、地仗缺失、不当历史修复、裂隙、颜料层脱落、颜料层粉化、划痕、覆盖。
	16窟第8块（16K8）长：132.5cm 宽：85cm 厚：3.5~5cm 面积：1.13m²。壁画画面碎裂、缺失严重，隐约可辨坐佛4身，坐佛周围绘云纹和花朵纹；画面能辨别的颜色有绿、红、黑。	灰尘、泥渍、地仗缺失、裂隙、历史修补、白粉层脱落、颜料层脱落、酥碱、划痕、涂写、鸟粪污染、覆盖、泥水流淌痕。
	16窟第9块（16K9）长：34.7cm 宽：41cm 厚：3.3~3.9cm 面积：0.14m²。壁画残损较严重，内容不详。	灰尘，泥渍，地仗缺失，裂隙，历史修复，颜料层脱落、颜料层粉化、覆盖、划痕。
	16窟第10块（16K10）长：89.5cm 宽：78cm 厚：3.5~4cm 面积：0.7m²。壁画残损较严重，内容不详。	灰尘、泥渍、裂隙、颜料层粉化、颜料层脱落、地仗层缺失、地仗层脱落、历史修补。

窟群区第16窟已揭取壁画修复前	编号及基本信息	主要病害
	16窟第11块（16K11）长：120cm 宽：47~49cm 厚：3.3~3.8cm 面积：0.59m²。 画面残损严重，仅有残留衣纹及飘带样纹饰。	灰尘、泥渍、地仗缺失、裂隙、历史修补、裂隙（三合土与原地仗之间）、白粉层脱落、颜料层脱落、划痕、地仗缺失、地仗碎裂、覆盖。
	16窟第12块(71#)[16K12（71#）] 长：100cm 宽：88cm 厚：3.8~4.4cm 面积：0.88m²。 绘画内容不详，有飘带纹样，画面能辨别的颜色有蓝、绿、红、黑。	灰尘、泥渍、覆盖、裂隙、颜料层粉化、颜料层脱落、划痕、地仗层缺失、画面污染、水渍、历史修补。
	16窟第12块(72#)[16K12（72#）] 长：78cm 宽：80.6~81cm 厚：3.5~4.4cm 面积：0.63m²。 画面颜色鲜艳，主体部分为莲座上的主尊佛与身旁的3尊佛，佛像头部皆残坏，制图饱满圆润，身着红色袈裟。主要颜色有红、绿、棕、白、黑等。❶	灰尘、画面污染、泥渍、颜料层脱落、颜料层粉化、裂隙、凿洞、地仗缺失、地仗碎裂、历史填补、颜料层起甲、塌陷。
	16窟第13块（16K13）长：90cm 宽：50.3cm 厚：2.5~3.7cm 面积：0.45m²。 画面模糊不清，有蓝紫色建筑纹样残留。	灰尘、裂隙、粉化、颜料层脱落、覆盖、历史修补。

❶ 与《西域壁画全集4·库木吐喇石窟壁画》第211页，图二〇四相符。主室正壁闻法菩萨，位于主尊左侧、左甬道口上方的一组弟子，线条劲细清晰，描绘立体感强，可称唐代壁画的佳作。

窟群区第16窟已揭取壁画修复前	编号及基本信息	主要病害
	16窟第14块（16K14）长：90cm 宽：60cm 厚：3.5~4.5cm 面积：0.54m²。画面残损严重，仅存纹饰难以辨识。	灰尘、泥渍、地仗缺失、裂隙、不当历史修复、颜料层脱落、覆盖。
	16窟第15块（16K15）长：89cm 宽：99cm 厚：3~4.4cm 面积：0.88m²。壁画颜料层粉化严重，绘画内容不详，残留红、绿、黑色颜料。	灰尘、泥渍、地仗缺失、裂隙、历史修补、颜料层脱落、覆盖、凿洞。
	16窟第16块（16K16）长：81cm 宽：64.8cm 厚：3~5.4cm 面积：0.52m²。残缺严重，绘画内容不详，能辨别的颜色有蓝、绿、黑色。	灰尘、泥渍、地仗缺失、裂隙、历史修补、颜料层脱落、覆盖、地仗酥碱。
	16窟第17块（16K17）长：101cm 宽：69cm 厚：3.3~4.4cm 面积：0.7m²。壁画碎裂残损严重，绘画内容不详。	灰尘、泥渍、地仗缺失、裂隙、划痕、生物损害、白粉层脱落，颜料层脱落，历史修补。
	16窟第18块（16K18）长：150cm 宽：65cm 厚：3.5~4.6cm 面积：0.96m²。画面可见残留的两身佛像头光，其余难以辨识。	灰尘、泥渍、地仗缺失、裂隙、历史修补、裂隙、白粉层脱落、颜料层脱落、划痕、涂写、覆盖、黑水泥喷溅。

窟群区第16窟已揭取壁画修复前	编号及基本信息	主要病害
	16窟第19块（16K19）长：94.5cm 宽：74.5cm 厚：3.5~5.7cm 面积：0.7m²。壁画破碎，画面内容难辨，可见颜色有白、黑、红等。	灰尘、泥渍、颜料层脱落、颜料层粉化、裂隙、历史修补、覆盖。
	16窟第20块（16K20）长：51cm 宽：59cm 厚：5cm 面积：0.3m²。画面残缺破碎，局部可见云纹，可见颜色有白、黑、红等。	灰尘、裂隙、历史修补、地仗碎裂、颜料层粉化、颜料层脱落、地仗与支撑体分离。
	16窟第21块（16K21）长：134cm 宽：84cm 厚：3~5.4cm 面积：1.13m²。残存画面可见团花、卷云纹及佛像头光。	灰尘、泥渍、起甲、裂隙、颜料层粉化、颜料层脱落、地仗层碎裂、凿洞、地仗层缺失、历史修补。
	16窟第22块（16K22）长：117cm 宽：58cm 厚：4.8~5.5cm 面积：0.68m²。画面残缺漫漶，几乎无可读信息。	灰尘、地仗碎裂、颜料层粉化、颜料层脱落、支撑体与地仗层之间分离、泥渍、历史修补。
	16窟第23块（16K23）长：104cm 宽：55cm 厚：3~5.4cm 面积：0.57m²。壁画损毁严重，绘画内容不详；画面能辨别的颜色有蓝、绿、黑。	灰尘、泥渍、地仗缺失、裂隙、历史修补、白粉层脱落、颜料层脱落、划痕、覆盖。

窟群区第16窟已揭取壁画病害统计与评估

　　窟群区第16窟共24幅揭取壁画，修复前总面积为16.41m²，病害面积19.96m²，共有21种病害（图4-26）。其中历史修补、颜料层脱落、地仗碎裂、起甲、水渍、胶液残留、酥碱为主要病害，分别占总病害面积的40.35%、14.56%、6.77%、6.41%、6.22%、4.53%；烟熏、裂隙、划痕、地仗脱落、泥渍为次要病害，分别占总病害面积的3.86%、2.99%、2.18%、1.87%、1.78%（表4-13）。16窟揭取壁画残损严重，但能够辨识内容的壁画，结合历史文献研读，仍然是重要的实物证据，具有重要的研究价值。

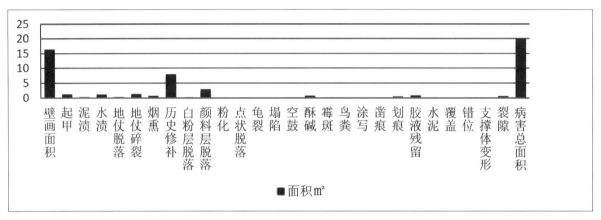

图4-26　库木吐喇石窟窟群区第16号窟揭取壁画病害统计图

表4-13　库木吐喇石窟窟群区第16号窟已揭取壁画病害面积及比重表

病害类型	起甲	泥渍	水渍	地仗脱落	地仗碎裂	烟熏	历史修补	白粉层脱落	颜料层脱落	粉化	点状脱落	龟裂	塌陷
面积（m²）	1.28	0.36	1.24	0.37	1.35	0.77	8.05	0.19	2.91	0.14	0.00	0.00	0.02
本窟病害比例%	6.41	1.78	6.22	1.87	6.77	3.86	40.35	0.97	14.56	0.70	0.00	0.00	0.10
病害类型	空鼓	酥碱	霉斑	鸟粪	涂写	凿痕	划痕	胶液残留	水泥	覆盖	错位	支撑体变形	裂隙
面积（m²）	0.00	0.84	0.00	0.00	0.13	0.07	0.43	0.90	0.00	0.10	0.00	0.17	0.60
本窟病害比例%	0.00	4.21	0.00	0.00	0.65	0.38	2.18	4.53	0.00	0.51	0.00	0.83	2.99

窟群区第38号窟已揭取壁画现状及病害统计评估

窟群区第38窟已揭取壁画现状：揭取自库木吐喇石窟窟群区第38号窟的壁画共35幅（表4-14），其中非平面型壁画28幅，根据本书内容判断，35幅壁画分别揭取自左右甬道、后甬道顶部和侧壁以及主室地坪。

表4-14 库木吐喇石窟窟群区第38窟已揭取壁画现状调查表

窟群区第38窟已揭取壁画修复前	编号及基本信息	主要病害
	38窟第6块（38K6）长138.5~140cm 宽：56~58.5cm 厚：3.7~4.6cm 面积：0.82m²。揭取自中心柱朝北面，壁画上部呈弧形，下部为平面，绘小千佛，共3列6排，少数千佛袈裟部位可见贴金，千佛仅可辨别轮廓与头光，背光面部均不可见。	灰尘、泥渍、颜料层点状脱落、颜料层脱落、颜料层起甲、龟裂画面污染、凿洞、涂写、酥碱、历史修补。
	38窟第7块（38K7）长：145cm 宽：72cm 厚：3.5~5.5cm 面积：1.05m²。揭取自中心柱朝北面，壁画上部呈弧形，下部为平面，绘小千佛，红色调为主。	灰尘、酥碱、涂写、烟熏、颜料层脱落、起甲、历史修补、泥渍、划痕、裂隙、地仗脱落。

	38 窟第 8 块（38K8）长：84.5cm 宽：63.5cm 厚：4.5~5.5cm 面积：0.54m²。非平面型，上部弧形。画面为小千佛，能辨别的颜色有红、黑。部分佛像上有残存的金箔，多处有盗取金箔所致的划痕。	灰尘、泥渍、地仗缺失、裂隙、历史修补、白粉层脱落、颜料层脱落、划痕、涂写、覆盖。
	38 窟第 9 块（38K9）长：96cm 宽：85cm 厚：4.1~4.5~cm 面积：0.82m²。壁画主要内容为涅槃图局部，上部被熏黑，下部可以看见佛脚和旁边的弟子。	灰尘、起甲、裂隙、泥渍、颜料层粉化、颜料层脱落、酥碱、划痕、历史修补、烟熏。
	38 窟第 10 块（38K10）长：108~113.5cm 宽：91~92.5cm 厚：3~3.5cm 面积：1.05m²。揭取自中心柱向东，画面烟熏难辨，左上角可见残留头光。	灰尘、泥渍、地仗缺失、起甲、烟熏、划痕、不当历史填补、酥碱。
	38 窟第 11 块（38K11）长：112cm 宽：54cm 厚：3.5~4.0cm 面积：0.6m²。整体呈弧形，左侧有带头光的半身佛像，中部仅可见头光，画面上部有多个连珠纹样圆形飞花。	灰尘、泥渍、地仗缺失、裂隙、烟熏、支撑体变形、画面污染、历史修补、颜料层起甲、龟裂。

窟群区第38窟已揭取壁画修复前	编号及基本信息	主要病害
	38窟第12块（38K12）长：95.5~133cm 宽：51.5~56.5cm 厚：3.5~4.5cm 面积：0.65m²。 整体呈弧形，烟熏严重，仅可辨三个圆形头光。	灰尘、起甲、裂隙、覆盖、泥渍、颜料层脱落、烟熏、支撑体变形、画面污染、历史修补、龟裂。
	38窟第13块（38K13）长：100cm 宽：75cm 厚：3.5~4cm 面积0.75m²。 画面模糊不清，隐约可见千佛样绘画。	灰尘、泥渍、地仗缺失、裂隙、错位叠压、历史修复、白粉层脱落、颜料层脱落、酥碱、划痕、覆盖、画面污染、淌痕。
	38窟第14块（38K14）长：82cm 宽：74cm 厚：3.3~4cm 面积：0.6m²。 红色调千佛纹样，局部残缺。	颜料层粉化、颜料层缺失、灰尘、地仗缺失、错位、画面塌陷、泥渍、历史修补、覆盖、空鼓、画面污染。
	38窟第15、16块（38K15、16 长：141cm 宽：66cm 厚：3.5~4cm 面积：0.93m²。 上部呈弧形，千佛纹样，颜料变色导致佛像变黑，中间一条规则切割线，局部缺失。	灰尘、泥渍、地仗缺失、裂隙、历史修补、白粉层脱落、颜料层脱落、酥碱、划痕、涂写、鸟粪污染、胶液污染霉变、覆盖、变色。
	38窟第17块（38K17）长：111cm 宽：69cm 厚：3.3~4.8cm 面积：0.77m²。 上部呈弧形，千佛纹样，局部变色。	灰尘、泥渍、地仗缺失、裂隙、历史修补、颜料层起甲、凿孔、淌痕、烟熏、变色。

窟群区第 38 窟已揭取壁画修复前	编号及基本信息	主要病害
	38 窟第 18 块（38K18）长：89.5cm 宽：78cm 厚：3.5~4cm 面积：0.7m²。壁画上部为弧形，下部为平面，画面主要内容为一尊着红色袈裟佛像，右上角为菩萨，头光处可见火焰纹。	灰尘、颜料层脱落、颜料层粉化、凿洞、地仗缺失、淌痕、裂隙、涂写、历史修补、地仗层酥碱。
	38 窟第 19 块（38K19）长：138cm 宽：59cm 厚：3.5~4.8cm 面积：0.81m²。壁画上部为弧形，下部为平面，画面主要绘一着红色袈裟佛立像，佛有彩色头光及背光。右上角为一菩萨。	灰尘、画面污染、泥渍、颜料层脱落、颜料层粉化、裂隙，塌陷，地仗缺失，不当历史填补，地仗层酥碱。

窟群区第 38 窟已揭取壁画修复前	编号及基本信息	主要病害
	38 窟第 20 块（38K20）长：139cm 宽：73cm 厚：2.7~4.3cm 面积：1.01m²。壁画上部为弧形，壁画上部约 1/2 被烟熏物质覆盖且颜料层脱落严重，绘画内容为立佛一身，头光外沿绘有火焰纹；右侧绘一身形较小的菩萨，右下角绘系有束腰的童子。	灰尘、泥渍、地仗缺失、裂隙、历史修补、断裂（壁画支撑体变形导致壁画中部横向贯穿性断裂、变形）、白粉层脱落，颜料层脱落、酥碱（下部）、划痕、涂写、胶液污染、覆盖。
	38 窟第 21 块（38K21）长：127cm 宽：46cm 厚：4.5~5cm 面积：0.58m²。壁画上部呈弧形，画面可见山形纹饰和两尊人像，其中一尊为无发老者。	灰尘、泥渍、地仗缺失、裂隙、历史修补、裂隙、白粉层脱落、颜料层脱落、酥碱、划痕、涂写、覆盖。

窟群区第 38 窟已揭取壁画修复前	编号及基本信息	主要病害
	38 窟第 22 块（38K22）长：155cm 宽：79~91.5cm 厚：2.5~5cm 面积：1.32m²。 揭取自后室东壁，上部呈弧形，画面内容是一尊身着红色袈裟佛像，头部缺失，头光背光为彩色火焰纹，右手托一钵盂，手指线条明显，形象生动。	灰尘、历史修补、裂隙、地仗缺失、酥碱、涂写、颜料层脱落、覆盖、地仗碎裂、颜料层粉化。
	38 窟第 23 块（38K23）长：139cm 宽：68.5cm 厚：3~5cm 面积：0.98m²。 揭取自后室东壁，上部呈弧形，画面内容仅可见一绿色头光及少许纹饰。	灰尘、烟熏、起甲、地仗变形、颜料层脱落、颜料层粉化、泥渍、历史修补、覆盖、裂隙。
	38 窟第 24 块（38K24）长：136cm 宽：85~107cm 厚：3.3~6.4cm 面积：1.31m²。 壁画上部及左侧均有弧度，画面主要为一尊身着红色袈裟佛像，头光和身光装饰莲瓣纹样，右下有三个面部损毁但栩栩如生的人物，左侧边缘弧度处似有一尊带头光的人像。	灰尘、历史修复、裂隙、地仗缺失、酥碱、涂写、颜料层脱落、历史修补、覆盖、地仗碎裂、颜料层粉化、画面污染。

窟群区第38窟已揭取壁画修复前	编号及基本信息	主要病害
	38窟第26块（38K26）长：140cm 宽：76cm 厚：3~5cm 面积：1.06m²。揭取自后室东壁北侧，壁画上部呈弧形，画面严重缺失，残留画面疑似佛像袈裟局部。	灰尘、泥渍、地仗缺失、裂隙、历史修补、白粉层脱落、颜料层脱落、酥碱、起甲、划痕、涂写、覆盖。
	38窟第27块（38K27）长：121~123cm 宽：37~51.5cm 厚：3.5~4.5cm 面积：0.48m²。壁画上部呈弧形，画面为千佛图案。	灰尘、泥渍、烟熏、地仗缺失、裂隙、历史修补、白粉层脱落、颜料层脱落、酥碱、划痕、涂写、胶液污染霉变、覆盖。

窟群区第 38 窟已揭取壁画修复前	编号及基本信息	主要病害
	38 窟第 28 块（38K28）长：76.5cm 宽：41cm 厚：3.5~4cm 面积：0.33m²。揭取自后室龛顶，整体呈锅型四角外翻，烟熏严重，内容难以辨识。	灰尘、烟熏、起甲、裂隙、泥渍、起甲、地仗层酥碱、历史修补、覆盖。
	38 窟第 29 块（38K29）长：120.5cm 宽：37~52cm 厚：3~5.4cm 面积：0.54m²。上部呈内凹弧形，千佛纹样。	灰尘、烟熏、泥渍、起甲、裂隙、颜料层脱落、酥碱、凿洞、地仗缺失、塌陷、历史修补。
	38 窟第 30 块（38K30）长：123.5cm 宽：104.5cm 厚：3.8~5.5cm 面积：1.29m²。壁画应揭取自龛内，上部半圆形，画面可见佛像头光，面部缺失。	灰尘、烟熏、泥渍、地仗缺失、裂隙、历史修补、白粉层脱落、颜料层脱落、酥碱、划痕、涂写、覆盖。

窟群区第38窟已揭取壁画修复前	编号及基本信息	主要病害
	38窟第31、32块（38K31、32） 长：82~87cm 宽：77.5~86cm 厚：3.9~7cm 面积：0.69m²。 壁画呈锅型，四周长度各不相同，画面仅可见飘带和圆点纹样。未见拼接痕迹，无法解释为何两个编号合一。	灰尘、颜料层脱落、颜料层粉化、裂隙、起甲、烟熏、涂写、泥渍。
	38窟第33块（38K33） 长：117.8~123.1cm 宽：87~91.5cm 厚：3.3~5.7cm 面积：1.1m²。 揭取自后甬道顶，整体呈弧型，烟熏严重，隐约可见飞天头光与飘带，连珠纹样圆形飞花。	灰尘、地仗缺失、裂隙、覆盖、颜料层脱落、起甲、龟裂、历史修补、画面污染、烟熏。
	38窟第34块（38K34）长：109~122cm 宽：58~85cm 厚：4~5cm 面积：0.83m²。 揭取自后甬道顶，整体呈弧型，隐约可见飞天、云纹等图案。	灰尘、烟熏、起甲、裂隙、泥渍、起甲、地仗层酥碱、历史修补、覆盖。
	38窟第35块（38K35）长：89cm 宽：56cm 厚：3.5~5.5cm 面积：0.5m²。 揭取自后甬道顶，整体呈锅型，可见绿色装饰宝珠、飘带纹样。	灰尘、烟熏、起甲、裂隙、历史修补、泥渍、地仗缺失、涂写、凿洞、塌陷、颜料层脱落。

窟群区第 38 窟已揭取壁画修复前	编号及基本信息	主要病害
	38 窟第 36 块（38K36） 长：132~157cm 宽：67.5~84.5cm 厚：3~4.5cm 面积：1.1m2。 揭取自右甬道顶，整体呈弧型，画面为一彩带飘飞的飞天。	灰尘、烟熏、泥渍、起甲、裂隙、颜料层粉化、颜料层脱落、凿洞、地仗层缺失、地仗层脱落、历史修补、画面污染、涂写、支撑体变形。
	38 窟第 37 块（38K37） 长：129m 宽：56~68.5cm 厚：2.5~5.5cm 面积：0.88m2。 整体呈弧型，画面上部绘华盖、花卉，其下从左至右绘飞天三身。	灰尘、泥渍、地仗缺失、裂隙、空鼓、历史修补、颜料层脱落、龟裂起甲、烟熏。
	38 窟第 38 块（38K38） 长：158~160cm 宽：25cm 厚：4.5~7cm 面积：0.4m²。 揭取自后室北壁，整体呈弧型，画面可见两尊闻法天人头像（只有头像可见），另有两佛像部分头光可见，右上部 1 身屈身天人像位于圆形身光中心。	灰尘、颜料层脱落、颜料层粉化、地仗层碎裂、历史覆盖、起甲、变色、烟熏、历史修补。
	38 窟第 39 块（38K39）长：119~121cm 宽：86cm 厚：4~4.6cm 面积：1.04m²。 揭取自后室北壁，画面模糊，似有两尊带头光小坐佛，有金箔残留。	灰尘、烟熏、地仗缺失、颜料层脱落、起甲、划痕、泥渍、历史填补、涂写。

窟群区第38窟已揭取壁画修复前	编号及基本信息	主要病害
	38窟第40块（38K40） 长：110cm 宽：63.5cm 厚：4.5~5cm 面积：0.7m²。 揭取自右甬道顶部，整体呈拱形，画面有头光、飘带等纹样残留。	灰尘、泥渍、地仗缺失、裂隙、历史修补、白粉层脱落、颜料层脱落、酥碱、划痕、涂写、覆盖、烟熏。
	38窟第41块（38K41后甬道顶） 长：158.5cm 宽：56cm，厚：3~5.4cm 面积：0.89m²。 揭取自后甬道顶，可见三身飞天。	灰尘、烟熏、泥渍、起甲、裂隙、颜料层粉化、颜料层脱落、凿洞、塌陷、错位、地仗层缺失、历史修补。
	38窟第41块[38K41（120#）] 长：126m 宽：22~27cm 厚：3.3~4.5cm 面积：0.31m²。 揭取自南甬道边，可见一条弧形团花装饰带残留。	灰尘、颜料层脱落、颜料层粉化、地仗缺失、地仗碎裂、画面污染、凿洞。
	38窟第42块（38K42）长：189cm 宽：104cm 厚：2.6~4cm 面积：1.97m2。 为揭取自主室中央像台前部石膏地坪画，画面可见马头观音、童子骑水禽、莲花等纹样。	灰尘、泥渍、生物损害(蛛网）、地仗缺失、裂隙、错位、历史修复、白粉层脱落、颜料层脱落。

窟群区第38窟已揭取壁画病害统计与评估

窟群区第38窟已揭取壁画共35幅，修复前总面积为29.4m²，病害面积50.53m²，共有25种病害（图4-27）、其中烟熏、龟裂、历史修补、涂写、起甲、胶液残留为主要病害，分别占总病害面积的26.18%、17.12%、9.84%、8.83%、8.41%、7.33%；颜料层脱落、酥碱、泥渍为次要病害，分别占总病害面积的4.47%、3.63%、3.43%（表4-15）。第38窟壁画数量多、异形数量比例大、病害类型复杂、几乎所有病害类型都能在38窟所揭取壁画中找到、但是其画面要比其他所有洞窟壁画画面完整。

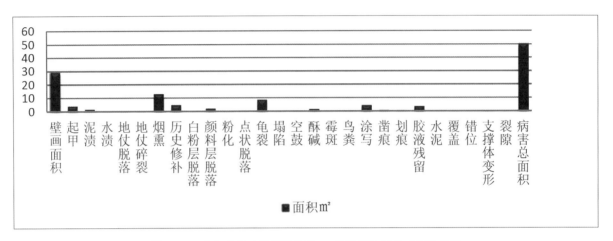

图4-27　库木吐喇石窟窟群区第38号窟揭取壁画病害统计图

表4-15　库木吐喇石窟窟群区第38号窟已揭取壁画病害面积及比重表

病害类型	起甲	泥渍	水渍	地仗脱落	地仗碎裂	烟熏	历史修补	白粉层脱落	颜料层脱落	粉化	点状脱落	龟裂	塌陷
面积（m²）	4.25	1.73	0.29	0.54	0.42	13.23	4.97	0.25	2.26	0.40	0.01	8.65	0.31
本窟病害比例%	8.41	3.43	0.58	1.06	0.84	26.18	9.84	0.49	4.47	0.80	0.01	17.12	0.61

病害类型	空鼓	酥碱	霉斑	鸟粪	涂写	凿痕	划痕	胶液残留	水泥	覆盖	错位	支撑体变形	裂隙
面积（m²）	0.05	1.84	0.08	0.01	4.46	0.96	0.83	3.70	0.00	0.36	0.10	0.51	0.31
本窟病害比例%	0.11	3.63	0.15	0.01	8.83	1.90	1.64	7.33	0.00	0.71	0.19	1.02	0.62

窟群区第61号窟已揭取壁画现状及病害统计评估

窟群区第61窟已揭取壁画现状：揭取自库木吐喇石窟窟群区第61号窟的壁画共15幅（表4-16），其中非平面型壁画2幅，根据本书内容判断，15幅壁画分别揭取自左、右甬道和后甬道。

表4-16　库木吐喇石窟窟群区第61窟已揭取壁画现状调查表

窟群区第61窟已揭取壁画修复前	编号及基本信息	主要病害
	61窟第1块（61K1）长：100cm 宽：74~75cm 厚：3~4cm 面积：0.75m²。中部和下部可见三块汉文题记，均写于矩形框内，字体可辨认程度不同。其中一块见图3~56。画面右侧似有一尊供养人像，头部缺失。	灰尘、涂写、烟熏、起甲、历史修补、颜料脱落、泥渍、划痕、地仗与支撑分离。
	61窟第2块（61K2）长：96.2~97.2cm 宽：74~74.5cm 厚：3.2~4cm 面积：0.72m²。画面多已漫漶，可见中部有一榜题，字迹已不存，左侧有叶子纹饰，右侧有一条团花纹饰。	烟熏、涂写、裂隙、泥渍、灰尘、酥碱、起甲、颜料层脱落、地仗碎裂、地仗缺失、历史修补、覆盖、画面下部有水泡痕迹。
	61窟第3块（61K3）长：80.8cm 宽：69cm 厚：3.9~4.6cm 面积0.56m²。可见一尊带头光的佛像上半身，身着红领袈裟，面部模糊，左侧似有飘带状纹样。	灰尘、颜料层脱落、颜料层粉化、裂缝、覆盖、历史修补、地仗层缺失、涂写、烟熏。

窟群区第61窟已揭取壁画修复前	编号及基本信息	主要病害
	61窟第4块（61K4）长80c 宽：55cm 厚：3.5~4.3cm 面积：0.44m²。 可见一尊带头光的佛像上半身，身着红领袈裟，面部缺失。上部装饰带似有半圆团花纹样。	灰尘、烟熏、地仗缺失、裂隙、涂写、酥碱、塌陷、起甲、泥渍、颜料层粉化脱落、历史修补、画面污染。
	61窟第5块（61K5）长：79.5cm 宽：54.5cm 厚：3.5cm 面积：0.43m²。 可见一尊带头光的佛像上半身，面部缺失，左手呈说法印。上部装饰带纹样难以辨别。	灰尘、烟熏、动物侵害、微生物侵害、颜料层脱落、颜料层粉化、划痕、涂写。
	61窟第6块（61K6）长：86cm 宽：54cm 厚：3~4.2cm 面积：0.47m²。 可见一尊带头光的佛像上半身，面部模糊。上部装饰带纹样难以辨别。	烟熏、灰尘、泥渍、地仗缺失、裂隙、历史修复、颜料层脱落、划痕、裂隙、覆盖、涂写。

窟群区第61窟已揭取壁画修复前	编号及基本信息	主要病害
	61窟第7块（61K7）长：120cm 宽：71cm 厚：4~5cm 面积：0.7m²。可见一尊带头光的佛立像、面部缺失，足部缺失。袈裟颜色可见红、黄色。	灰尘、涂写、烟熏、起甲、历史修补、泥渍、划痕、裂隙、酥碱。
	61窟第8块（61K8）长：97~98cm 宽：64cm 厚：3~4cm 面积0.63m²。整幅画面烟熏严重，为一带头光的佛像上半身，面部无法辨别，可见红色衣饰图案。	烟熏、起甲、灰尘、泥渍、地仗缺失，历史修补、裂隙、白粉层脱落、划痕、涂写、动物病害、地仗与支撑体分离、胶液残留。
	61窟第9块（61K9）长：122cm 宽：74.5cm 厚：3.3~4.7cm 面积：0.91m²。似可见两身带头光菩萨图像，画面中部疑似身光残留。	灰尘、泥渍、地仗缺失、裂隙、历史修复、白粉层脱落、颜料层脱落、酥碱、划痕、涂写、胶液污染、覆盖。

窟群区第 61 窟已揭取壁画修复前	编号及基本信息	主要病害
	61 窟第 10 块（61K10）（133#） 长：107.8cm 宽：66.5cm 厚：3.7~4.2cm 面积：0.72m²。 模糊可见两个带头光的佛像上半部。	灰尘、泥渍、裂隙、烟熏、颜料层粉化、颜料层脱落、画面污染、地仗层缺失、地仗层脱落、历史修补、涂写、酥碱。
	61 窟第 10 块（61K10）（134#） 长：120.5cm 宽：47cm 厚：3.8~4.7cm 面积：0.57m²。 画面未熏黑处，可见一带头光菩萨头部，中部有身光纹样。	灰尘、泥渍、裂隙、烟熏、颜料层粉化、颜料层脱落、画面污染、地仗层缺失、地仗层脱落、历史修补、涂写、酥碱。

窟群区第61窟已揭取壁画修复前	编号及基本信息	主要病害
	61窟第12块（61K12）长：112cm 宽：65cm 厚：2.8~3.8cm 面积：0.73m²。可见一带头光佛像，右手呈说法印。	烟熏、裂隙、泥渍、灰尘、酥碱、酥碱、覆盖、历史修补、地仗与支撑分离、颜料层起甲、脱落、涂写。
	61窟第13块（61K13）长：90cm 宽：74cm 厚：3~4cm 面积：0.7m²。可见一带头光佛像半身，面部模糊。	灰尘、涂写、烟熏、起甲、历史修补、泥渍、划痕、裂隙。
	61窟第14块（61K14）长：90cm 宽：75.5cm 厚：3~6.4cm 面积：0.7m²。整体呈拱形，隐约可见弧形边缘各绘小坐佛两列，中间纹样难以辨别。	烟熏、灰尘覆盖、泥渍、起甲、裂隙、颜料层粉化、颜料层脱落、凿洞、地仗层缺失、历史修补。

窟群区第61窟已揭取壁画修复前	编号及基本信息	主要病害
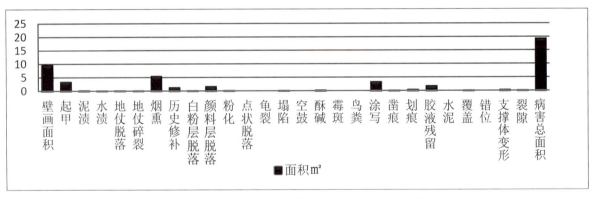	61窟第15块（61K15）长：86~93.2cm 宽：74cm 厚：3.6~6cm 面积：0.64m²。整体呈拱形，隐约可见一边缘绘小坐佛一列，其余难以辨识。	灰尘、泥渍、地仗缺失、裂隙(支撑体变形导致)、历史修复补、白粉层脱落、颜料层龟裂、起甲、脱落、覆盖。

窟群区第61窟已揭取壁画病害统计与评估

　　窟群区第61窟15幅已揭取壁画修复前总面积为9.67m²、病害面积19.28m²，共有18种病害（图4-28）。其中烟熏、起甲、涂写、胶液残留、颜料层脱落为主要病害，分别占总病害面积的28.49%、17.73%、17.66%、9.17%、8.75%；划痕、支撑体变形、酥碱、泥渍、裂隙为次要病害，分别占总病害面积的2.46%、1.74%、1.52%、1.15%、1.03%（表4-17）。第61窟壁画烟熏面积大、涂写较多、起甲比例大。

（图表：壁画面积、起甲、泥渍、水渍、地仗脱落、地仗碎裂、烟熏、历史修补、白粉层脱落、颜料层脱落、粉化、点状脱落、龟裂、塌陷、空鼓、酥碱、霉斑、鸟粪、涂写、凿痕、划痕、胶液残留、水泥、覆盖、错位、支撑体变形、裂隙、病害总面积　■面积m²）

图4-28　库木吐喇石窟窟群区第61号窟揭取壁画病害统计图

表4-17　库木吐喇石窟窟群区第61号窟已揭取壁画病害面积及比重表

病害类型	起甲	泥渍	水渍	地仗脱落	地仗碎裂	烟熏	历史修补	白粉层脱落	颜料层脱落	粉化	点状脱落	龟裂	塌陷
面积（m²）	3.42	0.22	0.08	0.16	0.07	5.49	1.33	0.05	1.69	0.20	0.00	0.00	0.03
本窟病害比例%	17.73	1.15	0.43	0.83	0.38	28.49	6.90	0.25	8.75	1.02	0.00	0.00	0.16

病害类型	空鼓	酥碱	霉斑	鸟粪	涂写	凿痕	划痕	胶液残留	水泥	覆盖	错位	支撑体变形	裂隙
面积（m²）	0.00	0.29	0.00	0.00	3.40	0.01	0.47	1.77	0.00	0.06	0.00	0.34	0.20
本窟病害比例%	0.00	1.52	0.00	0.00	17.66	0.07	2.46	9.17	0.00	0.31	0.00	1.74	1.03

无编号已揭取壁画现状与病害统计

根据本书分析，两幅无编号壁画其中佛头图案的壁画应揭取自38窟，另一幅方形壁画应揭取自12窟（表4-18）。为了与原始记录保持一致，故尺寸与病害记录仍保持单列。

表4-18　库木吐喇石窟无编号已揭取壁画现状调查表

无编号已揭取壁画修复前	编号及基本信息	主要病害
	61窟第1块（61K1）长：100cm 宽：74~75cm 厚：3~4cm 面积：0.75m²。中部和下部可见三块汉文题记，均写于矩形框内，字体可辨认程度不同。其中一块见图3-56。画面右侧似有一尊供养人像，头部缺失。	灰尘、涂写、烟熏、起甲、历史修补、颜料脱落、泥渍、划痕、地仗与支撑分离。
	无编号方形长：102.2cm 宽：100m 厚：3~5.4cm 面积：1.02m²。上部团花纹饰带，残留绿色透光局部。	灰尘覆盖、泥渍、起甲、裂隙、颜料层脱落、地仗层碎裂、错位、不当历史填补、画面污染。

两幅无编号壁画修复前总面积为 1.38m²，病害面积 1.67m²，因其揭取自不同洞窟，比较分析无意义，故仅做病害统计（表 4-18）。

表 4-18　库木吐喇石窟无编号已揭取壁画病害面积表

病害类型	起甲	泥渍	水渍	地仗脱落	地仗碎裂	烟熏	历史修补	白粉层脱落	颜料层脱落	粉化	点状脱落	龟裂	塌陷
佛头面积（m²）	0.14	0.01	0.00	0.05	0.05	0.20	0.10	0.00	0.01	0.00	0.00	0.00	0.04
方形面积（m²）	0.10	0.02	0.00	0.00	0.17	0.00	0.56	0.00	0.01	0.00	0.00	0.00	0.00

病害类型	空鼓	酥碱	霉斑	鸟粪	涂写	凿痕	划痕	胶液残留	水泥	覆盖	错位	支撑体变形	裂隙
佛头面积（m²）	0.04	0.04	0.00	0.00	0.00	0.00	0.00	0.00	0.00	0.01	0.01	0.00	0.01
方形面积（m²）	0.00	0.02	0.00	0.00	0.00	0.00	0.00	0.05	0.00	0.00	0.01	0.00	0.01

第三节　已揭取壁画修复数量与编号核对情况说明

本次库木吐喇石窟已揭取壁画保护修复工程原方案设计中共列明壁画 139 幅；实际修复完成壁画 135 幅，修复完成总面积约 103.7m²，其中异形壁画 34 幅。由于在设计阶段库房拥挤，调查工作操作困难，在 2013~2014 年修复过程中，发现部分壁画背面毛笔所标序号与方案不符，故全部重新进行了核对。数量差异与编号不符情况如下：10 号窟方案列明 5 块，实际修复 5 块，编号相符。11 号窟方案列明 14 块，实际修复 15 块，其中方案列明但实际修复没有的 1 块，方案编号为 11 窟第 15 块；实际修复完成但方案没有的 2 块，编号分别为 11 窟第 2 块、11 窟第 8 块（上）。12 号窟方案列明 15 块，实际修复 14 块，是由于序号为 22 的方案编号重复。14 窟方案列明 14 块，实际修复 14 块，编号相符。15 窟方案列明 11 块，实际修复 11 块，编号相符。16 窟方案列明 24 块，实际修复 24 块，编号相符。38 窟方案列明 39 块，实际修复 35 块，其中方案有但实际修复未见的有 7 块，38 窟第 1 块、2 块、3 块、4 块、5 块在实际修复过程中未见，第 7 块（方案序号 91）与第 26 块（方案序号 108）在方案中为重复编号，且实际修复过程中未见。实际修复有但方案未列明的 3 块，分别为 38 窟第 18、36、42 块。其中编号不相符的有 2 块，分别是序号 114 号画、方案编号 38 窟第 33 块，实做编号为 38 窟 34 块，序号 121 号画、方案编号 38 窟 40 块，实做编号 38 窟 41 块。61 窟方案列明 15 块，实际修复 15 块，但方案有实际修复未见的 1 块，为 61 窟第 8 块（上）；实际修复有、但方案未列明的 1 块，为 61 窟第 15 块。无编号方案列明 2 块，实际修复 2 块，数量吻合（见表 4-19）。

表 4-19　实际修复壁画数量与方案对照表

窟号	方案数量（块）	实做数量（块）	方案有 实做无	方案无 实做有	编号不相符
10	5	5	相符		
11	14	15	1块、（11K15K）	2块（11K2K//11K8(上)	
12	15	14	1块（12K2K）方案有2块、标注重复编号、实做中只有一块、方案序号22的实做无		
14	14	14	相符		
15	11	11	相符		
16	24	24	相符		
38	39	35	7块（38K1/38K2/38K3/38K4/38K5/38K7/38K26）前五块实做无此编号、后两块在方案中为重复编号、序号91与108号实做无此画。	3块（38K18K/38K36K/38K42K）	2块（序号114号画、方案编号38K33、实做编号为38K34、序号121号画、方案编号38K40、实做编号38K41。
61	15	15	1块(61K8K(上))	1块（61K15）	
11	14	15	1块、（11K15K）	2块(11K2K//11K8(上)	
无编号	2	2	相符		
共计	139	135	10	7	2

第四节　已揭取壁画病害图绘制

根据古代壁画病害与图示（GB/T 30237-2013）国家标准[1]，本项目绘制完成了每一幅待修复壁画的病害图。这一国家标准是在国内最早关于文物病害分类与图示的文物保护行业技术标准古代壁画病害与图示（WW/T 0001-2007）[2]的基础上发布的。病害图绘制目的不仅仅在于对病害的记录与描述，更重要的是在于对病害的认识与了解。病害图的绘制必须基于深入的现场调查，不同的工作者之间需要对病害的种类与特征达成共识，病害图的草稿必须在现场完成，利用照片直接进行病害图数字化绘制是不可取的。如表面无开裂的壁画空鼓病害就很难通过照片识别，粉化与盐霜、烟熏与铅丹变色等病害离开现场也很难准确判定。病害图的准确绘制是开展文物保护修复的基础工作，也是进行病害评估的重要依据。

---

[1] 中华人民共和国国家质量监督检验检疫总局、中国国家标准化管理委员会发布，2013 年 12 月 31 日发布，2014 年 1 月 1 日实施。

[2] 中华人民共和国国家文物局：《古代壁画病害与图示（WW/T 0001-2007）》，2008 年 2 月 29 日发布，2008 年 3 月 1 日实施。

第五章

壁画保存环境

文物保护多年的实践研究证明，文物保存环境的稳定性对于防止文物劣化有着积极的作用。库木吐喇石窟已揭取壁画历经千余年，经历了早期洞窟环境、洪水浸泡、揭取后修复环境、修复后存放洞窟环境等复杂的环境变化，洞窟水文地质条件、温湿度的变化，是引起壁画发生病害的两个关键因素[1]。

第一节　石窟地质环境[2]

地形地貌

库车县位于天山南部中段，塔里木盆地北缘，北靠东西绵延起伏的天山支脉确尔达格山，南面为广阔平坦的塔里木盆地。库木吐喇石窟地处新疆天山山脉中段南麓确尔达格山的南坡，渭干河东岸的崖壁及沟谷中。渭干河自北向南流经石窟区，河流及冲沟对确尔达格山的冲蚀和切割作用形成的陡壁，为石窟的开凿提供了地貌条件。由石窟区向南过山前平原后，即为塔里木盆地之塔克拉玛干大沙漠。确尔达格山山体陡峭，分水岭清晰，在积雪与冰川的融水、夏季的降水侵蚀作用下，形成了渭干河、库车河等河流以及众多的冲沟。库木吐喇千佛洞区域内的山体海拔高程1030~2040m，相对高差1000m，属中高山。山体基岩裸露，植被稀少。库木吐喇石窟区地形险峻、复杂，山中沟谷幽深，多呈紧闭型"V"字谷，谷底宽3~10m，两侧分布悬崖绝壁，相对高差20~60m。库木吐喇石窟按分布区域，分为窟群区和谷口区，均位于渭干河的东岸，窟群区的龛窟大部分开凿在渭干河切割形成的崖壁上。在窟群区渭干河的东岸发育有一条冲沟，冲沟平时干涸，降雨时形成洪水灾害，部分石窟开凿在冲沟内的陡崖上。谷口区的龛窟主要开凿在冲沟的崖壁上。山体崖顶多呈缓坡状，降雨（特别是大暴雨）形成的地表径流对山体具有极强烈的剥蚀作用。石窟所在的崖壁陡峭直立，由于风化剥蚀和垮塌，使局部崖壁呈倒坡状，不利于石窟岩体的稳定。

气候条件

库车县地处暖温带，属暖温带大陆性干旱气候，热量丰富，气候干燥，降雨稀少，夏季炎热，冬季干冷，年温差和日温差都较大。据克孜尔水库水文站1985~1989年的资料统计，工作区多年平均气温9.56℃；月平均最高气温在7月份25.4℃，极端最高气温39.8℃（库车站）；月平均最低气温在1月份-10.9℃，极端最低气温-27.0℃。受塔克拉玛干大沙漠影响，区内空气湿度偏低，12月份为64%，3~10月均在40%以下（1951~1978年的平均值）。

---

[1] 徐永明、叶梅、郭宏：《龟兹石窟壁画抢救性保护修复工程研究报告》，文物出版社，2016年，第33页。

[2] 方云、王金华等：《库木吐喇千佛洞稳定性分析及锚固计算》，《库木吐喇千佛洞保护修复工程报告》，文物出版社，2011年，第275~280页。为了保持前后内容一致，将"却勒塔格山"写作"确尔达格山"。

据克孜尔水库水文站 1964~1979 年口径 20cm 雨量器观测，多年平均降水量 82.6mm，最大一日降水量为 50.8mm(1970 年 7 月 23 日)。多年平均蒸发量 1839.1mm。夏季山区多雨，常常形成洪水灾害。库木吐喇石窟面临的渭干河，年径流量 22.1 亿 m³。降雨形成的地表径流对洞窟的顶部具有极强的剥蚀破坏作用，特别是暴雨时更为强烈，是造成浅埋洞窟窟顶渗水的主要因素，如第 53~58 窟等处。

据库车气象站资料统计，多年平均风速 1.0m/s。年平均有 20 天大风日，夏季最多，占全年的 52%；春季次之，占 37%；秋季较少，占 10%；冬季偶有大风出现，占 1%。4~8 月大风集中出现，占全年大风日数的 85%。风向以北风和西北风向为主，其次为偏东风。最大风速 22m/s(1979 年 4 月 10 日)，大风持续最长时间为 12 小时，大风出现时常伴有沙暴，风后浮尘有时持续数天。由于库木吐喇石窟岩体胶结性差，结构松散，强度低，伴有沙暴的大风对石窟岩体产生风蚀作用，形成风蚀凹槽，常造成凹槽上部岩体失稳。

地质构造条件

石窟区位于天山地槽褶皱带与塔里木地台两大构造单元的接触部位，属天山褶皱系确尔达格山背斜南翼。该背斜呈 NEE-SWW 向展布，北翼较陡而南翼较缓，为一不对称背斜。石窟区内岩层倾向 SE150°~170°，倾角 5°~20°。背斜轴部发育多条大规模纵向低角度逆冲断层。区域构造应力场的方向：最大主压应力为 NNW-SSE，最大主拉应力为 NEE-SWW。石窟区内未见大的断裂构造，主要发育平行崖壁的卸荷裂隙和构造裂隙。窟群区共发现规模较大，影响崖壁岩体稳定的主要裂隙 39 条，其中 4 条为构造裂隙，其余均为卸荷裂隙。

地层岩性

研究区内出露的地层为第三系上新统，第四系上更新统和全新统的地层。第三系上新统 (N2) 的地层主要由砂岩、砾岩、粉砂岩、泥岩互层组成，为河湖相沉积，厚度巨大，地貌上形成基岩型山体，是区内石窟开凿的主要地层。第四系地层为洪积、冲积、冲洪积、风积、坡积和崩塌堆积等，主要分布在渭干河两岸的沟谷两侧坡脚或山顶坡面上。

1. 第三系上新统 (N2)

硅质石英砂岩、粗粒杂砂岩：褐黄色、青灰色、灰绿色。多为粗粒结构或粗粒－巨粒结构，层状构造，泥质胶结为主，钙质胶结次之，多为基底式或孔隙－基底混合式泥质胶结，钙质胶结部分多为薄层扁豆状硬核，胶结强度低。颗粒形状为尖棱角状－半滚圆状。层理明显，交错层理和斜层理发育。岩质疏松，遇水易崩解。软砂岩具极强的遇水崩解性，4×5×6cm 的岩块完全浸水后，3~9 分钟内即彻底崩解。

砾岩：青灰色，巨厚层状，砾石成分复杂，磨圆较好，砾径较大，一般在 20~70mm 之间，最大可达 250mm，砾石为骨架，泥砂质充填胶结，胶结强度低，局部地段的砾石间空隙极大，几乎无胶结物，呈半成岩状态，遇水易崩解。

粉砂质泥岩或泥质粉砂岩：黄褐色、灰色，泥质胶结，致密、较坚硬，层状构造，层位稳定，遇水易软化，伊利石含量较高，具弱膨胀性。粉砂岩具粉砂结构，片理化定向构造较明显。颗粒形状为尖棱角状－半滚圆状，孔隙式或基底式黏土矿物胶结。中－强风化粉砂质泥岩，遇水易崩解，

4×5×6cm 的岩块完全浸水后，10 分钟内即彻底崩解。

砂砾岩：由薄层状砂岩与砾岩呈互层状或透镜状交替产出组成。褐黄色、灰绿色，泥质胶结为主。层理清晰，交错层理和斜层理发育。砾石成分复杂，但砾径较小，多在 5~30mm 之间，最大不超过100mm，砾石一般不起骨架颗粒作用，砾岩遇水易崩解。中－强风化砂砾岩多为盐类胶结，干燥时胶结强度较高，遇水即失去胶结作用，变得松散破碎，难以取到完整的砾岩岩块。

沟口区以砾岩为主，夹有砂岩层。砾岩层厚度巨大，层数较多，砾石的砾径较大，胶结强度极低，遇水时极易产生掉块、坍塌。而窟群区地层以砂岩、砂砾岩、泥岩互层为主，且砾石的砾径较小，胶结强度相对较高。相比较而言，沟口区砾岩的工程地质性质比窟群区的砾岩更差。

各类岩石的工程特性为：岩体强度低，抗风化能力和耐崩解性能差，对水的作用反应敏感。由 X 衍射物相半定量分析成果可知，石窟区砂岩中石英含量较高，粉砂岩和泥岩中黏土矿物含量较高。砂岩、粉砂岩中方解石含量均较高。由砂岩和泥岩的化学成分分析成果可知，砂岩和泥岩的化学成分以 SiO$_2$ 为主，其次为 CaO 和 AL$_2$O$_3$。

区内各类岩性的岩层中均含有一定量的易溶盐成分，浸水蒸发后表面易产生盐化现象，11~31 窟区域内最下面的一排石窟底面高程低于地表，内壁的析出物结壳，形成泥皮。X 衍射物相半定量分析结果表明，主要为石膏类。表层析出物的化学分析结果表明，析出物的化学成分以 NaCl 为主。

表 5-1　库木吐喇石窟岩石物理力学性质特征表

项目			砂岩	砾岩	粉砂质泥岩
含水率（%）			0.04	0.12	0.75
块体密度（g/cm^3）			1.901	2.034	2.060
耐崩解性指数	坚硬部分 Id2（%）		4.29	41.28	33.43
	软质部分 Id1（%）		首次循环 6~9 分钟全部崩解		首次循环 10 分钟全部崩解
自然吸水率（%）（坚硬部分）			13.899	7.426	
毛细水最大上升高度（cm）			70	65	7.5
单轴抗压强度（垂直层理）（MPa）			2.03		4.79
抗拉强度（垂直层理）（MPa）			0.18		0.40
抗剪强度	内聚力（kPa）	垂直层理	350.8		971.0
		平行层理	184.0		
	内摩擦角（度）	垂直层理	47.3		54.2
		平行层理	46.6		

石窟区内岩石的实验室物理力学性质指标见表 5-1，砂岩和粉砂岩的扫描电镜结果如下：

粉砂岩主要由绿泥石、伊利石、石英、长石、文石和方解石组成。绿泥石集合体呈绒球状，单晶呈鳞片状；伊利石多呈叶片状；石英为不规则粒状；长石多呈长柱状，由于受后期的溶蚀作用，沿解理缝形成淋滤结构，钾长石多蚀变成伊利石，斜长石蚀变成绿泥石；文石呈针状。岩石结构相对致密，泥质胶结。孔隙包括原生孔隙和次生孔隙，原生孔隙主要是粒间孔，次生孔隙主要是溶蚀孔和淋滤孔，孔隙大小一般为 10~100um。

杂砂岩主要由石英、长石、方解石、绿泥石和伊利石组成。绿泥石和伊利石呈叶片状；石英包括不规则状的低温石英，六方双锥状的高温石英以及次生加大石英；长石呈长柱状，表面多蚀变成伊利石。结构松散，孔隙较大。孔隙包括原生孔隙和次生孔隙，原生孔隙主要是粒间孔，次生孔隙主要是溶蚀孔和淋滤孔。粒间孔隙一般为 0.5~3mm，晶间孔隙为 0.2~10um，孔隙含量约 25~30%；孔隙充填式胶结，胶结物为绿泥石、伊利石和石英。

硅质石英砂岩主要由石英、长石、方解石、文石、绿泥石和伊利石组成。绿泥石和伊利石呈叶片状；石英呈不规则粒状和六方双锥状，长石包括斜长石和钾长石，呈长柱状。钾长石多蚀变成伊利石，斜长石蚀变成绿泥石；方解石为菱面体；文石呈放射状。孔隙包括原生孔隙和次生孔隙，原生孔隙主要是粒间孔，次生孔隙主要是溶蚀孔和淋滤孔，孔隙含量约 15%，孔隙大小一般为 5~100um，泥质含量相对较杂砂岩高。

对石窟窟壁析出物结晶体所做的扫描电镜分析结果表明，析出物主要由石膏组成。石膏晶体发育成板状，其集合体呈纤维状，由于长期沿石膏的解理面溶蚀，形成淋滤结构，导致结构松散。孔隙一般为粒间孔和晶间孔（溶蚀孔和淋滤孔），孔隙一般为 30~100mu。

对石窟窟壁生长的菌类所做的扫描电镜分析结果表明，石窟内生长的微生物主要为丝状放线菌。放线菌属于好氧菌，生存于洞窟内潮湿环境的岩石表面和石膏晶体粒间。由于受微生物的影响，石膏晶体溶蚀强烈，晶体不完整。

2. 第四系上更新统 (Q3)

很少见，主要分布在新 1 窟附近的高山上，与第三系上新统呈不整合接触，多为含巨大漂砾的混杂堆积。

3. 第四系全新统 (Q4)

分布在窟前、沟谷及河漫滩中。主要有坡积土、崩积土、冲积砂卵石、河漫滩或冲沟底部分布的黏性土、粉细砂等层位，分布不均。

水文地质条件

库木吐喇石窟区域最显著的水文特征是渭干河的河水位变化和季节性洪水，它不仅直接影响库木吐喇石窟崖壁岩体的安全稳定，受其影响所产生的地下水位变化，也对石窟岩体壁画的安全造成危害。渭干河是天山南坡 3 条大河之一。上游的干流称为木扎提河（克孜尔河入口以上），先后接纳了流经拜城盆地的卡木斯浪河、特里维其克河、卡拉苏河、克孜尔河四条支流。渭干河穿越确尔达格山脉，流经库木吐喇石窟后，向南进入山前平原，最终汇入草湖或塔里木河，其源头为冰雪融水。渭干河天然流水状态时的年径流量为 $22.2 \times 10^8 m^3$，实测月平均流量最小值为 $21.8 m^3/s$（1957 年 5 月），实测月平均流量最大值为 $261 m^3/s$（1958 年 5 月），实测最大洪峰流量为 $1840 m^3/s$（1958 年 8 月 13 日）。

在流经库木吐喇千佛洞的出山口处，建有东方红电站(1969年建成)；在库木吐喇上游32km处，建有克孜尔水库(1990年建成)。两处水利工程建成后，完全改变了渭干河的天然流水状态。东方红电站是以灌溉调水为主兼发电的小型水利工程，现阶段限定最高蓄水位为1044.5m，库区影响范围约长4km，可以达到五连洞上游500m左右。窟群区和沟口区均在库区影响范围之内。而克孜尔水库是以灌溉防洪为主兼顾发电的大型水利水电工程，相应库容$6.07×10m^3$，正常蓄水位1149.0m，兴利库容$4.77×108m^3$，设计洪水时(P=0.1%)最大泄洪量$2669 m^3/s$。

根据《上千佛洞水电站工程可行性研究报告》中的洪水计算结果，天然状态时，渭干河克孜尔水库的最大24小时洪水量为$40.7×10m^3$，最大3日洪水量为$87.2×10m^3$，最大5日洪水量为$128×106m^3$，最大7日洪水量为$66×10m^3$(水文系列年限1951~1989年)。

经1989年和2002年两次特大洪水的检验，下游渭干河最大流量不超过$1000m^3/s$。说明流经石窟区的河水流量完全受克孜尔水库放水的控制。据调查，克孜尔水库的放水量系根据库车、新和、沙雅三县用水情况而确定，一般在$200~400m^3/s$之间。控制临河石窟地下水位的决定因素是克孜尔水库的放水量，克孜尔水库放水量在$200~400m^3/s$之间，东方红电站限定最高蓄水位1044.5m，对临河石窟无直接影响。若克孜尔水库放水量大于$600m^3/s$，在东方红电站水位保持1044.5m时，对洞窟开始产生直接影响。随着放水量增大，危害程度增加。除地下水位提高会诱发石窟病害外，还会对五连洞前崖壁岩体及沿岸道路产生侧向侵蚀性破坏。由于山中植被稀少、基岩裸露，雨季来临时地表径流除对窟顶岩体造成冲刷侵蚀破坏外，极易汇聚到沟谷中形成季节性洪水，洪水发生时水体中夹带大量泥沙和砾石，沿沟谷向外涌出。由于沟谷的坡降较大(平均大于7%)，洪水流速高，对沟谷两侧洞窟崖壁岩体的根基具有极强的侵蚀破坏作用，并会产生岩体稳定性问题，特别是沟谷被坍塌的岩石截流时，洪水流量大、流速高，破坏力极强。窟群区横跨大沟连接两个围堰的小桥1991年曾被洪水冲毁。地表径流和冲沟内的洪水对通向窟区的道路也具有极强的破坏作用。

由以上内容可见，库木吐喇石窟本身岩性特征和自然地理条件都存在着易遭受水的渗漏、冲刷、溶解及由水作用带来的盐溶解结晶、生物溶蚀的破坏，本次修复的壁画在未揭取之前，其原始保存环境已经对壁画的保存带来程度不同的劣化影响。

第二节　揭取后壁画存放洞窟保存环境

揭取后壁画存放在窟群区第42号窟和第43号窟内（图5-1）。为了监测洞窟内温湿度的变化，

图5-1　库木吐喇石窟窟群区42、43窟外景及窟内存放环境

探求微环境对壁画保存的影响，在洞窟内放置了自动全自动温度/湿度记录仪，采用了杭州路格科技有限公司生产的 L92-1 温湿度黑匣子。数据采集间隔为 1 小时。此次调取了 42 窟的一组数据进行统计分析，数据的采集时间为 2013 年 10 月到 2014 年 9 月间。同期在龟兹研究院库木吐喇工作站本次修复现场设立的存放壁画临时库房也进行了温湿度监测。

洞窟温湿度监测仪设置

由于库木吐喇已揭取壁画一直存放在 42 窟和 43 窟内，且两个窟是相邻的，所以选择在 42 窟佛龛上和 42 窟窟外各安放一个温湿度检测仪，其中窟内所监测的就是壁画揭取后长期保存所处的环境，窟外所监测的是整个库木吐喇石窟区外部的气候条件，与窟内环境作对比分析，为壁画病害产生机理研究及修复后壁画的保存提供数据支持。温湿度仪记录时间间隔设为 1 小时，启动方式为手动，停止方式为存满为止。

洞窟内温度的变化规律

1. 洞窟内年温度变化

洞窟内 2013 年 10 月到 2014 年 9 月温度年变化如图 5-2 所示，温度四季变化明显，呈躺着的"S"形。1、2 月份温度维持低温且变化微小，平均温度在 7.8 和 8℃，1 月份出现年度极小值。3 月开始温度逐步升高，到 8 月份达到年内月平均温度的峰值，而单次最高温度出现在 7 月的 23.7℃，9~12 月

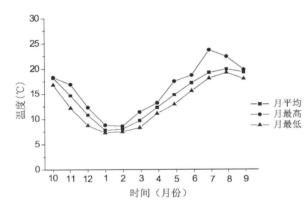

图 5-2　42 窟 2013 年 10 月到 2014 年 9 月洞窟温度变化图　　　图 5-3　42 窟 2014 年 1、7 月洞窟温度变化图

份温度呈下降的趋势。

2. 洞窟内月温度变化

由采集数据统计分析发现洞窟内的温度月波动变化较小（图 5-3），多数月份的月最大温差在 2~4℃内。洞窟内温度在 1 月份和 10 月份是最平稳的，最大温差 1.5℃；5 月和 11 月份温度起伏比较明显，最大温差在 4.6℃，7 月份温差最大达到 5.6℃。1 月（冬季）平均温度 7.9℃，最高温度 8.8℃，最低温度 7.3℃；7 月（夏季）平均温度 19.2℃，最高温度 23.7℃，最低温度 18.1℃，见图 5-4、5-5。

3. 洞窟内日温度变化

在一年的四个季节中，分别抽取了 1、4、7、10 月 15 日的温度记录进行分析（图 5-6、5-7、5-8、5-9），发现 42 窟窟内日温度变化均较小，波动幅度 ≤ 0.5℃。冬季气温低，1 月 15 日凌

晨 2 点开始温度持续下降，至 8 点达到最低值 7.3℃，中午 14 点后才开始升温，至 17 点达到最高温度 7.5℃。4 月 15 日、7 月 15 日和 10 月 20 日的日温度变化趋势与 1 月 15 日相似，但出现最高和最低温度的时间有所差别，升温和降温的时间不同。7 月夏季气候炎热，清晨最低温度维持时间很短，仅 2 个小时，上午 9 点气温就开始回升。

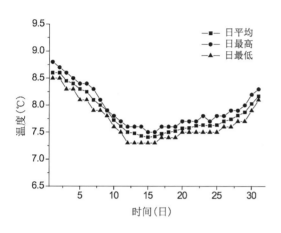

图 5-4   42 窟 2014 年 1 月洞窟温度变化图

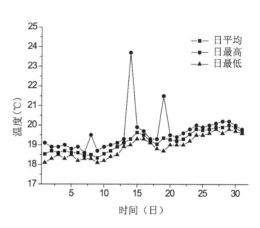

图 5-5   2014 年 7 月洞窟温度变化曲线

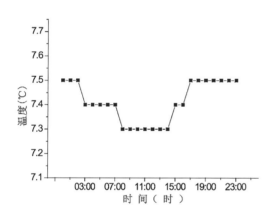

图 5-6   42 窟 2014 年 1 月 15 日洞窟温度变化

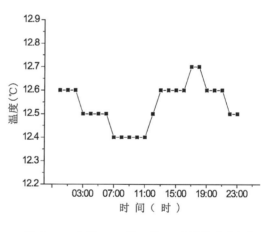

图 5-7   42 窟 2014 年 4 月 15 日洞窟温度变化

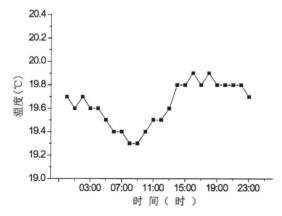

图 5-8   42 窟 2014 年 7 月 15 日洞窟温度变化图

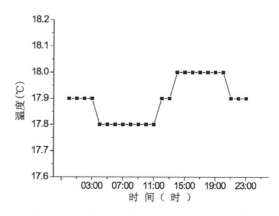

图 5-9   42 窟 2013 年 10 月 20 日洞窟温度变化

洞窟内温度值随季节变化而变化，单日和单月的温度波动均较小，但年温度波动幅度在6.8~23.7℃之间，虽然洞窟内温度变化幅度小于外部自然环境温度变化，显示在冬季洞窟的保暖性能突出，洞内温度相对于外界区域气候而言极端程度低。

洞窟内相对湿度的变化规律

1. 洞窟内年相对湿度变化

42窟2013年10月到2014年9月相对湿度年变化如图5-10。月平均湿度在26.8~47.5%范围内，6、7、8、9四个月为高湿度时期，平均湿度在45%上下，最高相对湿度出现在6、7月，达到了61.7%；11月份到次年的5月份，月平均相对湿度在30%上下波动。

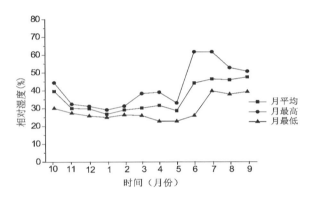

图5-10　42窟2013年10月–2014年9月洞窟年相对湿度变化

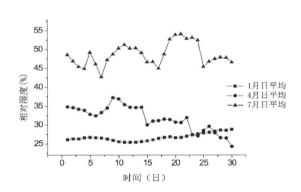

图5-11　42窟2014年1、4、7月洞窟相对湿度变化曲线

2. 洞窟内月相对湿度变化

洞窟内湿度在1月份是最平稳的，月平均湿度26.8%，月湿度最高29.2%，最低25%，月最大湿度差仅4.2%；4月份风大，气候干燥，平均湿度降低明显，月最高平均相对湿度37.2%，月最低平均湿度24.3%，降低12.9%。7月（夏季）平均湿度46.4%，月最高相对湿度61.7%，见图5-11、5-12、5-13。

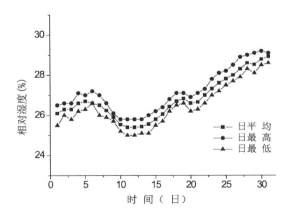

图5-12　42窟2014年1月洞窟相对湿度变化

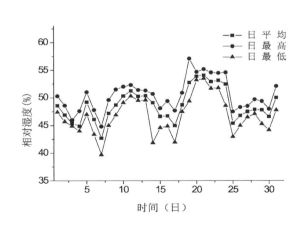

图5-13　42窟2014年7月洞窟相对湿度变化

3. 洞窟内日相对湿度变化

分别抽取 1、4、7、10 月 15 日的相对湿度记录进行分析（图 5-14、5-15、5-16、5-17），1 月 15 日最高相对湿度 26.2%，最低 25.5%，当日的最大湿度差仅有 0.7%。从中午 12 点湿度升高，17 点后稳定在较高湿度，凌晨 2 点到 11 点湿度震荡缓慢下行。4 月 15 日相对湿度凌晨开始持续下降，在午后 14 点出现反弹后快速降低，在 15 点湿度最小为 28.7%；7 月 15 日零时开始湿度下降，早晨 7 点达到谷底最低值，随后迅速升高，11 点后一直在高湿度 47% 左右波动。10 月 20 日相对湿度的变化也是先降后升，最高湿度 32.6%，最低 31.6%，日湿度差为 1%，变化很小。

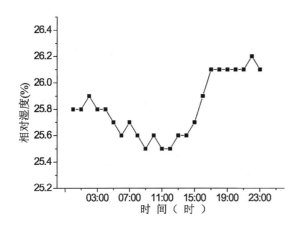

图 5-14 42 窟 2014 年 1 月 15 日洞窟相对湿度变化

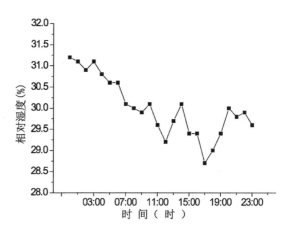

图 5-15 42 窟 2014 年 4 月 15 日洞窟相对湿度变化

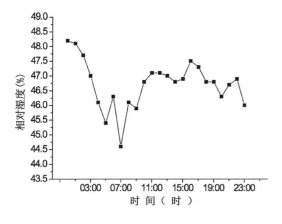

图 5-16 42 窟 2014 年 7 月 15 日洞窟相对湿度变化

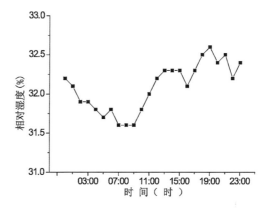

图 5-17 2013 年 10 月 20 日洞窟相对湿度曲线

42 窟内相对湿度年内变化较小，每年的 10、11、12、1、2、3、4、5 月份的平均相对湿度都在 30% 左右，而且这几个月月相对湿度差基本都在 10% 以内，波动较小；但是具体月内变化加大，6、7、8、9 这 4 个月中，平均相对湿度都达到了 45% 左右，且在这几个月中最高相对湿度都在 50% 以上。相对于窟内，库木吐喇窟外湿度变化则非常大，湿度最高时能达到 90%RH 以上，如 11、12 月份；而相对湿度最低时却不到 10%，如 4、5 月份。窟外月相对湿度差最大接近 80%。

通过对存放壁画的第 42 窟窟内和窟外环境的温湿度监测数据分析可知，窟外的环境变化对窟内的环境存在影响，窟内自身温湿度均存在不稳定波动，从 20 世纪 90 年代初至 2013 年的二十多年中，不可避免地会造成壁画劣化[1]。

第三节　壁画修复现场库房微环境

2013年7月到2014年10月现场壁画修复期间，在库木吐喇工作站设立了临时库房，修复完成的壁画置于室内金属架上（图5-18），使用简易温湿度计对库房内温湿度变化进行了记录。

图5-18　修复现场外景及临时库房

2014年4月到10月温湿度变化，见下图。温度整体变化呈现山峰形，自4月份开始库房温度逐步上升，到7月份到达一峰值，9、10月温度呈现明显下降趋势，4~10月温度基本稳定在20~30℃之间。4月刚刚进入春季，乍暖还寒，气温起伏变化，最低温度出现在4月28日的20.3℃，5、6月份温度呈现明显上升的趋势。高温集中在7、8月，温度维持30℃上下小幅波动，最高温度出现在7月28日，为33℃。由于大风频繁，空气干燥，4、5月份月平均相对湿度低于25%，相对湿度多集中在15~30%之间，最低相对湿度为5月23日的13.6%。7、8、9三个月相对湿度在26~43%间变化，相对湿度在7月21日和9月19日出现了40.1%和43.1%的高值。

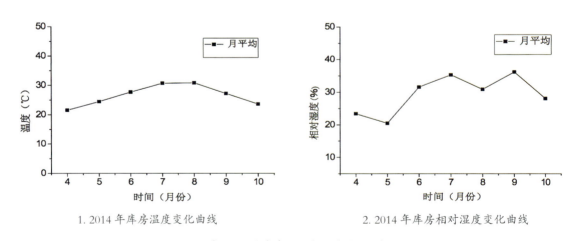

1. 2014年库房温度变化曲线　　　　　2. 2014年库房相对湿度变化曲线

2014年4~10月库房温湿变化（图示一）

---

[1] 徐永明、叶梅、郭宏：《龟兹石窟壁画抢救性保护修复工程研究报告》，文物出版社，2016年，第43~45页。

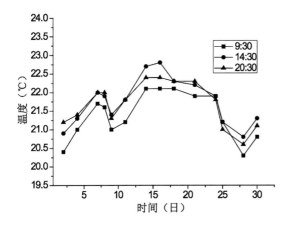

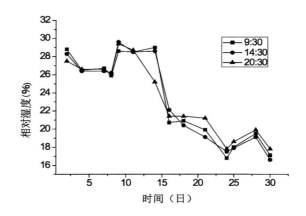

3. 2014 年 4 月温度变化曲线

4. 2014 年 4 月相对湿度变化曲线

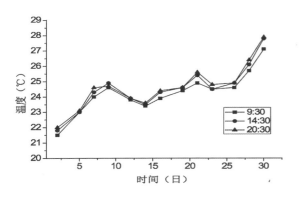

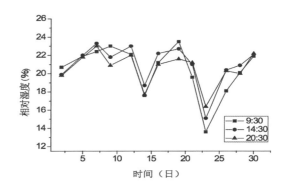

5. 2014 年 5 月温度变化曲线

6. 2014 年 5 月相对湿度变化曲线

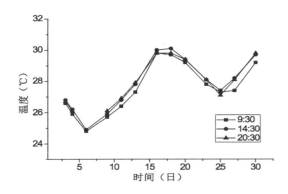

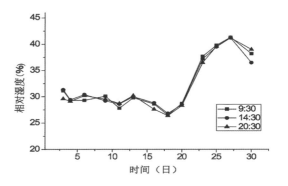

7. 2014 年 6 月温度变化曲线

8. 2014 年 6 月相对湿度变化曲线

2014 年 4~10 月库房温湿变化（图示二）

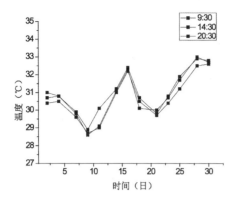

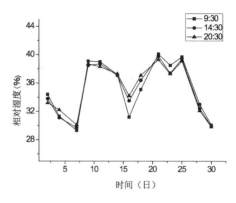

9. 2014 年 7 月温度变化曲线　　　　　　　　10. 2014 年 7 月相对湿度变化曲线

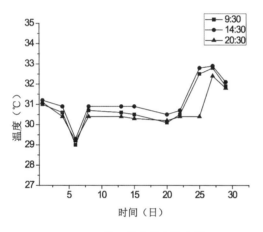

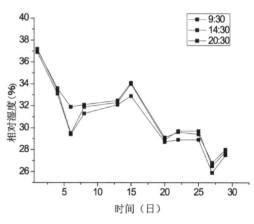

11. 2014 年 8 月温度变化曲线　　　　　　　　12. 2014 年 8 月相对湿度变化曲线

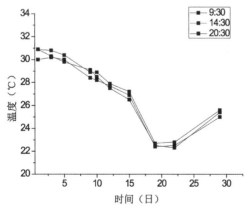

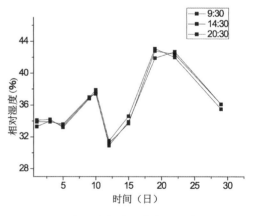

13. 2014 年 9 月温度变化曲线　　　　　　　　14. 2014 年 9 月相对湿度变化曲线

2014 年 4~10 月库房温湿变化（图示三）

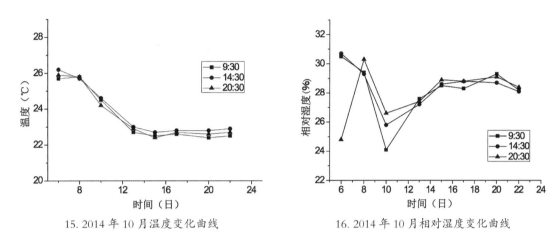

15. 2014 年 10 月温度变化曲线　　　　16. 2014 年 10 月相对湿度变化曲线

2014 年 4~10 月库房温湿变化（图示四）

由于临时库房内没有恒温恒湿设备，因此室内温湿度仍然随环境温度的变化而变化，不利于壁画的长期保存。

第六章

壁画制作工艺和材料分析研究

第一节　壁画制作工艺研究

历史研究

较早关于龟兹石窟壁画绘制技术的明确记载可见于勒柯克的描述[1]，他的记录较为完整地复原了该地区壁画制作技术。

在新疆探险时发现了一些规格不相同的描图[2]，根据各自的用途，规格也有所区别，书卷中绘画所用的描图有时规格很小，而绢画、寺幡和壁画所用的描图则相对来说较大，大幅壁画所用的描图有时则是由一些单张纸拼接面成的，这是为了能够重复使用。为此可以把神祇和人物的头部、身躯、四肢以及其他身体部位单独地重复描绘，这种方法也被应用在山峦、树木、房屋等单一的描绘中。较小规格的透明复描图是画在薄纸上的，而较大的绘画所需的大规格的复描图则画在较厚的像纸板一样的纸上。画匠们用或粗或细的墨线把要复制的画在这种纸上勾画出轮廓来，然后用针或者带尖儿的锥子在轮廓线上扎出许多小孔。这种做好了的复描图被牢固地压在了要作画的平面上，然后人们在这张复描图上摩擦煤块，或者在扎成小孔的轮廓线上敲打一个装满精细木炭粉末的小布袋，一直到复描图的轮廓线在墙面上可以看到为止。这些轮廓线经画匠们用墨汁把颜色加深后，再把其他颜色涂在画面上，人们除了应用墨色外，有时也用朱砂一类的颜料。在质地柔软的砾岩上，开凿的山洞中，人们把岩体凿成凹凸不平的墙面，然后再在岩体上涂抹石灰，使之成为作画用的平滑的墙面。同样在用土坯建成的露天寺院的墙壁上，人们在作画之前会首先在墙上涂上一层用干草和骆驼粪混合成的黏士，这个涂层有时厚不足 1 厘米，有时厚竟达 5 厘米，甚至更厚些。涂层没有裂痕，很难从墙上揭下来。只有在极少数的情况下是直接在岩石上作画的。这种涂层被涂抹平整后，再用一层很薄的，研磨得很精细的白石膏粉——涂在上面，这样的墙面已经为作画做好了准备，这种方法没有利用"网"。在克孜尔附近大的石窟中，我们看到过许多为画匠们作画面已经准备就绪的墙面。在一些石窟寺内室平整的墙上，有的被精细的石灰涂抹了一层，有的墙面上分布着不均匀的用墨汁书写的婆罗米文字母或简短的题字。这些标记或题字是给画匠们提供说明的，即哪些复描图应该被放在用文字标出的地方。在另外一些石窟寺中的墙上，有些带黑色轮廓线的草图已经描绘完毕，我们看到其中一张图的大部分已经被画匠们着完了颜色。然而所有这些画都表现得很简单，它们只有很少的人物形象，在这里人们也不需要应用"网"。但是对于人物众多的绘画，则应用"网"。"网"是由一些交织在一起的正方形绘制而成的，

---

[1] 管平、巫新华，[德]阿尔伯特·冯·勒柯克、恩斯特·瓦尔德施密特：《新疆佛教艺术》（第三卷），新疆教育出版社，2006 年，第 183~187 页。

[2] 应为我们习惯所称的粉本。

有的则是由斜纹拉成的线条交织而成的。在网上的单张的复描图被放在要绘画的墙上应有的位置上，然后画匠们用它们完成绘画的轮廓，他们首先把线条描粗，然后再给画好的草图着色。我们在许多这种草图上发现有较长的用婆罗米文字母书写的题字，这种语言属于吐火罗语，它的内容至今仍然不能准确地翻译出来。它们是否是在网上绘画内容的说明文字，我们不能给予明确的答复。复描图方法的应用，在我们所有考察过的石窟寺中都可以得到证明，而且在早期绘画和晚期绘画中，这种技术的应用是相同的。我们可以肯定地指出，在早期（例如在克孜尔）画匠们不是僧侣，而是一些职业画工。他们往往在作画后，在些寺院中把他们自身的形象也在画面的一个角落上画下来。从服饰和佩饰可以看出，他们属于当地的"吐火罗俗众"，值得注意的是那种带着古老的埃及假发的发型。在晚期的洞窟群中，例如柏孜克里克石窟，我们发现这种带着轮廓的绘画仍很清楚地保留在某些已经完成了的壁画上。晚期绘画的画匠们大多数是回鹘突厥人或者是汉人，他们在着色时已经不再是丝毫不差地根据草图的轮廓来描绘了。我们多次看到那些画在轮廓之外的漂亮的线条，画匠们几乎可以根据自己的记忆把这些类型画在画面上，其书写方式已经完全改观，这有点像人们书写复杂的汉字一样。人们或许可以接受这种观点：起先这种由西方传来的复描图的绘画方式只是机械地被采用，然后当地的画匠们在使用这种方法时，经常任意地按照个人意愿重复。然而这种解释又是一种对于中国传统绘画方式的误解。这些绘画作品是出于僧侣还是职业画匠之手，我们不能给予准确的答复。壁画所应用的颜色绝大部分都是胶画颜料，人们很容易用打湿的手把这种颜料涂抹掉，值得注意的是，有些寺院使用的颜色，在它邻近的寺院或寺院群中根本就没有出现过或使用过。我们由此可知，每个寺院绘画的颜料都是确定的，它们与其他寺院使用的绘画颜料是毫不相干的。在克孜尔，许多壁画背景使用的颜色，都是那种贵重的、有光泽的真正的佛青色，仅次于通常被使用的浅绿色和深棕红色，在拱顶上有时出现佛青、浅绿、黑、白等颜色的组合，从而产生出一种使人惊异的吸引力。其他寺院群中还有使用浅绿、深棕、黄白等颜色为主的。在所有我们看到过的石窟寺院中，孔雀窟的颜色应该是首屈一指的，它使用了一种漂亮华丽的红铜色，仅次于这种颜色的还有绿色和黄白色。令人遗憾的是，这个洞窟在被打开和清理后不久，那些漂亮的深红铜色的金属光泽就消失不见了❶。或许它们原本就是一种容易分解的产物，然而它毕竟曾以一种非常吸引人的棕色保留了下来。用这种华丽的颜色所描绘的壁画，再饰以闪光的金箔就显得更加美丽、奢侈，从而使其审美程度也大大地提高了。不幸的是由于金箔涂得很厚并且面积较大，因此它们被人用刀子或类似的钝金属器具从墙壁上给刮掉了，如果当地突厥人的报道可信的话，那么这些金箔都是在 19 世纪 70 年代阿古柏 (Yaqup Bek) 入侵新疆的战争期间，被居住在这里的许多闲散无事的士兵们，尤其是被东干 (Tungan) 士兵洗劫一空，一部分则被毁掉了。在晚期的柏孜克里克石窟中，红色是壁画背景最常用的颜色。这是一种像燃烧般的砖红色并伴有绿色、黄色、绯红色、灰色、棕色、黑色以及白色。蓝色（即纯蓝色）在这里完全没有了，取而代之的是一种深蓝灰色，带有光泽的那种佛青色，在吐鲁番地区几乎只出现在较古老的壁画和袖珍画当中。或许是由于战争的缘故，使得回鹘人无法得到这些颜料吧。除了使用胶画颜料作画外，绘画者也使用在石灰墙上作画的方法 (alfresco)，然而这只在地面上绘画时才使用❷。这种绘画通常使用的背景颜色是砖红色和橄榄绿色，而黄色、金红色、浅绯红色和深绿色是专门用来为人物形象着色的。

---

❶ 按照作者描述推断，这种华丽的红铜色应该为铅丹，铅丹在氧化后逐渐变为棕色、黑色。

❷ 这与 38 窟地画（38K42）制作工艺相符，38K42 地画是本次修复 135 幅壁画中唯一用石灰做地仗的。

勒柯克的记录真实地反映了龟兹地区石窟寺壁画制作工艺，他对地仗层、白粉层、颜料层的制作，画面绘制方法，甚至地画制作的描述，都与一百余年后的研究结果相符合[1]。

壁画揭取调查

为了能够在本次修复时做到对症下药，故修复前对已揭取壁画的揭取过程进行了调查。关于这批壁画揭取时的文字记录，在李最雄[2]、孙洪才[3]研究中能够了解到，李最雄先生的著作中还附有揭取时的照片，甚为珍贵。现将有关文字摘录如下，以兹保存。

1. 现场调查

在揭取壁画前先对壁画保存现状、病害进行现场调查，主要内容包括保存现状文物记录，保存现状拍照记录和录像，保存现状测绘图。由于壁画长期处于高湿度的环境中，壁画地仗层严重酥碱，颜料层粉化剥落，因此壁画的地仗非常疏松易碎。但是壁画地仗附着的岩体为砂砾岩，岩面粗糙，地仗层和岩面粘合较紧密，给壁画揭取带来很大困难。

2. 揭取壁画

清理画面：由于库木吐喇石窟下层洞窟的壁画严重酥碱、颜料层很容易剥落，因此清除画面灰尘时须用软毛排笔小心地将画面上的灰尘清除干净。特别严重酥碱的部位颜料层容易脱落，实在无法清除时就不做灰尘清除。

加固画面：以3%的聚醋酸乙烯乳液，用注射器注射的方法，先将严重酥碱画面加固。待加固的酥碱画面干燥后，再以2%的聚醋酸乙烯乳液将整个揭取的壁画画面用小喷雾器进行喷涂加固。

暂时保护画面：为了增强被揭取壁画的强度及整体性，以防揭取施工过程中将壁画震裂、震碎，要对揭取壁画的画面做暂时性的加固。暂时的加固剂必须具有可逆性，即壁画揭取后可将暂时加固剂和补填材料取下。加固所用的粘接剂是将精粉（小麦粉）制作的浆糊调制到适当浓度，将医用的脱脂纱布贴在画面上（图6-1）。

图6-1　壁画揭取时贴布（摘自丝绸之路石窟壁画彩塑保护第336页图10-11）

图6-2　壁画分块揭取（摘自丝绸之路石窟壁画彩塑保护第334页图10-10）

---

[1] 本书引言部分已经对此进行了基本梳理，此处不再赘述。

[2] 李最雄：《丝绸之路石窟壁画彩塑保护》，科学出版社，2005年，第332~337页。

[3] 孙洪才：《新疆库车库木土拉石窟壁画揭取保护技术》，《敦煌研究》2000年第1期，第150~152页。

分块、开缝：按照设计的尺寸大小将壁画分块。由于壁画附着的岩面不平整，因此分块不能太大，最大块不超过 $1m^2$。将分块划好锯线的画块编号，进行测绘和照片记录（图6-2）。

安装壁板：用厚 2.53cm 的木板做成与揭取壁画同样大小的壁板。壁板的一端安装一条与壁画板长短一样的 $30×30mm$ 角钢，以做揭取时托壁画。在壁板上铺一层绒线毯，再在绒毯上铺一层柔韧的纸以保护壁画。壁板铺毯、纸后将装有角钢的一端向下，插下锯缝托起壁画，同时将壁板支撑牢固。

揭取：石窟壁画的揭取不同于建筑壁画揭取时的施工工艺，建筑壁画揭取时，装壁板后，拆除壁画后面的墙体，壁画自然被揭取下来。石窟壁画的揭取技术难度很大，同时施工操作不方便。石窟壁画附着在岩面上，且其岩体大都属砂砾岩，岩面高低不平具有较多砾石、碎屑，表面粗糙，一般情况壁画泥层和岩面粘结较紧密。这种状况下，将 $1m^2$ 左右的壁画从岩面上剥离下来是相当困难的。为此采用先在锯缝中用冲击钻钻开孔，再插入钢钎锤打震动的方法。其操作程序是用装有直径 20mm 钻杆的冲击钻令钻杆和墙面保持 20~30°，在被揭取壁画的左、右锯缝中每隔 10~15cm 钻一 50cm 深的孔，再插入直径 20mm 的钢钎用铁锤敲打。这样因砂砾岩胶结差而被震碎，结果壁画泥层连同少量岩石脱离岩面。

3. 安装可移动支撑体

清理地仗层：壁画揭取后应进行地仗层的清理和加固。先将已揭取下的壁画放置在工作台上，地仗结合岩层的一面向上。将地仗层上的岩层用修复铲清理掉，然后减薄地仗层，每次铲取的量不能太多，以免损伤画面。一般情况下减薄至 1.5cm 为宜。

加固地仗层：减薄后的地仗必须进行加固，先用吸尘器清除地仗减薄残留的浮土，再在已减薄后的地仗上喷涂 3% 的聚醋酸乙烯乳液，待干燥后用澄板土（河床沉积黏土和长 1.5cm 的短麻刀，加入适量聚醋酸乙烯乳液的细麻泥）修补地仗层残缺部分。

制作安装可移动支撑体：可移动支撑体采用强度好的轻质材料做框架，如高强度塑料、铝合金、小角钢。对库木吐喇壁画整体加固采用了 $2.5×2.5cm$ 的角钢。用角钢做成方格为 $30×30cm$ 规格的，与壁画同样大小的框架。将框架平放在减薄后的壁画地仗层上，按方格角钢与地仗接触处开 0.7cm 深的凹槽，用吸尘器清除干净凹槽中的灰尘、浮土，用 3% 的聚醋酸乙烯乳喷涂加固。把角钢框架放在开好的凹槽中，框架要放平、靠实。在凹槽内抹一遍细麻泥，然后将角钢框架放入槽内压实，再用麻布条抹上麻泥粘连框架和地仗层，麻条要做十字交叉状逐格粘贴。

固定可移动支撑体：用长草泥压抹麻条，抹泥时注意一定使麻泥和麻条、框架及地仗粘接密实。这一技术环节对壁画加固效果影响很大。麻泥抹至角钢留出 0.5cm 为宜。再在草泥上面抹一遍麻刀细泥，这一层要将角钢框架完全埋在下面。待加固的泥层干到 70% 时抹平、压实。

由于在地仗加固中用了大量的泥，壁画非常潮湿，特别要注意防止壁画与壁板接触的画面发霉。因此，加固好的壁画 24 小时后要放在干燥通风处缓慢晾干。

4. 修复画面

揭取纱布：待壁画完全干燥后，先将加固干燥后的壁画平放在工作台上，画面向上。用喷雾器将 30℃ 左右的温水喷在画面上，待精粉浆糊软化后，慢慢从壁画的一边揭取纱布。如果局部浆糊还未软化，继续喷温水直至浆糊完全软化再揭取纱布。纱布揭取后在画面上继续喷温水，用柔软的棉纸或干净的毛巾蘸取残留在画面上的浆糊。揭取纱布的过程一定要细心，按程序操作。

修复画面：纱布揭取待画面完全干燥后，先用澄板土和短麻刀（加适量 3% 聚醋酸乙烯乳液）调制的细泥修补壁画地仗层残缺部分。

补色：待修补的地仗层完全干燥后填补颜色，填色与原画面完全一致。但早已残缺的画面不再重绘只做适当补色，使补的颜色大体随合，但能看出是修补的部位。

已揭取壁画制作工艺

库木吐喇石窟壁画制作工艺基本上可以总结为：在陡峭的砂砾岩崖壁上开凿成形洞窟，之后在洞窟围岩上用掺有麦秸的黏土泥抹平岩石壁面，其上再抹一层麻（毛）泥层，待泥质地仗层完全晾干后，用白垩或石膏粉涂刷，干后进行线描添彩。

库木吐喇石窟壁画的制作方法与我国其他地方的石窟壁画一致，也属于古代干壁画。已揭取的壁画其基本组成，包括基础支撑体（角铁框架＋麻条＋长麦草泥），原始地仗层（粗泥层＋细泥层），白粉层，颜料层（图6-3）。

图6-3　库木吐喇石窟已揭取壁画制作工艺示意图

第二节　壁画制作材料研究

为了解库木吐喇石窟已揭取壁画的制作材料，以便研究壁画病害原因，为壁画修复提供依据，我们不仅对壁画进行了仔细观察、探查，同时分别对壁画的地仗层、颜料层进行了取样分析，采用X-射线荧光、X-射线衍射、剖面显微分析、激光拉曼光谱、扫描电镜及能谱分析等多种分析手段，对分析结果进行相互验证。具体仪器及试验方法简介如下：

1.X-射线荧光分析仪（XRF）

日本岛津EDX-800HS X-射线荧光仪，铑靶（Rh），电压Ti-U 50kV；Na-Sc 15kV，测试环境为真空，测试时间200s。将颜料磨制成粉末后进行测量。

2.X-射线衍射仪（XRD）

日本理学RINT2000 X射线衍射仪，铜靶，狭缝DS=SS=1°，RS=0.15mm；电压40kV，电流40mA。对壁画地仗层和颜料样品应用X射线衍射方法进行矿物成分分析。在实验室中将少量的颜料样品移到单晶硅样品板上，并用无水乙醇将颜料粉末固定在样品板上后，上机测试。[1]

3.剖面显微分析

德国莱卡LEICA DM4000M金相显微镜。了解壁画地仗制作，颜料层厚度，重层壁画情况，绘画技法，各层间的接合情况，壁画病害等信息。在壁画残片上选好取样位置后，用手术刀轻轻割取1mm²左右的试样，编号、照相后放于试样盒中以备分析之用。预先准备硅橡胶模具，用树脂与固化

---

❶ 徐永明、叶梅、郭宏：《龟兹石窟壁画抢救性保护修复工程研究报告》，文物出版社，2016年，第47页。

剂配成混合液。先在样品格中倒入一半高度液体，用钢针轻轻搅均匀，以免形成颜料层不平，然后将模具放在50℃的烘箱静置1~2个小时，待树脂完全固化后，用镊子夹取壁画样品，将带有颜料的一面朝下平放于样品格的中上部。重新配制树脂倒入另一半液体，继续放在50℃的烘箱中静置1~2个小时，待其完全固化。取出样块将夹有颜料的固化树脂一端磨平，直至露出颜料层。用不同型号的砂纸由粗到细顺次将颜料剖面磨光滑。

4. 显微共聚焦激光拉曼光谱分析

法国HORIBA J Y公司XpLoRA显微共焦拉曼光谱仪，激发光为半导体激光器，采用激发光波长为785、638和532nm，光栅1200，物镜放大倍数20倍，信号采集时间5~10s，积累次数2。

5. 扫描电子显微镜（SEM）及能谱分析仪（EDX）

采用Hitachi S-3600N扫描电子显微镜，分析电压20kV；美国EDAX公司Genesis 2000XMS型X射线能谱仪（以下称SEM及SEM-EDX）。

已揭取壁画的支撑体材料

由以上可知这批壁画支撑体制作使用了角铁、麻条和麦草泥，并用3%的聚醋酸乙烯乳喷涂加固，最后外部用细麻泥抹平（图6-4、6-5）。

图6-4　外抹麻泥的支撑体　　　　图6-5　支撑体中的角铁+麻条

已揭取壁画的地仗材料

壁画的地仗层下与支撑体黏接、上又是颜料层的载体，地仗层的性质是决定壁画能否长期保存的关键因素之一。库木吐喇石窟壁画的地仗大部分为两层，即粗泥层、细泥层粗泥层一般厚2cm~4cm，以黏土、沙土掺加麦秆制成；细泥层厚0.2cm~0.5cm，以黏土掺加麻、毛等纤维制成。各窟选取一块壁画的地仗样品进行分析，主要对样品的黏土和沙的比例进行了分析。取一定量的壁画地仗、浸泡在适量蒸馏水中、捣碎并强烈搅拌、沉淀片刻后将悬浮有黏土的水移出、再加适量蒸馏水、按上述方法操作、不断将悬浮黏土的水移出直至水中无悬浮的黏土为止。用沉淀的方法分别除去沙和黏土中的水、待干燥后秤重，并计算地仗中黏土和沙的质量分数。地仗层中掺加的麦草、麻、毛等纤维不均匀，且大部分已糟朽，无法计量忽略不计，分析结果见表6-1。

表6-1　壁画地仗材料分析结果

编号	地仗层厚度（cm）		纤维成分	黏土（%）	砂（%）
	麦草泥层	白粉层			
10K	2.3	0.02	麦草/麻（毛）	33	67

编号	地仗层厚度（cm）		纤维成分	黏土（%）	砂（%）
	麦草泥层	白粉层			
12K	2.6	0.02	麦草/麻（毛）	33	67
14K	2.3	0.02	麦草/麻	41	59
15K	3.0	0.02	麦草/麻	68	32
16K	1.5	0.02	麦草/麻	46	54
38K	3.7	0.02	麦草/麻	51	49
61K	3.0	0.02	麦草/麻	62	38

为研究壁画地仗层化学和矿物成分，对壁画地仗层样品进行 X 射线荧光和 X 射线衍射分析，结果见表 6-2、图 6-6。由分析结果可知，壁画地仗层材料主要成分为石英、长石、方解石。

表 6-2　壁画地仗层成分分析结果（%）

样品	Ca	Fe	Si	S	K	Al	Mn	Mg	Zn	P	Ti	Sr
壁画	32.588	19.029	27.947	0.563	7.419	8.453	0.402	1.292	——	0.437	1.683	0.189

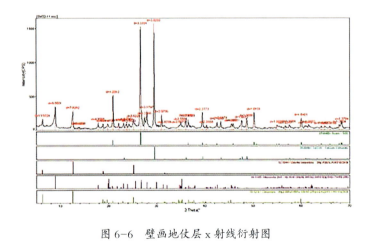

图 6-6　壁画地仗层 x 射线衍射图

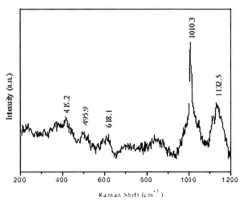

图 6-7　白粉层拉曼光谱图

已揭取壁画的白粉层材料

壁画白粉层是一层利于勾线添彩的白色绘画基底层，通常使用石膏水在地仗层上涂刷而成。经拉曼光谱分析确认其成分是 $CaSO_4 \cdot 2H_2O$（图 6-7）。从壁画白粉层和地仗层的剖面显微形态（图 6-8）可见，白粉层中夹杂有蓝色颗粒、厚度 0.10~0.20mm。由此认为库木吐喇石窟已揭取壁画白粉层材料为石膏，厚度不均匀。

图6-8　壁画白粉层和地仗层剖面显微照片（单偏光，50×）

已揭取壁画的颜料层材料

本次修复设计阶段取样19个，其中红色颜料样品3个，绿色颜料样品3个，蓝色颜料样品2个，白色颜料样品4个，黑色颜料样品5个，黄色颜料样品2个。修复施工阶段取样45个，分别针对，暗红色、橘红色、棕红色、蓝色、绿色、棕黑色、黑色、白色、金色进行了分析。

1.取样记录

设计阶段考虑到取样的整体代表性，故取自本次修复涉及的洞窟有10、11、12、14、16、61窟，另外还从41、45窟取了具有代表性的颜料样品（下图示）；修复阶段样品取自11、12、14、16、61窟。

1. 11-2 绿色

2. 11-3 绿色

3. 41-16 绿色

4. 10-1 红色

壁画颜料层取样（图示一）

5. 61-13 红色

6. 41-19 红色

7. 14-7 蓝色

8. 12-7 蓝色

9. 45-10 黄色

10. 41-18 黄色

壁画颜料层取样（图示二）

11. 12-5 白色

12. 14-8 白色

13. 41-15 白色

14. 41-17 白色

15. 61-11 黑色烟熏

16. 61-12 黑色烟熏

壁画颜料层取样（图示三）

17. 16-9 黑色

18. 12-4 黑色

19. 41-14 黑色

壁画颜料层取样（图示四）

2. 颜料分析

利用 X 射线荧光、X 射线衍射、激光拉曼光谱、光学显微镜、扫描电子显微镜、纤维剖面分析等方法，对库木吐喇石窟壁画颜料进行了分析研究。综合分析结果显示：红色颜料主要为铁红 Fe_2O_3、铅丹 Pb_3O_4；蓝色颜料为青金石 $(Na，Ca)_{7-8}(Al，Si)_{12}(O，S)_{24}[SO_4，C_{12}(OH)_2]$；绿色颜料是氯铜矿 $Cu_2(HO)_3Cl$；金色为金 Au；白色颜料为石膏 $CaSO_4 \cdot 2H_2O$、黑色颜料是炭黑 C 和二氧化铅 PbO_2。不同分析方法结果如下。

2.1 X 射线荧光（XRF）检测分析结果（表6-3）

表6-3　库木吐喇石窟壁画颜料样品 X 射线荧光（XRF）检测分析结果（%）

编号	颜色	元素												
		Ca	Si	K	Cu	Pb	S	Fe	Cl	Ti	Mn	Al	Zn	P
10-1	红色	29.06	13.09	4.68	0.24	41.64	—	9.70	—	1.23	0.33	—	—	—
11-2	绿色	38.81	6.48	1.99	32.13	0.87	14.95	3.72	—	0.34	—	—	0.66	—

编号	颜色	元素												
		Ca	Si	K	Cu	Pb	S	Fe	Cl	Ti	Mn	Al	Zn	P
12-4	黑色	41.41	18.50	4.10	0.31	4.42	—	6.50	—	0.79	0.15	—	—	23.77
12-5	白色	56.62	9.77	4.17	0.16	2.85	16.90	8.43	—	0.86	0.19	—	—	—
12-6	蓝色	46.09	4.46	3.09	0.60	0.12	28.62	1.91	—	0.21	0.14	—	—	14.73
14-7	蓝色	51.24	15.10	3.01	—	0.06	27.33	2.78	—	0.34	0.11	—	—	—
14-8	白色	58.18	5.08	2.49	0.09	0.07	28.86	4.49	—	0.41	0.31	—	—	—
16-9	黑色	53.83	6.13	2.67	0.12	8.20	—	4.76	—	0.51	0.18	—	—	23.57
45-10	黄色	41.89	34.61	5.10	0.10	0.15	4.55	10.07	2.24	1.02	0.24	—	—	—
61-11	黑色	41.59	4.13	3.40	0.06	—	28.65	6.33	—	0.53	0.17	—	—	15.07
61-12	黑色	37.23	4.83	3.17	0.25	49.53	—	4.49	—	0.48	—	—	—	—
61-13	红色	48.49	16.42	5.54	0.11	0.22	10.32	16.99	—	1.44	0.44	—	—	—
41-14	黑色	48.64	3.13	2.65	0.05	0.44	26.34	2.65	—	0.27	0.05	—	—	15.98
41-15	白色	48.30	15.51	3.60	0.08	0.20	21.50	5.78	4.20	0.65	0.12	—	0.02	—
41-16	绿色	41.45	7.34	2.94	19.84	0.53	12.62	4.68	9.91	0.52	0.13	—	—	—
41-17	白色	43.12	20.34	6.58	0.52	0.12	7.29	14.49	—	1.54	0.30	5.60	0.04	—
41-18	黄色	46.21	13.76	3.19	—	—	24.95	5.17	5.96	0.60	0.12	—	—	—
41-19	红色	43.00	16.13	5.16	0.23	17.21	—	12.22	4.55	1.20	0.26	—	—	—

2.2 扫描电镜－能谱（EDS）检测分析结果（表6-4）

表6-4 库木吐喇石窟壁画颜料样品扫描电镜－能谱（EDS）检测分析结果 (wt%)

编号	颜色	元素												
		C	O	Na	Mg	Al	Si	S	K	Ca	Fe	Pb	Cl	Cu	Au	Ag
11-6	绿色	18.75	36.85			0.54	1.38	10.22		12.63			4.47	15.16		

编号	颜色	元素														
		C	O	Na	Mg	Al	Si	S	K	Ca	Fe	Pb	Cl	Cu	Au	Ag
12-13	暗红	13.78	34.05	1.21	1.83	5.70	13.50	5.47	2.19	8.89	13.38					
16-3	橘红	11.30	7.35							0.94		80.40				
11-11	白色	16.67	41.26			0.63	2.17	16.68		22.58						
14-12	金色	6.68	6.63		0.57	0.29				1.57					82.95	1.30
61-13	黄色	26.02	33.85	0.83	2.04	4.24	9.47	7.95	1.46	10.32	2.58		1.24			
14-13	棕黑	10.26	12.49	0.63	0.41	0.71	1.27			1.16		73.07				
11-5	棕红	8.61	15.29	0.9	2.85	1.0	2.12		0.43	4.03	3.74	61.03				
61-5	黑色	77.66	13.56		0.89	1.59	3.53	1.57	0.78	3.08	1.76		0.57			

　　金色样品扫描电镜 X 射线能谱仪（EDS）分析显示除含金、银元素外，还有碳、氧、钙、镁和铝元素，应为表面污染物的成分（图 6-9）。所使用的金箔纯度高，含金量达到 98.22wt%，银含量 1.78wt%。库木吐喇石窟壁画能观察到的金箔很少，有人为破坏的痕迹，显微照片可见金箔破裂卷曲，有沙土等污染物（图 6-10）。

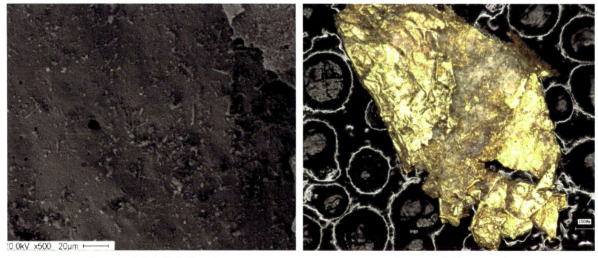

图 6-9　金箔扫描电镜照片　　　　　　　图 6-10　金箔显微照片

　　2.3　X 射线衍射（XRD）检测分析结果，见表 6-5 以及库木吐喇石窟壁画颜料样品 X 射线衍射图

表 6-5　库木吐喇石窟壁画颜料样品 X 射线衍射（XRD）检测分析结果

样品编号	颜色	取样位置（揭取壁画洞窟号）	分析结果	显色成分
10-1	红色	第 11 窟	石英、铁红、石膏	铁红
11-2	绿色	第 11 窟	石英、石绿、硬石膏	石绿
11-3	绿色	第 11 窟	绿铜矿、石英、硬石膏	绿铜矿
12-4	黑色	第 12 窟	石英、二氧化铅、硬石膏	二氧化铅
12-5	白色	第 12 窟	石英、长石、硬石膏	硬石膏
14-6	黑色	第 14 窟	石英、二氧化铅、硬石膏	二氧化铅
14-7	红色	第 14 窟	石英、铁红、石膏	铁红
14-8	白色	第 14 窟	石英、石膏、石膏	石膏
16-9	绿色	第 16 窟	石英、绿铜矿、石膏	绿铜矿
45-10	黄色	第 45 窟	石英、铁黄、石膏	铁黄
61-11	黑色	第 61 窟	石英、硬石膏	碳
61-12	黑色	第 61 窟	石英、硬石膏	二氧化铅
61-13	红色	第 61 窟	石英、铅丹、长石、石膏	铅丹
41-14	蓝色	第 41 窟	石英、石青、长石、石膏	石青
41-15	黑色	第 41 窟	石英、二氧化铅、石膏	二氧化铅
41-16	绿色	第 41 窟	石英、绿铜矿、长石、石膏	绿铜矿
41-17	白色	第 41 窟	石英、白垩、长石、石膏	白垩、石膏
41-18	黄色	第 41 窟	石英、雌黄、长石、石膏	雌黄
41-19	白色	第 41 窟	石英、白垩、长石、石膏	白垩、石膏

注：石英：$\alpha\text{-}SiO_2$、钠长石：$1/2(Na_2O\ Al_2O_3\ 6SiO_2)$、钾长石：$1/2(K_2O\ Al_2O_3\ 6SiO_2)$、白垩：$CaCO_3$、青金石：$(Na,Ca)_8(AlSiO_4)_6(SO_4,\ S,\ Cl)_2$、绿铜矿：$Cu_2(OH)_3Cl$、二氧化铅：$PbO_2$、铅丹：$Pb_3O_4$、铁红：$\alpha\text{-}Fe_2O_3$、雌黄：$As_2S_2$、硫酸钡：$BaSO_4$、食盐：$NaCl$。

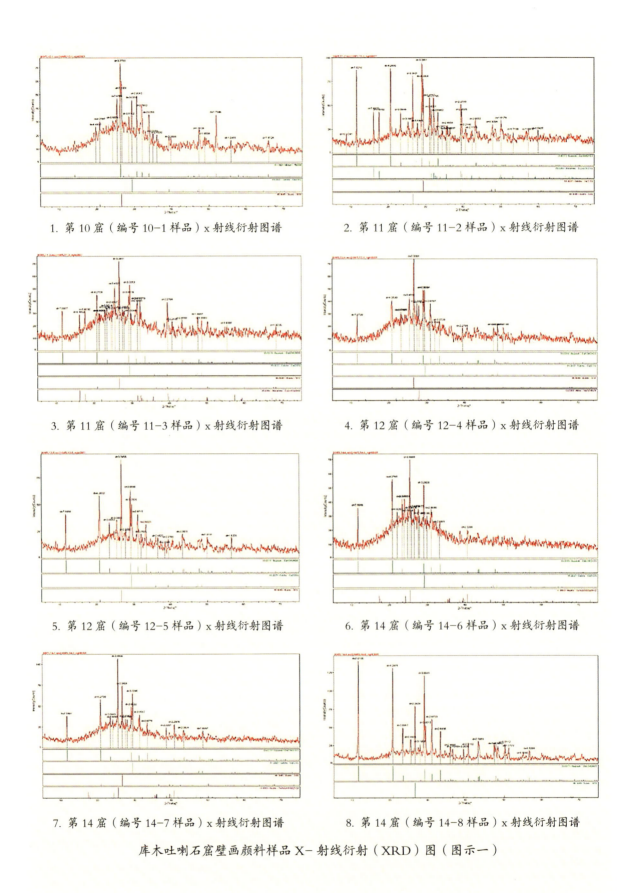

1. 第 10 窟（编号 10-1 样品）x 射线衍射图谱

2. 第 11 窟（编号 11-2 样品）x 射线衍射图谱

3. 第 11 窟（编号 11-3 样品）x 射线衍射图谱

4. 第 12 窟（编号 12-4 样品）x 射线衍射图谱

5. 第 12 窟（编号 12-5 样品）x 射线衍射图谱

6. 第 14 窟（编号 14-6 样品）x 射线衍射图谱

7. 第 14 窟（编号 14-7 样品）x 射线衍射图谱

8. 第 14 窟（编号 14-8 样品）x 射线衍射图谱

库木吐喇石窟壁画颜料样品 X- 射线衍射（XRD）图（图示一）

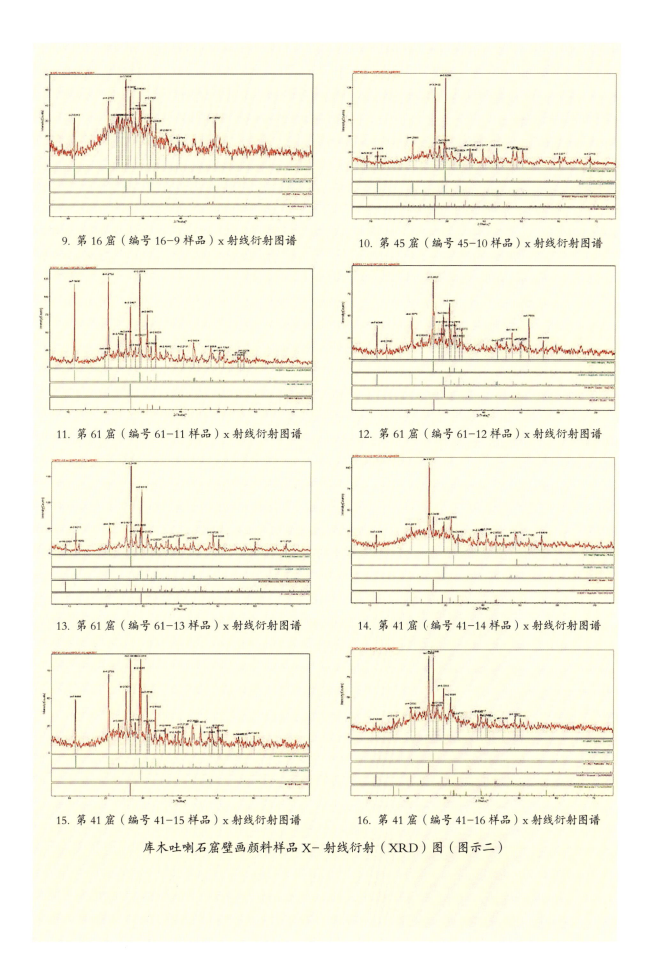

9. 第 16 窟（编号 16-9 样品）x 射线衍射图谱　　　　10. 第 45 窟（编号 45-10 样品）x 射线衍射图谱

11. 第 61 窟（编号 61-11 样品）x 射线衍射图谱　　　12. 第 61 窟（编号 61-12 样品）x 射线衍射图谱

13. 第 61 窟（编号 61-13 样品）x 射线衍射图谱　　　14. 第 41 窟（编号 41-14 样品）x 射线衍射图谱

15. 第 41 窟（编号 41-15 样品）x 射线衍射图谱　　　16. 第 41 窟（编号 41-16 样品）x 射线衍射图谱

库木吐喇石窟壁画颜料样品 X- 射线衍射（XRD）图（图示二）

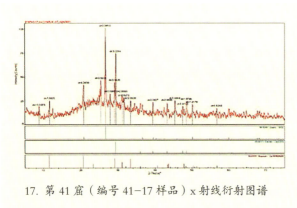

17. 第 41 窟（编号 41-17 样品）x 射线衍射图谱

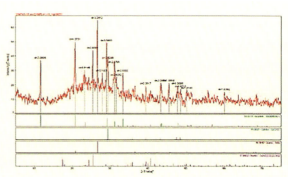

18. 第 41 窟（编号 41-18 样品）x 射线衍射图谱

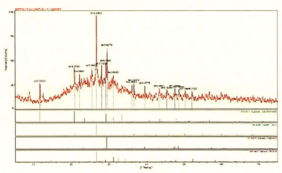

19. 第 41 窟（编号 41-19 样品）x 射线衍射图谱

库木吐喇石窟壁画颜料样品 X - 射线衍射（XRD）图（图示三）

2.4 显微激光拉曼光谱检测分析（表 6-6）

表 6-6　库木吐喇石窟壁画颜料样品拉曼光谱分析结果

样品	颜色	拉曼光谱图	分析结果
12-13 暗红			铁红 Fe_2O_3
16-3 橘色			铅丹 Pb_3O_4
11-5 棕红			铅丹 Pb_3O_4

样品	颜色	拉曼光谱图	分析结果
11-11 白色	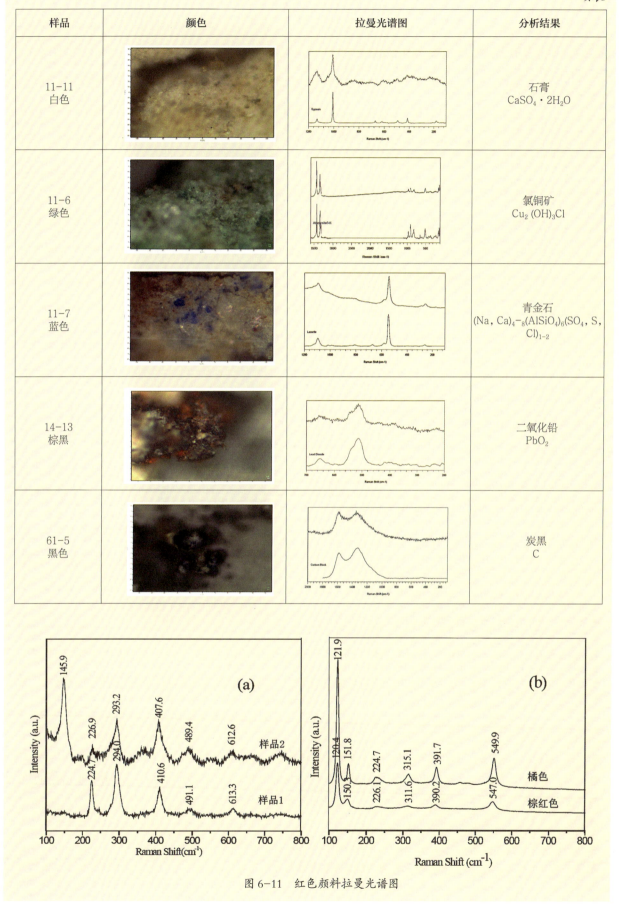		石膏 CaSO$_4$·2H$_2$O
11-6 绿色			氯铜矿 Cu$_2$(OH)$_3$Cl
11-7 蓝色			青金石 (Na, Ca)$_4$$_{-8}$(AlSiO$_4$)$_6$(SO$_4$, S, Cl)$_{1-2}$
14-13 棕黑			二氧化铅 PbO$_2$
61-5 黑色			炭黑 C

图 6-11　红色颜料拉曼光谱图

库木吐喇石窟使用的红色颜料有暗红色、橘红色和棕红色，图 6-11 为红色颜料的拉曼光谱图。暗红色颜料的拉曼光谱为图 (a)，样品 1 在波数 224.7、294.0、410.6、491.1、613.3cm^{-1} 处出现的特征峰与赤铁矿颇为一致，确定该红色颜料为铁红。样品 2 的拉曼峰 226.9、293.2、407.6、489.4 和 612.6cm^{-1} 亦与赤铁矿的拉曼特征峰吻合，在波数 145.9cm^{-1} 处的拉曼峰为锐钛矿（TiO_2）特征峰[1]-[2]。铁红颜料主要化学成分 α-Fe_2O_3，是来自赤铁矿的天然矿物颜料，赤铁矿矿物常含有类质同象杂质 Ti、Al、Mn、Ca、Mg 等[3]。在检出分析中发现红色颜料中石膏量较多时，红颜色会变浅也较鲜亮。赤铁矿作为中国古代常用的绘画颜料，矿源丰富，开采方便，价格便宜。图 (b) 为橘红色和棕红色颜料样品拉曼光谱图，其强峰与铅丹（Pb_3O_4）的拉曼特征峰一致，由此判断这两种红色颜料为铅丹，棕红色颜料的拉曼峰的强度相对于橘红色铅丹颜料明显偏低。铅丹之所以会由鲜艳的橘红色变化为棕红色，是因为在光照及较高湿度条件下铅丹会发生变色，部分转化为黑色的二氧化铅[4]。保持鲜艳橘红色颜料取自第 16 号窟壁画，壁画上的铅丹鲜艳如新，但是大多数洞窟壁画上的铅丹都发生了变色，其中变色程度轻微的呈现棕红色。库木吐喇石窟壁画使用的红色颜料为铁红和铅丹，检测样品中没有发现在克孜尔石窟中常见的朱砂[5]。

图 6-12 为白色颜料的拉曼光谱图。在波数为 419.2、495.9、618.1、1010.3 和 1132.5cm^{-1} 处出现的拉曼峰与石膏的拉曼特征峰十分接近，证实白色颜料为石膏（$CaSO_4 \cdot 2H_2O$），与扫描电镜能谱成分分析的一致。在库木吐喇石窟壁画中石膏不仅作为白色颜料使用，同时还作为白粉层[6]，也与其他颜料混合起到调色的作用。

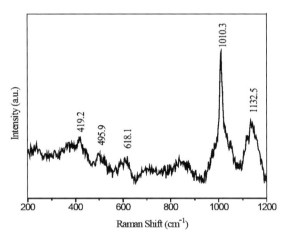

图 6-12　白色颜料拉曼光谱图

黄色颜料样品为土黄色，其拉曼光谱图见图 6-13。谱图中出现石膏的特征衍射峰（413.4、1009.5 和 1135.4cm^{-1}）、方解石拉曼峰（峰位 155.8、283.3 和 1088.4cm^{-1}）和石英拉曼峰（196.7、355.2cm^{-1}）。黄色颜料有可能是铁黄或黄色的黏土矿物，也可能是有机颜料。但是由于样品量少，颜

[1] 左键、赵西晨、吴若等：《汉阳陵陶俑彩绘颜料的拉曼光谱分析》，《光散射学报》2002 年第 14(3) 期，第 162~165 页。

[2] 钟黎、肖永明、王涛等：《化隆县纳卡遗址彩陶颜料的拉曼光谱分析，《南方文物》2013 年第 3 期，第 139~142 页。

[3] 吴良士、白鸽、袁忠信：《矿物与岩石》，化学工业出版社，2004 年，第 2~3 页。

[4] 吴荣鉴：《敦煌壁画色彩应用与变色原因》，敦煌研究 2003 年第 81(5) 期，第 44~50 页。

[5] 苏伯民、李最雄、马赞峰等：《克孜尔石窟壁画颜料研究》，《敦煌研究》2000 年第 63(1) 期，第 65~75 页。

[6] 李英亮、叶梅、王力丹等：《新疆龟兹库木吐喇石窟壁画制作工艺与材料分析》，《中国文物科学研究》2012 年第 28(4) 期，第 78~81 页。

料层极薄，白粉层和样品纯度都会干扰分析结果，早期壁画揭取时画面有机加固剂对分析的影响也不能排除，目前采用的分析手段准确检测黄色颜料比较困难。黄色颜料在库木吐喇石窟壁画中的使用很少，土黄色颜料常会误认为污染了的白色颜料而被忽视。

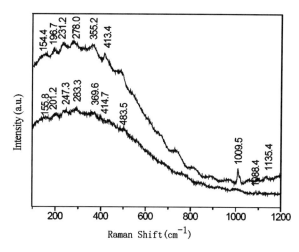

图6-13 黄色颜料拉曼光谱图

蓝色颜料的拉曼光谱图6-14中，位于波数254.5、545.1、583.1、808.6、1094.2cm^{-1}出现强度不同的峰，与青金石$(Na，Ca)_{4-8}(AlSiO_4)_6(SO_4，S，Cl)_{1-2}$的拉曼特征峰较为匹配，确定蓝色颜料是青金石。在这批揭取的壁画中蓝色颜料保存状况较差，脱落的比较多。由青金石矿物研磨加工而成的颜料[1]-[2]-[3]，遮盖力强，颜色鲜亮，作为古代壁画颜料，不但占比例大，而且地区分布也广泛，在敦煌莫高窟、麦积山石窟、克孜尔石窟壁画都曾经使用青金石蓝色颜料[4]。

图6-15是绿色颜料的拉曼光谱图。拉曼峰123.0、150.1、514.1、820.9、911.3、976.6、3333.9、3356.1和3440.5cm^{-1}与氯铜矿（$Cu_2(OH)_3Cl$）特征峰完全吻合，可以判定绿色颜料为氯铜矿，氯铜矿是此次检测的11个绿色样品使用的唯一绿色颜料，这与克孜尔石窟壁画所用绿色颜料相同[5]-[6]。氯铜矿广泛使用于壁画，敦煌莫高窟的氯铜矿使用要多于石绿[7]，炳灵寺石窟中也有使用氯铜矿作为绿色颜料。

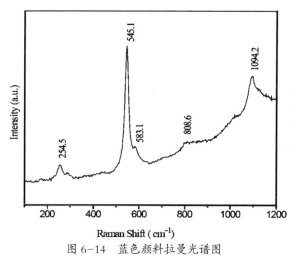

图6-14 蓝色颜料拉曼光谱图

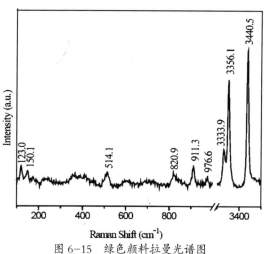

图6-15 绿色颜料拉曼光谱图

[1][5] 王进玉：《敦煌、麦积山、炳灵寺石窟青金石颜料的研究》，《考古》1996年第10期，第77~92页。

[2] 王进玉：《中国古代彩绘艺术中应用青金石颜料的产地之谜》，《文博》2009年第6期，第396~402页。

[3][6] 王进玉：《敦煌石窟合成群青颜料的研究》，《敦煌研究》，2000年第63(1)期，第76~81页。

[4][7] 王进玉、王进聪：《敦煌石窟铜绿颜料的应用与来源》，《敦煌研究》2002年第74(4)期，第23~28页。

黑色颜料的拉曼光谱图 6-16 中，谱图 (a) 在位于 1358.4 和 1561.6cm^{-1} 有两个明显的谱峰，与炭黑的拉曼光谱特征峰一致[1]，表明使用的黑色颜料为炭黑。炭黑是人类使用最早的绘画颜料之一，它是一种无定形碳，具有石墨的结构，并不是严格意义的不定型，只是其晶粒较小且相邻两层碳原子排列紊乱。另一种样品拉曼光谱图 (b) 在波数 513.7、和 655.9 处拉曼峰与二氧化铅的特征峰颇为接近[2]，而且扫描电镜能谱分析显示样品元素铅含量高达 70wt%，可以确定这种黑色颜料即为二氧化铅，是铅丹变色产物。库木吐喇石窟部分壁画曾经被水浸泡，洞窟中的潮热环境引起了橘红色颜料铅丹的变色，由于颜料组成和厚度不一，变色程度不同，色调上有棕、棕黑和黑色[3]。由颜料的剖面显微观察（图6-17、图 6-18），颜料层表面的颜色呈现棕黑或完全的黑色，铅丹变成黑色二氧化铅，黑色下还存在橘红色铅丹颜料层。铅丹颜色变化从表面开始，颜料层比较薄的铅丹几乎完全变为黑色的二氧化铅。

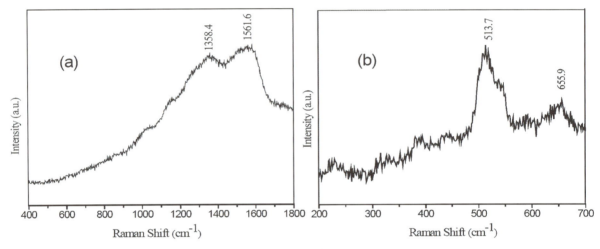

图 6-16　黑色颜料拉曼光谱图

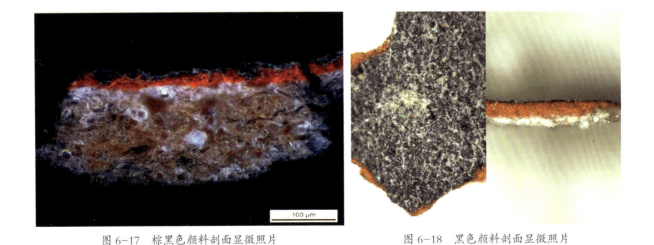

图 6-17　棕黑色颜料剖面显微照片　　　　　图 6-18　黑色颜料剖面显微照片

[1] 杨序钢、吴琪琳：《拉曼光谱的分析与应用》，国防工业出版社，2008 年，第 211~215 页。

[2] Burgio L、Clark R J H、Firth S：《Raman spectroscopy as a means for the identification of plattnerite(PbO₂), of lead pigments and of their degradation products》，《Analyst》2001 年第 126 期，第 222~227 页。

[3] 李最雄：《丝绸之路石窟壁画彩塑保护》，科学出版社，2005 年，第 32~40 页。

颜料胶结材料

壁画中所使用的胶结材料种类主要有动物胶、植物胶、蛋青等天然的胶结材料。近年苏伯民应用反相高效液相色谱法对龟兹石窟的克孜尔石窟壁画颜料中的胶结材料进行了分析研究。依据对 12 个克孜尔颜料样品的分析结果，推测克孜尔石窟壁画在制作时使用了牛皮胶作为颜料的胶结材料[1]。克孜尔石窟的开凿年代早于库木吐喇，从颜料和胶结材料的使用来看，两个石窟壁画制作工艺有着密切的联系。因此，推测库木吐喇石窟壁画颜料中使用的胶结材料也应为动物胶中的牛皮胶。

第三节 结论

经分析检测，初步得出库木吐喇石窟揭取壁画制作工艺及所用颜料成分，此处壁画分为支撑体、地仗层、白粉层和颜料层，其中白粉层主要成分是石膏，壁画所用颜料均为矿物颜料。绿色颜料主要是绿铜矿，蓝色颜料为青金石，红色颜料主要为铅丹和铁红，白色颜料为石膏，黑色颜料主要是碳黑，同时也有铅丹变色形成的黑色。

---

[1] 苏伯民等：《克孜尔石窟壁画胶结材料的 HPLC 分析》，《敦煌研究》，2005 年，第 57~61 页。

第七章

壁画病害原因分析

通过前六章对于库木吐喇石窟已揭取壁画的历史变迁、病害及保存现状、保存环境及本体材料与制作工艺的研究，可以了解到这批壁画从原始的华美动人变成今天衰微暗淡的过程。除了文化劫掠、信仰变迁带来的人为盗取、凿刻破坏，无人管理等原因造成的烟熏、涂写损坏外，保存环境不适宜、自身材料脆弱老化及人为干预等因素都造成了这批壁画的劣化。这批壁画病害的形成，主要包括两个阶段——揭取前和揭取后，即石窟寺壁画和馆藏壁画阶段。

第一节　壁画揭取前病害原因及机理分析

《龟兹石窟壁画抢救性保护修复工程研究报告》一书中对龟兹石窟壁画病害原因进行了总结，基本可以看作是库木吐喇石窟已揭取壁画揭取前的病害成因，具体为：

1. 石窟崖体岩石遇水易崩解及卸荷裂隙的存在，不但会导致洞窟垮塌，同时会导致壁画开裂错位；岩层中的易溶盐容易在水分的影响下造成壁画的酥碱；

2. 制作材料与工艺的影响，易导致壁画空鼓、脱落、颜料层龟裂、起甲；

3. 洞窟温湿度的变化，易造成壁画的龟裂、起甲，同时风沙磨蚀会造成壁画颜料颗粒状脱落；

4. 渗水造成壁画酥碱、表面粉化、脱落、空鼓、起甲、生物病害、地仗脱落；

5. 水泥砂浆加固导致人为保护性破坏造成的新裂隙、脱落。

关于石窟寺壁画的病害机理，敦煌研究院、中国文化遗产研究院等都做过大量研究，针对颜料变色、壁画酥碱、壁画起甲机理等进行了多项试验分析，可供本次修复借鉴：

1. 颜料变色机理：　以绿铜矿和石绿为主的绿色颜料较为稳定；以青金石、石青为主的蓝色颜料是在最初阶段经过一定程度的变化后就达到相对稳定状态。因此保持现有保存环境的稳定性，防止空气污染，保持适度通风，避免出现高湿度，是保护壁画颜料稳定最有效的途径；红色颜料变色最严重的是铅丹，其次是朱砂，铁红是最稳定的红色颜料。铅丹变色是在高湿的碱性条件下先变成铅白（$2PbCO_3 \cdot Pb(OH)_2$）再变成 PbO_2，胶结材料中的蛋白对铅丹变色起防护阻滞作用，铅丹中混入铁红、朱砂和雄黄后也对铅丹变色具有防护作用[1]。

2. 壁画酥碱机理：　酥碱病害主要原因是岩体、地仗中的可溶盐遇水后溶解、移动，最后在洞窟壁画地仗内部富积、并随洞窟小环境温湿度频繁变化，可溶盐反复溶解膨胀－结晶收缩－再溶解膨胀－再结晶收缩，这样反复频繁活动的循环过程破坏壁画的结构，最终导致酥碱病害的发生、发展。酥碱

❶ 李最雄：《丝绸之路石窟壁画彩塑保护》，科学出版社，2005 年，第 58~136 页。

又造成壁画大面积脱落，颜料层龟裂、起甲、空鼓、粉化等多种形式的病害[1]。

3. 壁画起甲机理

动物胶的组成及性质是起甲的根本原因，环境温度的变化是起甲的绝对影响因素，湿度变化则是起甲形成的另一原因。颜料层高浓度胶（≥15%）经自然干燥过程，在实验室温度及洞窟环境中，会产生起甲现象。经温湿度变化后，9% 胶浓度位于起甲病害发生的临界值左右[2]。

总体而言洞窟环境中的盐和水，温湿度变动是直接造成洞窟壁画劣化的最主要外部自然因素；地仗构成配比不合理、颜料颗粒大小、胶料浓度是主要本体因素。

第二节　壁画揭取后病害原因分析

从对本次修复的已揭取壁画病害评估结果来看，尘土、历史修补、烟熏、起甲、颜料层脱落、龟裂、涂写、胶液残留所占比重最大。表面尘土是因为揭取后放置在第 42、43 窟，洞窟封闭不严风沙侵入所致；历史修补主要是指在洞窟进行的抢救性修复，修补材料与本体地仗的兼容性较差所致；烟熏、涂写则是人为活动与破坏所致；起甲、颜料层脱落、龟裂与胶液残留，除了揭取前造成的损害，与揭取修复也存在一定的联系。

《馆藏壁画保护技术》一书中对已揭取壁画的损坏进行了总结：不仅包括壁画原有的病害和持续存在的病害，而且也包含壁画揭取、修复加固所用方法和材料引发的损坏。壁画揭取贴布所使用的胶粘剂的收缩使颜料层隆起从而引起表面变形和片状脱落。由于高浓度的贴面粘接剂难以被清洗干净，许多壁画颜料层表面存在严重的胶粘剂残留问题。[3] 这与本次修复的已揭取壁画的情况存在相似之处。

揭取壁画与洞窟壁画的劣化原因最大不同之处在于，前者受人为干预影响较大，后者受环境影响较大。

---

[1] 李最雄：《丝绸之路石窟壁画彩塑保护》，科学出版社，2005 年，第 186~202 页

[2] 徐永明、叶梅、郭宏：《龟兹石窟壁画抢救性保护修复工程研究报告》，文物出版社，2016 年，第 61~101 页。

[3] 郭宏，马清林：《馆藏壁画保护技术》，科学出版社，2011 年，第 3 页、第 9 页。

第八章

修复试验

2011 年，在库木吐喇石窟已揭取壁画保护修复设计方案编制之前，经新疆维吾尔自治区文物局和龟兹石窟研究所的同意，中国文化遗产研究院将保存在龟兹石窟研究所的脱落壁画残片带到北京实验室进行分析研究。根据已揭取壁画的病害特征，考虑壁画保存的整体安全性，结合项目周期及资金安排，修复工作面临三项最主要的任务：一是支撑体的更换，二是过渡层的制作与地仗修补，三是颜料层及地仗层的加固。因此，确定了以筛选过渡层材料、颜料层，地仗层加固材料及整体修复工艺为主的实验室试验。同时在正式施工前，在具备修复条件的现场，根据修复流程挑选一幅具有代表性的壁画进行了现场修复试验。

第一节　过渡层与地仗修补材料选择

材料筛选

在已揭取的壁画后背加上过渡层，以便将来可以从这一层把壁画与支撑体进行分离[1]。过渡层概念源于 20 世纪 60 年代初期的意大利（早期文献称为干涉层），在欧洲乃至世界的揭取壁画修复中普遍使用。过渡层材料，主要有半硬和硬性的膨胀聚氨酯泡沫、膨胀聚氯乙烯、膨胀聚苯乙烯、细沙、软木、玻璃纤维布、环氧树脂、石膏等。我国修复已揭取墓葬壁画过渡层技术的发展可分为 3 个阶段：第一阶段，20 世纪五六十年代的没有过渡层或过渡层与支撑体为一体；第二阶段，20 世纪七八十年代用"大漆＋麻布"复合层或"环氧树脂＋玻璃纤维"复合层作为过渡层；第三阶段，20 世纪九十年代以后主要采用与壁画原地仗层相似的材料与工艺[2]。

根据库木吐喇石窟已揭取壁画保存现状，壁画过渡层及地仗修补的材料都应具备与制作材料的兼容性，保证壁画长期安全保存的耐久性和必要时的可再处理性。根据工艺与材料调查研究，需要选择适合的黏土作为过渡层与地仗修补的主要材料。古人制作地仗层所使用的材料多依据"就地取材"的原则[3]。故以石窟周围渭干河河床沉积的黏土（澄板土[4]）作为修复用土的来源，无疑是保持与原始制作材料兼容的最佳保证。为了确定修复用土与原地仗土的兼容与匹配，对其矿物组成、颗粒特征和物理性能进行了对比分析。

1. 矿物组成

对所取地仗样品和修复用土样品进行 XRD 分析，以便了解它们的化学成分，分析结果如图 8-1

❶ 铁付德：《馆藏西汉四神云气图壁画修复报告》，文物出版社，2014 年，第 65 页。

❷ 郭宏、马清林：《馆藏壁画保护技术》，科学出版社，2011 年，第 179 页。

❸ 崔强、善忠伟等：《敦煌莫高窟 8 窟壁画材质及制作工艺研究，《文博》2018 年第 2 期，第 91~95 页。

❹ 李最雄：《丝绸之路石窟壁画彩塑保护》，科学出版社，2005 年，第 94 页。

和图 8-2 所示。

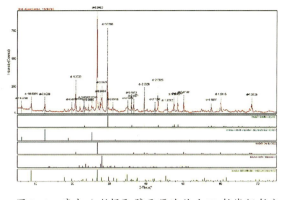

图 8-1 库木吐喇揭取壁画原地仗土 X 射线衍射分析结果

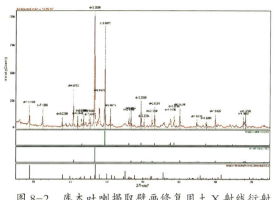

图 8-2 库木吐喇揭取壁画修复用土 X 射线衍射分析结果

通过分析结果可知，原地仗和修复用土的主要成分都是方解石、石英、云母，地仗中少量的钠长石和绿泥石成分应是地仗制作过程中加入的细沙中的物质。从化学成分上来看，两者的化学组成是相同的。

2. 颗粒分析

颗粒分析的目的在于了解土颗粒大小分布情况，土的颗粒越小表面积越大，颗粒表面所带电荷越多，则与水作用的能力越强。通过分析壁画原地仗土和修复用土颗粒分布情况，以判断二者的物理性质是否相同或相似。本次颗粒分析实验采用筛分法，分析结果见表 8-1 和表 8-2。

表 8-1 库木吐喇揭取壁画原地仗土颗粒分析结果

土的总质量为 =45.52g			
孔径（mm）	累计留筛土质量（g）	小于该孔径的土质量（g）	小于该孔径的总土质量百分数（%）
5	0	0	100%
2	2.15	43.37	95.3%
0.5	7.35	36.02	79.1%
0.25	8.27	27.75	61.0%
0.2	0.25	27.50	60.4%
0.075	8.81	18.69	41.1%
≤ 0.075	18.69		

表 8-2　库木吐喇揭取壁画修复用土颗粒分析结果

土的总质量 =149.73g			
孔径（mm）	累计留筛土质量（g）	小于该孔径的土质量（g）	小于该孔径的总土质量百分数（%）
5	0	0	100%
2	0	0	100%
0.5	4.46	145.27	97.0%
0.25	37.44	107.84	72.0%
0.2	1.50	106.34	71.0%
0.075	38.81	67.53	45.1%
≤ 0.075	67.53		

由表 8-1 和表 8-2 可知，库木吐喇揭取壁画地仗土和修复用土的颗粒大小的分布情况接近，颗粒粒径都较小，修复用土和原地仗能很好兼容在一起。

3. 液塑限

黏性土从一种状态变为另一种状态的分界含水量称为界限含水量，包括液限 ω_L 和塑限 ω_p。通过实验测定土的液塑限，就能得到土的塑性指数 IP。塑性指数反映了黏性土黏粒的含量、IP 越大、则黏粒含量越多、土的黏性越大、土的黏聚力越大。本次实验采用浙江上虞市港亚公路建材仪器厂生产的 LP-100D 数显式土壤液塑限联合测定仪、测试结果，见表 8-3 和表 8-4。

表 8-3　库木吐喇揭取壁画地仗液塑限测量结果

试样编号	圆锥下沉深度（mm）	圆锥下沉平均深度（mm）	土的质量（g）	加水体积（ml）	含水率%	液限 ω_L(%)	塑限 ω_P(%)	塑性指数 IP
1	3.2	3.4	70.0	13.2	18.9%			
	3.4							
	3.6							
2	6.8	6.7	70.0	15.0	21.4%	27.2	18.4	8.8
	6.6							
	6.7							
3	18.8	19.0	85.8	24.0	28.0%			
	19.1							
	19.0							

表 8-4 库木吐喇揭取壁画修复用土液塑限测量结果

试样编号	圆锥下沉深度（mm）	圆锥下沉平均深度（mm）	土的质量（g）	加水体积（ml）	含水率 %	液限 ωL(%)	塑限 ωP(%)	塑性指数 IP
1	3.2 / 3.1 / 3.2	3.2	70.0	14.0	20.0%			
2	9.1 / 9.3 / 9.5	9.3	80.0	20.0	25.0%	33.9	17.7	16.2
3	16.2 / 16.5 / 16.4	16.4	90.0	30.0	33.3%			

由表 8-3 和表 8-4 的分析结果可知，库木吐喇揭取壁画原地仗样品的塑性指数比修复用土小，可能是因为壁画原地仗在制作过程中加入了一定量的细沙、降低了整体的塑性指数；库木吐喇修复用土塑性指数较高，说明修复用土的黏性较好，黏聚力也较大，使用这种土作为过渡层材料在力学强度上要略高于原地仗强度，能够起到很好的保护效果。

综合对库木吐喇石窟揭取壁画原地仗和修复用土的矿物成分、颗粒筛分、液塑限的分析结果可知，二者的矿物成分相同、颗粒度大小分布情况相似，使用这种土作为壁画过渡层材料能够与原地仗很好地结合在一起，物理和化学兼容性会很好；其次修复用土的塑性指数要高于原地仗样品，表面修复用土黏性和内聚力比原地仗高，用这种土做的过渡层强度就会比原地仗要略高，能够达到壁画整体强度要求。

配比试验

根据壁画原始地仗组成材料，现有壁画修复技术研究成果，库木吐喇石窟已揭取壁画过渡层及地仗修补用泥应以澄板土、沙和麻为主，三者适当的组成比例是保证过渡层与原地仗之间的结合性及耐水性、整体性等方面的重要因素。

选用河床沉积的黏土（澄板土），用去离子水浸泡，并在土软化后搅匀，静置 2~3 小时后用电导率仪测定电阻率，反复 3~5 次至电导率下降趋于稳定，将完成脱盐的泥晒干重新粉碎待用；细沙用 60 目筛筛过，用去离子水淘洗 3~4 次后晒干待用；将麻刀泡入水中反复淘洗 3~4 次，晾干用竹棍打散并去除杂质，剪短至 3cm 待用。分别按照土沙比为 7:3、6.5:3.5、6:4、5.5:4.5 比例掺入 2% 的麻刀，用浓度为 2% 的 Primal AC33 水溶液分别和制麻泥，水灰比控制在 0.3 左右。将混合均匀的麻泥用保鲜膜包裹放置 2 天，待其中纤维充分吸水软化后再用。为了加强试验的直观效果，用修复刀直接将不同配比的四种麻泥样块修复在待修复壁画的空白地仗处，样块大小约为 6cm×10cm×0.5cm，待样块自然干燥后，用批灰铲在样块与壁画地仗之间进行垂直剪切，从界面分离的难易程度判定结合性；将干燥样块切割成 3cm×3cm×0.5cm 的大小，置于水中浸泡 20 分钟，从样块的变形程度判断其耐水性；用壁纸刀切割样块，从其解体的状态判断其整体性。过渡层配比试验过程，见下图。

1. 澄板土

2. 浸泡脱盐

3. 电导率测试

4. 晾晒

5. 清洗后的麻刀

6. 打散麻刀、去除杂质

过渡层配比试验过程（图示一）

7. 洗净晾干的沙过 60 目筛干的沙过 60 目筛　　　　8. 粉碎脱盐晾晒干燥后的澄板土

9. 泥制备　　　　　　　　　　　　10. 样块制备

11. 与原地仗结合度试验　　　　　　　　12. 与原地仗结合度试验

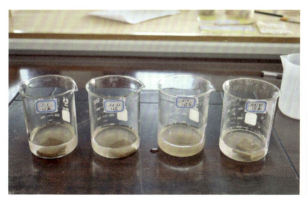

13. 耐水试验　　　　　　　　　　　14. 整体性试验

过渡层配比试验过程（图示二）

经综合评估（表8-5），结合对壁画原地仗层材料的分析结果，最终确定土沙比6.5∶3.5，掺入2%麻，用2%的Primal AC33溶液和制，水灰比为0.27~0.29的麻泥性能最好。

表8-5　过渡层配比综合评估表

样品编号	黏土质量（g）	沙子质量（g）	麻（g）	2%PrimalAC33（ml）	水（ml）	与原地仗结合强度	整体性	耐水性	综合评估
1	70	30	2	10	29	++	+	++	+++++
2	65	35	2	10	29	++	++	++	++++++
3	60	40	2	10	29	+	++	+	++++
4	55	45	2	10	29	+	+	+	+++
备注：+号越多表示性能越好。									

第二节　颜料层加固材料选择

选取原则及相关研究

颜料层加固需以恢复颜料层、地仗层的稳定性为主要原则；加固剂有适当的粘接性，保证颜料层与地仗层的稳定结合；不会引起表面颜色变化及产生眩光，至少应能渗透到未风化部分，而且加固后的力学剖面应平稳均匀，不在表层附近产生结壳现象；不形成任何会破坏壁画的含盐副产品；对人无害、对环境无污染；加固效果应该具有比较长期稳定的效果，有利于壁画文物的长期保存；加固材料需与原始材料兼容，应具有可再处理性。库木吐喇石窟已揭取壁画颜料层劣化病害，主要包括起甲、龟裂和粉化，且各种病害交织并存，需要进行统一加固。

国内外壁画常用的颜料层加固修复材料可分为两大类，一为传统的动植物胶；二为合成高分子材料，主要有聚醋酸乙烯酯乳液、聚丙烯酸酯乳液和Paraloid B72等[1]。国内近年的应用成果尚未有使用动物胶加固壁画颜料层的；中国文化遗产研究院在龟兹石窟壁画修复中采用PrimalAC33乳液作为壁画正面保护材料，效果较好；敦煌研究院的汪万福等通过测定聚乙酸乙烯酯乳液、聚乙烯醇、Paraloid B72、PrimalAC-3444等几种材料的原液固含量、pH、黏度、表面张力、冻融、高温稳定性、灰分、稀释稳定性、水可溶性、比重、密度等数据，认为聚乙酸乙烯酯乳液和聚乙烯醇在较寒冷的环境中不宜使用，而PrimalAC-3444具有较好的抗冻融性[2]。库木吐喇石窟已揭取壁画在最初制作过程中推测使用了牛胶材料，20世纪90年代揭取过程中表面曾经使用过小麦浆糊临时加固，清理后用2%聚醋酸乙烯乳液进行了颜料层喷涂加固，修复前表面颜料层仍存在多种病害，需要选择更为理想的加

---

[1] 徐永明、叶梅、郭宏：《龟兹石窟壁画抢救性保护修复工程研究报告》，文物出版社，2016年，第113~114页。
[2] 汪万福、李最雄、马赞峰等：《西藏文化古迹严重病害壁画保护修复加固技术》，《敦煌研究》2007年第4期，第24~29页。

固剂。库木吐喇石窟地处"丝路"，壁画制作工艺和材料与"丝路"其他石窟壁画相似，选用已经使用过且自然老化效果较好的材料是最为可靠的选择。

加固试验

分别选用 PrimalAC33 和 Paraloid B72 进行试验。PrimalAC33 是一种零 VOC 丙烯酸甲酯和甲基丙烯酸乙酯的共聚物，固含量为 40%，具有杰出的颜料包缚、耐低温、抗紫外线能力。Paraloid B72 是由 66% 甲基丙烯酸乙酯和 34% 丙烯酸甲酯组成的一种聚合物，可溶于丙酮、四氯化碳等有机溶剂，不具水溶性，是目前文物保护中使用得最多的一种丙烯酸树脂，被广泛用做加固剂、粘接剂和封护剂，透明度良好。西北大学赵静分别对包含这两种材料的多种加固剂进行了老化前后分子结构、色度、粘接强度的试验，实验结果表明两种材料表现都较为良好[1]。本试验用试剂为质量百分比为：1.5%PrimalAC33、3%Primal AC33、1.5%Paraloid B72、3% Paraloid B72，试验块由制备好的干燥泥块上涂刷明胶混合的矿物颜料制成，试验过程试验评估，见下列图示。

1. 配制好的加固试剂

2. 试验块

3. 用毛笔涂刷加固过的颜料层

4. 用注射器滴注加固过的颜料层

加固试验过程（图示一）

---

❶ 赵静：《高分子文物保护涂层材料的稳定性能及在彩绘文物保护中的应用研究》，西北大学，2007 年。

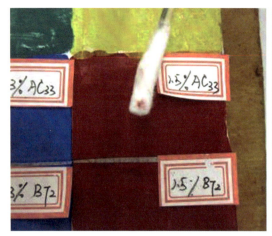

5. 掉色现象　　　　　　　　　　　6. 掉色现象

加固试验过程（图示二）

表8-5　加固试验评估

方法	1.5%PrimalAC33	3%PrimalAC33	1.5%Paraloid B72	3%Paraloid B72
毛笔涂刷	轻微掉色，干燥慢。	轻微掉色，干燥慢。	轻微掉色，干燥快，颜色加深。	轻微掉色，干燥快，颜色加深。
注射器滴注	加固较均匀，轻微掉色、残留有不均匀的水印，干燥慢。	加固较均匀，不掉色，不变色。	加固不均匀，易外流，残留有较明显的水印，干燥慢。	加固不均匀，易外流，残留有较明显的水印，干燥慢。

　　试验结果：用注射器进行滴注加固的优点是无掉色现象，缺点是加固不均匀，易外流，易残留有不均匀的水印。用毛笔涂刷均匀但易掉色。综合比较，用注射器滴注3%Primal AC33效果较好，不改变颜色。结合文献研究结果，选择3% PrimalAC33做为颜料层的加固试剂较为合适。

第三节　画面贴纸保护粘接材料选择

　　馆藏壁画保护技术选用质量分数为10%的桃胶溶液做贴纸保护粘接材料[1]。本次修复工程选用桃胶和羟甲基纤维素溶液进行了试验，分别选用浓度为5%、10%、15%、20%的桃胶溶液和浓度为0.5%、1%、1.5%羟甲基纤维素水溶液，选择在壁画不起眼处做实验（图8-3）。分别对比它们的渗透能力、粘接能力、溶解能力、在画面的残留量、是否会产生其他问题、现场可操作性等进行评估，评估结果见表8-6。

---

[1] 郭宏、马清林：《馆藏壁画保护技术》，科学出版社，2011年，第224页。

图 8-3　贴纸保护粘接材料试验

表 8-6　画面贴纸保护粘结材料筛选结果

项目 试剂	渗透力 （选用弱者）	粘接能力	溶解能力 （选强者）	残留量	操作是否简便
5% 桃胶	强	较强	稍强（需加热）	较多	较难
10% 桃胶	强	强	稍弱（需加热）	较多	较难
15% 桃胶	强	强	稍弱（需加热）	多	较难
0.5% 羟甲基纤维素	弱	适中	强（无需加热）	极少	简便
1.0% 羟甲基纤维素	弱	适中	强（无需加热）	少	简便
1.5% 羟甲基纤维素	弱	稍强	强（无需加热）	少	简便

综合评价，选用 0.5% 羟甲基纤维素作为画面贴纸保护粘接材料较为适宜。

第四节　其他现场试验

1. 边缘封护材料

经过改变沙、土和滑石粉的比例，调节其颜料与画面协调统一，确定封护材料按体积比为细沙：PrimalAC33：滑石粉：土 =1：1：1.5：0.5。

边缘封护材料主要考虑其强度能够对壁画边沿起保护作用；其颜色不会突兀、不影响整体协调性；操作简便。其中土与滑石粉的比例视壁画整体色调有所调整。

2. 画面加固材料（起甲回帖、粉化加固）

因不同病害类型、不同病害程度、不同颜料部位而选用合适浓度的加固材料。选定 1~5%Primal AC33 溶液作为加固材料。

3. 支撑体材料

馆藏壁画支撑体材料的使用，经历了使用石膏、木龙骨、帆布、铝制栅格、空心方钢、铝合金材、蜂窝铝板等材料的过程，经实验表明蜂窝铝板、空心方钢管、铝合金型材框架的整体性较好，但蜂窝铝板因表面平整、易加工、无拼缝或接口、受力均匀、搬运轻便，是理想的馆藏壁画支撑体材料[1]。因此，本次修复选用北京航飞蜂窝复合材料有限公司出品的厚度 1.0cm 双面铝质的蜂窝铝板材（表8-7）。辅助支撑的碳纤维布采用宜兴俊超碳纤维制品有限公司出品的 3K/200g 型，厚度 0.28mm，抗拉强度 3450MPa，弹性模量 230GPa，伸长率 1.5%。

表 8-7　蜂窝铝板性能指标

性能	指标
耐沸水性 99℃ 2h 水中恒温	式样无异常
耐冲击性 1kg 钢球落差 1m	除冲击处产生凹坑外无其他破坏
弯曲强度	7.5Mpa
弯曲弹性模量	2.58×10^3Mpa
平面压缩强度	0.25 Mpa
平面压缩弹性模量	10.8 Mpa

---

[1] 郭宏、马清林：《馆藏壁画保护技术》，科学出版社，2011 年，第 162 页~174 页。

性能	指标
平面拉伸粘结强度	0.52 Mpa
平面拉伸剪切强度	0.25 Mpa
拉伸剪切弹性模量	5.84Mpa
剥离强度	63.6N.mm/mm
防火性能	GB8624B1 级
计权隔音量 铝蜂窝单板	25dB
当量热阻 铝蜂窝单板	0.05(m2.K)/W

4. 支撑体与地仗层粘接剂选择

馆藏壁画支撑体和壁画过渡层之间使用的粘接剂有环氧树脂、大漆、丙烯酸树脂三类，其中环氧树脂使用较多。为保证壁画支撑体的透气性，应实行点粘结，即在壁画四周和中心每隔适当距离均匀点涂环氧树脂[❶]。本次修复选用亨斯迈先进化工材料（广东）有限公司生产的抗高剪切、高剥离强度、耐动态负荷的爱牢达 (Araldite) AW106 ／ HV953U 环氧树脂，该树脂具有较强的填缝能力，因此在使用时，可用添加滑石粉的方法降低其流动性（表8-8）。

表 8-8　环氧树脂性能指标

爱牢达 (Araldite)	AW106 环氧树脂	HV953U 固化剂(聚酰胺型)	混合后
颜色	原色	淡黄	淡黄
比重	1.15	0.9	约 1.05

❶ 郭宏、马清林：《馆藏壁画保护技术》，科学出版社，2011 年，第 182~189 页。

爱牢达(Araldite)	AW106 环氧树脂	HV953U 固化剂(聚酰胺型)	混合后
粘度（Pas）	24-25	25-45	40-45
弹性模量（Mpa）	–	–	1900
适用期（100g，25℃）	–	–	100分钟
储存期（18-25℃）	3年	3年	–
弯曲强度	7.5Mpa	弯曲强度	7.5Mpa

关于材料筛选的现场试验图片资料，见如下图示。

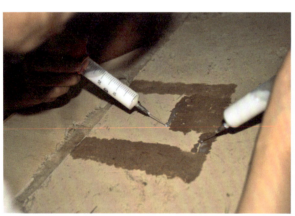

1. 加固剂浓度及工艺筛选

2. 加固剂浓度及工艺筛选

3. 边缘封护材料配置试验

4. 加固剂浓度及工艺筛选

现场试验（图示一）

5. 过渡层及填补材料配比试验　　　　　　　6. 过渡层及填补材料配比试验

7. 加固材料成膜试验　　　　　　　　　8. 粘接剂渗透性试验

现场试验（图示二）

第五节　修复工艺试验

　　为对壁画修复工艺进行试验，经新疆维吾尔自治区文物局和龟兹石窟研究院的同意，中国文化遗产研究院工作人员将保存在龟兹石窟研究院的脱落壁画残片带回到北京实验室进行了修复工艺研究（详见附录2）。虽然残片与已揭取壁画的形式与病害均略有差别，但对于确定修复方案，指导修复人员在现场开展工作仍具有重要意义。

第九章

修复方案设计

经过对库木吐喇石窟已揭取壁画的综合调查与研究，对其开展保护修复应该既考虑壁画现在的保存状况，也要结合原始洞窟及壁画揭取前的状况制定更为有针对性的修复方案。然而在2013年进行修复设计时，着重关注了现存揭取壁画本身，更多地研究用什么样的材料和工艺使壁画消除病害、恢复稳定，而对于壁画的整体展示效果未做设计。在今天看来，这是一件遗憾的事情，但这也反映了文物修复活动在不同历史发展时期存在的问题，文物修复项目受客观时间、经费等因素的影响，前期研究的深度与广度都存在局限。作为一名文物修复师，不仅要忠实记录每一次修复行为的过程，同时更要将这其中存在的问题与遗憾呈现出来，以便让更多看到的人能够汲取教训，并着力改善。库木吐喇石窟已揭取壁画的主要问题为支撑体厚重无法搬运、无法展示，地仗层与支撑体剥离开裂、脱落、酥碱、颜料层龟裂、起甲、脱落、壁画表面烟熏、泥渍污染等，且同一处壁画多种病害并存。因此，当时的方案设计主要针对四个大的方面问题开展：

第一，旧有支撑体的去除与更换；

第二，过渡层的制作；

第三，地仗的加固修补及画面的清洗与加固；

第四，新的支撑体的制作与粘接。

第一节　设计依据

库木吐喇石窟已揭取壁画保护修复的设计依据，首先是基于其制作材料和工艺的实际情况，在做好前期研究的基础上，针对不同的壁画病害选用不同的修复材料，采取不同的修复工艺及保护措施。同时作为一项技术行为活动，需要遵循国家和行业颁布的相关法规与文件。本次保护修复工程主要依据以下文件：

《中华人民共和国文物保护法》（2002年10月28日）；

《文物保护法实施条例》（2003年7月1日）；

《文物保护工程管理办法》（2003年5月1日）：

《中国文物古迹保护准则》（2000年10月）；

《古代壁画现状调查规范》（WW/T 0006-2007）；

《古代壁画病害与图示》（GB/T 30237-2013）；

《古代壁画保护修复档案规范》（GB/T 30235-2013）；

《古代壁画保护修复方案编制规范》（GB/T 30236-2013）

《可移动文物病害评估技术规程－馆藏壁画类文物》（WW/T 0061-2014）

国家文物局《关于同意新疆可移动文物保护修复工作立项的批复》文物博函【2011】（611号）

的有关要求。

第二节　保护修复原则

本次批量修复 135 幅壁画，将由多名修复师完成，形成统一的修复原则，对于保证修复质量至关重要。根据病害调查，库木吐喇石窟已揭取壁画历史修补、颜料层脱落、地仗脱落、地仗碎裂、烟熏加上颜料层整体劣化褪色等病害造成的绘画层缺失或不可见接近壁画总面积的 60%，加之历史资料不完整，基本不具备画面补全修复的可能性。壁画本体修复除了颜料层清洗加固、支撑体去除与更换外，壁画揭取时的切割操作造成壁画边界极度脆弱，必须进行边缘保护；壁画表面不同时期修补的地仗层色泽与质地不统一的现象需要统一解决。因此应在"抢救为主，保护第一，合理利用，加强管理"的文物保护工作方针指导下，遵循以下原则：

真实性原则：根据揭取壁画的保存现状，在依据充分的情况下对其进行修复，真实全面地保留和延续其历史信息，以及所包含的历史、艺术、科学等研究价值。不对残缺的壁画颜料层进行无依据的补绘，不得随意丢弃壁画的残块。

最小干预原则：在保证文物稳定安全的前提下，对影响文物解读、保存、安全的病害、不当修复进行干预并减少到最低限度。

兼容性原则：文物修复所采用的材料要与文物构成材料的属性相匹配。地仗修补材料的物理、水理性质应接近原始地仗，化学性质稳定；粘结强度要等于或略低于原地仗材料；加固和粘结材料应具有与原材料明显不同的溶解性能。

可再处理原则：对文物进行的干预行为，要保证文物具有再次修复的可行性。

稳定性原则：对文物施加的正确干预，要保证具有较长时间的稳定性，降低干预频率。

真实记录原则：对修复过程进行详细的文字与影像记录，保证修复档案的真实性与完整性。

第三节　修复目的

1.通过科学的保护措施，恢复壁画的安全性和稳定性，使之能够长期保存，并对其进行深入研究。

2.在壁画稳定的前提下，加强预防性保护措施，进行合理展示。

3.本着在项目实施过程中培养人才的宗旨，在项目实施过程中，由中国文化遗产研究院为新疆龟兹研究院培养 4~6 名壁画保护修复人才，以期将来能够从事壁画保护修复工作。

第四节　保护修复技术路线

库木吐喇石窟揭取壁画修复需要完成壁画提取、信息采集、画面清理、画面预加固、画面贴纸保护、去除旧支撑体、制作过渡层、粘接支撑体、制作边缘保护性地仗、去除贴纸、画面修复、边缘封护、修复后信息采集、防尘保护、包装盒制作等过程，每个过程中都包含了具体的技术细节和要求（表9-1）。

表 9-1　库木吐喇石窟已揭取壁画修复流程表

序号	修复流程	技术细节	要求	备注
1	提取壁画	搬运前记录	记录、拍照	
		壁画包装	防震、防挤压、防水	
		壁画运输	避免震动	
2	修复前信息采集	壁画基本信息记录	壁画尺寸及基本现状描述，背面毛笔书写信息	
		壁画病害记录	病害名称、面积、长度	
		影像资料采集	色标卡、比例尺、各个侧面正投影、局部重点拍摄	
3	画面清理	除尘	视保存状况选用不同的方法	
		清洗	去除污染物、附着物及涂写痕迹等	
4	画面预加固	起甲、龟裂画面加固	保证颜料层恢复原状并与地仗稳定结合	
		颜料层粉化加固	保证颜料层恢复稳定	
		酥碱加固及脱盐	去除盐害并恢复颜料层稳定	
5	贴纸保护	画面贴纸保护	无损伤、无残留、易操作、易清除	
6	去除角铁及土质支撑体	翻转壁画	画面朝下、保证不带来新的破坏	
		去除角铁及土质支撑体	避免震动及损伤	
		减薄地仗并加固	记录加固剂用量	
		断裂及错位拼接	确定正确的位置关系	

序号	修复流程	技术细节	要求	备注
7	制作过渡层	过渡层材料准备	采集澄板土、浸泡脱盐	晒干、粉碎
			采集河沙、过筛、洗涤	晒干
			麻刀去除杂物、清洗	晾干、打散
		过渡层材料配置	控制各项比例提前制备饧好	
		填补过渡层材料	力度均匀、保持水平	砖压、阴干
		粘接玻璃纤维	加强过渡层的整体性与附着力	
8	粘接支撑体	支撑体制作	裁取蜂窝铝板	四边均大于壁画2cm左右
			非平面型支撑体制作矫型	与壁画弧度吻合
			蜂窝铝板打毛	增大粘接面与强度
			粘接碳纤维布（仅非平面型使用）	恢复切割矫型后蜂窝铝板的强度
			清理粘接面	
		壁画粘接定位	点涂环氧树脂	不溢流
		粘接支撑体	保证壁画重心居中	压实
9	制作边缘保护性地仗	翻转壁画	画面朝上，修剪玻璃纤维、碳纤维等毛茬	
		制作边缘保护性地仗	保证与壁画本体、支撑体结合稳定	

序号	修复流程	技术细节	要求	备注
10	去除画面临时贴纸	去除画面临时贴纸	先去除无画面部位、历史修补去除后再去除画面部位	
		清洁画面	防止临时加固剂残留	
11	画面修复	去除历史修补	防止带掉画面	
		空鼓分层修复	灌浆、压实	
		缺失填补	均匀填补、结合稳定、防止收缩	
		塌陷修复	软化抬升、填充压实	
		裂隙修复	填充、滚压、闭合复原	
		画面协调处理	整体清洁、加固、地仗修补处机理制作	
12	边缘封护	边缘封护	与修补地仗保持协调、增加边缘强度	
13	修复后信息采集	尺寸记录、拍照	标尺、比例尺、各侧面正投影	
14	防尘保护	无酸纸包装	遮罩壁画表面，纸胶带粘接于壁画支撑体	放入库房进一步干燥
15	制作包装盒	木质包装盒	防震、盒盖标明壁画编号	

第十章

壁画修复

文物修复从价值评估、现状调查、病害评估、劣化机理研究、修复试验、一直到设计方案确定，都在为最终的本体修复做准备。但是代表性的试验有可能无法全部解决修复中新发现的问题，这就要求修复师要具备合格的职业素养，在遇到问题的时候及时停下来并重新进行现场试验。在目前设计与施工分离的现状下，需要与设计师及时协商，确定技术变更事宜，并保存相应的技术文件以便审核。为了保证135幅壁画修复的顺利进行，本次修复工程前期，先选取了平面型与非平面型壁画各一幅，以"中试"结果的可行性及良好效果，最终确定了适用于全部壁画修复的流程及工艺。在修复工作开始前，中国文化遗产研究院项目组成员会同龟兹研究院工作人员完成了修复实验室的准备与布置，制作了修复工作台，同时将当地难以购置的工具与材料从北京运至修复现场。

第一节　壁画提取

已揭取壁画堆积保存在地势较高的库木吐喇窟群区第42和第43窟内。为了修复壁画，必须将壁画从第42和第43窟安全搬运至龟兹研究院库木吐喇石窟工作站修复室。洞窟距离工作站约3.5km（图10-1），路面较为平缓。由于135幅壁画尺寸形状不一，且修复后会发生调整，所以预先制作包装盒存在较大的困难，考虑到壁画的本体保存状况与运输的距离较近，现场修复项目组决定使用较为便捷合理的方式进行运输，流程如下：

图 10-1　工作站与洞窟的位置关系图

1. 搬运前对壁画进行简单的记录，主要记录壁画编号、画面内容、并拍照。

2. 对壁画进行必要包装，防止运输过程中损害壁画。首先在运输车辆的车厢内铺上泡沫、棉被和海绵作为缓冲层（图10-2）；由于135幅壁画堆放在狭小的洞窟内，故只能按照壁画摆放的位置，由外到内逐渐将壁画从洞窟搬出，平放在铺有缓冲层的车厢内（图10-3），搬运壁画时需戴棉质手套，尽量避免直接抓握画面；将壁画四周与车厢间的空隙用泡沫填实并在壁画表面盖上两层宣纸；为防止天气突变下雨，准备了防雨布。之所以采用龟兹研究院自有的运输车，是因为实验室面积有限，壁画只能分期分批运往实验室，考虑到向外部租用车辆需要多次雇佣陌生司机，难以保证壁画的安全。

3. 将壁画运输到库木吐喇石窟工作站修复室。在运输过程中选择平坦道路，车速平稳缓慢，尽量减小震动和颠簸。

图10-2 铺设缓冲层

图10-3 搬运壁画

第二节 壁画修复前信息采集

实施保护修复之前对壁画的信息进行详细调查与记录，通过观察与测量记录壁画病害种类、病害面积、病害发育程度。通过摄影存留壁画实施修复之前图像资料。照片拍摄采用带有标尺的Kodak Q-14彩色色阶卡，镜头尽量与拍摄面保持垂直，需要采集壁画正面、背面、侧面的正投影照片及典型病害的细部照片（图10-4、10-5）。

图10-4 壁画基本信息采集图

图10-5 图像资料采集及病害记录

第三节　画面清理

画面表面的覆盖物影响了画面的色彩和观赏性，如灰尘、历史加固覆盖、淌痕、泥渍、烟熏等；某些附着物还严重威胁着壁画的长久保存，如灰尘中所含活性物质会与画面表面颜料层结合，灰尘所含盐分会与壁画发生置换反应，也在一定程度上提供壁画盐害中盐的来源；某些微生物仍具有活性，在日后的保存中仍可能再次爆发，马燕天对敦煌莫高窟空气中的多种细菌进行了研究，表明空气微生物与壁画表面的微生物存在着直接的联系。研究中分离到了大量的微生物菌株，这些微生物可以在壁画上大量生长，甚至在一些病害壁画上，如酥碱壁画中高 PH、高盐浓度的情况下生长，说明这些微生物在破坏壁画的过程中起到了重要作用[1]。此外，画面清理程度也影响之后颜料加固效果。画面清理是整个保护修复过程中对本体开展干预的第一步，是未来表面加固的基础，也是修复过程中完全不可逆的过程，因而需要非常慎重。选择的方法要能有效去除壁画表面的有害物质；不能够伤害文物本体，清洗过程中不应引起任何新的严重划痕、裂隙或其他损伤现象；采用的清洗材料不能残留在文物本体内。

除尘

库木吐喇石窟已揭取壁画，表面积尘严重。根据病害情况不同，采用不同方式进行除尘，以达到最好效果，且避免对壁画造成损害。

完整画面：颜料层强度较好，较完整画面，先用洗耳球沿同一方向轻吹，再用软毛刷依次轻扫画面，去除和画面结合较紧密灰尘，最后用洗耳球吹走浮尘（图 10-6）。

起甲部位：起甲部位较脆弱，除尘要特别小心，先用软毛刷扶住甲片，再用洗耳球吹去甲片表面及背后浮土（图 10-7）。

酥碱、颜料层粉化部位：酥碱及粉化部位极度脆弱，可用毛笔接触尘土，轻沾提走浮尘。实在难以去除的，则需进行预加固后再用其他方法处理（图 10-8）。

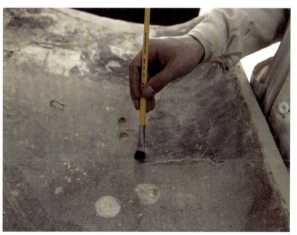

图 10-6　洗耳球吹走表面浮尘　　　　　　　图 10-7　软毛刷轻扫画面

---

[1] 马燕天：《莫高窟空气细菌多样性及壁画病害微生物研究》，兰州大学，2015 年。

图 10-8　除尘效果（画面左侧已除尘、右侧未除尘）

去除覆盖物

泥渍、不当历史加固、蛛网、鸟类粪便、芦苇絮、杨絮、棉絮等覆盖物影响画面观赏性，覆盖壁画颜料和线条，且对画面处理造成阻碍，根据具体情况予以去除。清洗过程将壁画表面用宣纸分隔成小块进行，一次清洗的面积不易过大。宣纸除作为分隔物外还可以防止清洗过程中对其他未作业画面的污染。清洗过程分少量多次进行，防止一次清洗过度，损伤壁画表面。

1. 泥渍去除：一般泥渍用竹刀、手术刀等工具机械剔除；较顽固污渍先用去离子水软化，再用竹刀、手术刀等逐层剔除，附着画面的用棉签蘸水轻滚，使其完全去除。清洗时要严格控制水量，防止大量的水分降低地仗层强度，可使用 2A❶ 溶液降低水分与渗入深度（图 10-9）。

2. 历史加固覆盖去除：用手术刀剔除覆盖画面的三合土、麦草泥、麻泥等，较硬的三合土先用 2A 软化后再逐层去除。

3. 蛛网、芦苇絮、杨絮、棉絮等覆盖物：用竹签轻轻挑去附着画面上的覆盖物，较细小覆盖物用毛笔轻刷除去（图 10-10）。

图 10-9　去除泥渍图　　　　　　　　　　图 10-10　去除蛛网覆盖

---

❶ 去离子水：乙醇 =1:1。

去除画面污染

1. 胶液污染清洗：现存的馆藏壁画和部分原址壁画中，为了加固、保护壁画颜料层在 20 世纪 70~90 年代，曾经大量使用加固剂和封护剂对壁画颜料层进行保护修复。受当时修复材料和施工工艺的局限经过四十余年的变化，一些早期的保护修复有机材料老化，导致许多壁画出现了新问题主要表现为眩光、变色、龟裂、起翘等病害，严重影响壁画的长期保存和展陈。目前，我国部分文保单位对失效的早期保护修复材料造成的壁画威胁已经逐渐认识，但尚未进行过系统地清除技术研究。国外对壁画类有机高分子材料清除技术探索较早，主要有机械清洗结合化学清洗、凝胶清洗、微乳液清洗和激光清洗等方法[1]。

本次修复采用了软化吸附法。先在污染部位铺上一层脱酸棉纸，其上敷两层 40℃ 去离子水浸润潮湿的 X-60 纸，用手四指有节奏地轻轻按压 X-60 纸表面，使残留胶液软化溶解并吸附于棉纸上；更换棉纸重复操作，直至表面眩光消失。对于较脆弱的部位则在表面铺设一层棉纸，用 40℃ 雾化蒸汽喷洒棉纸，多次更换棉纸，直至污染物去除（图 10-11）；

图 10-11 去除胶液残留图

2. 淌痕、水渍：历史清洗所留淌痕多为黑色，用棉签蘸 40℃ 去离子水在壁画表面轻滚予以去除，水渍用同样的方法去除，注意棉签要及时更换（图 10-12）。

3. 黑色泥浆：固化黑色泥浆内聚力不强，将毛笔剪短轻刷即可去除（图 10-13）。

4. 涂写：主要为白色粉笔涂写，将毛笔剪短轻刷后，配合用棉签蘸 40℃ 去离子水在壁画表面轻滚去除，部分位置由于粉笔颗粒渗入表面孔隙难以彻底清除，为不给壁画带来新的损伤需要暂时停止干预，待有更好技术方法时再进行处理（图 10-14）。

图 10-12 去除淌痕

烟熏病害激光清洗试验

库木吐喇石窟已揭取壁画烟熏病害总面积为 23.23m²，占壁画总面积的 23.59%。烟熏病害的存在极大地影响了对壁画信息的解读，大大降低了壁画的历史艺术价值。国内对于烟熏壁画的清洗基本都

---

[1] 成倩、赵丹丹、郭宏：《早期失效保护修复材料对壁画的影响》，《文物保护与考古科学》2013 年第 2 期，第 77 页~82 页。

图 10-13　去除黑色泥点　　　　　　　　　　　　　图 10-14　去除涂写

处于试验阶段，敦煌研究院从 20 世纪 70 年代开始对烟熏病害清洗进行持续研究，80 年代用气相色谱 –
红外光谱联用法测定烟熏成份以芳香族化合物为主，混有少量无机元素，碳的含量较多，硫多以 HS
形式存在，并混有少量二氧化硫和硫酸盐。清洗采用的方法为：先用 0.4M 和 0.6M 两种浓度的结晶
碳酸钠溶液（视烟熏程度而采用不同的浓度）涂刷，然后再用 0.5M 的柠檬酸溶液中和，接着用 5% 的
双氧水在表面刷一遍，使留于地仗缝隙中的碳粒去除，再用蒸馏水清洗表面 2~3 次[1]。经文献查阅，
未见国内有壁画烟熏清洗方法的推广成果。

随着文物保护修复技术的发展，激光清洗技术应运而生。激光清洗在艺术品保护中的首次使
用可以追溯到 1972 年。该技术在意大利、德国、美国等欧美文物保护技术发达国家中有广泛的实
践应用。1995 年，第一届 LACONA 的召开，标志着激光科学与艺术品保护这一研究领域的建立。
2005 年，在维也纳召开了第六届 LACONA，本节中所述国外文献均为此次会议论文。虽然激光
清洗技术发展经历了近 40 年的历史，但是由于激光技术在 20 世纪 60~90 年代期间发展相对缓慢，
真正的应用与进步是近 20 年来的事情。

在壁画清洗领域 G. Van de Snickt 等人对激光清洗能否用于壁画颜料叠加层的问题开展了讨论，
并进行了 3 种常见情况的模拟实验。使用 Q 开关 Nd：YAG 激光器可以清除油彩、石灰浆，但进行
大面积室外作业时需要进行三维控制以保证激光束的精确程度。清洗后，存在颜料褪色问题，如朱
砂、赭黄和赭石等。实验者总共采取了三个步骤的实验：第一步是使用不同的激光器对三种壁画样品
（$4 \times 4cm^2$）进行清洗实验，找出合适的清洗波长，并确定最适宜的激光类型。壁画样品由三层结构组成，
分别是灰泥底层、颜料绘画层和欲清除的覆盖层（15~25um）。第一种样品是三氧化二铬颜料层上覆
盖油画颜料铅白，两层颜料之间的粘结力比颜料与基体之间更大。第二种样品是石灰粉刷在壁画颜料
层三氧化二铬上，第三种样品是含钛白的丙烯酸颜料覆盖在油画颜料铅白上，这是 20 世纪下半叶常
见的修复方法。使用的激光器有红外光和紫外光激光器，波长有 193、248、355 和 1064nm4 种。清
洗在干燥状态下进行。第二步是对已选定激光参数进行优化，评估激光对颜料和壁画层造成的影响。
样品共制备了 6 种颜色：赭黄、赭石、朱砂、炭黑、铅白和绿土颜料，基于它们对激光的敏感性。采
取传统清洗方法和激光清洗对比，用光学显微镜、色差计、显微拉曼光谱和电子探针微量分析清洗效果。
第三步对实际壁画进行现场清洗，与实验室效果进行对比。第一种壁画样品（颜料层叠加）的实验表

---

[1] 段修业：《莫高窟烟熏壁画清洗再分析》，《敦煌研究》1985 年第 2 期，第 185~195 页。

明波长为 248nm 的紫外光清洗效果较好，但现有准分子激光器的体量不能支持现场保护。193nm 和 355nm 的清洗效果比较复杂，不能完全清除覆盖层，且会对颜料层造成一定的损伤。波长为 1064nm 的红外光清洗效果较好，Q 开关 Nd：YAG 激光器可以有效清除覆盖层，光学显微镜放大 200 倍观察发现表层颜料由原本的平滑变成有孔洞和颗粒的状态，但断面观察发现这种损伤仅限于表层的微米量级，且并不造成视觉颜色改变。大面积清洗存在手动操纵清洗程度不均的问题。准分子激光器的三维操纵可以对激光剥离有效选择，使清洗效果一致。使用 Q 开关 Nd：YAG 激光器进行第二步实验，确定最佳能量密度在 106~165Jcm^{-2} 之间。色差测定显示对赭黄、朱砂和赭石颜料的清洗会造成老化，以及一定的颜色改变。第二种壁画样品（颜料上方覆盖灰泥）的实验表明波长为 193、248、355nm 的准分子激光器发射的紫外光对灰泥层没有清洗能力，而波长 1064nm 的红外光效果较好。能量密度 100~150Jcm^{-2} 的激光几乎可以完全清除灰泥层，仅有极少部分的点状残留物。颜料层表面与第一种样品一样因为激光直接作用而发生改变，断面观察表明无影响。使用增厚的灰泥层（25um）进行再次实验无法清除，用水润湿表面后仍然无法清除。第三种壁画样品（颜料层上方覆盖丙烯酸颜料）的实验表明波长为 1064nm 的红外光、波长 248、355nm 的紫外光清洗效果不佳，会引起颜料层的损伤。使用准分子激光器发射 193nm、能量密度 460mJcm^{-2}、脉冲频率 200 的激光清洗效果较好，几乎无损[1]。

A. Andreotti 等人针对壁画层脆弱易损的特点，研究了中红外波段 Er：YAG 铒激光在壁画清洗中的应用。首先进行模拟实验，确定激光参数以及能量上限。模拟不同颜料的干壁画和湿壁画画法，并在表面覆盖 3 种混合污染物。发现使用辅以水或 50% 乙醇润湿表面后进行激光清洗，并结合机械方法去除污染物的效果最好。再进行实际应用，先对壁画本体及覆盖层进行整体加固，再进行清洗处理，对生物病害的清洗效果理想。不同颜料对激光强度的耐受性不同，易造成褪色、变色、表面粗糙和有机组成碳化等问题。分析检测手段，包括光学显微镜、扫描电镜、红外光谱分析和气相色谱－质谱分析。使用的激光器是美国 Mona 激光器公司生产的可移动式 Er：YAG 激光器。实验室的实验中选用的颜料均为常用，且羟基含量高或晶态相变多的对 Er：YAG 激光器敏感的颜料，如硅酸铁类（绿土颜料、赭石、赭黄等）、金属氧化物（铅丹、氧化锰等）、碱式碳酸盐（孔雀石、铅白）、钴蓝、炭黑、硫化汞（朱砂）等，所有颜料均使用湿壁画和干壁画（以鸡蛋作为粘结剂）两种绘画方式。干壁画试样颜料层上方覆盖灰泥层，灰泥层包括 3 种：纯石灰、石灰和牛奶的混合物、石灰和橄榄油的混合物，颜料层包括英国红、钴蓝、孔雀石绿和金箔，粘结剂为聚乙烯粘接剂。在体视显微镜控制下首先在干燥表面，进行激光清洗工作、接着在棉球湿润的表面上，在 3~50mJ 的范围内由小至大进行清洗实验。润湿试剂是水、乙醇、水和乙醇等比例混合物（再加入约 12% 乙二醇）。能量为 45mJ 左右的激光处理润湿 1：1 水／乙醇混合物的表面效果最好，可以有效降低灰泥层强度，为机械清除打下良好的基础。实验还证明，清洗前用浸有水或乙醇的膏状物贴敷在待清洗表面数分钟，可以有效帮助激光剥离。实际的壁画由于历史原因含有多层灰泥层，完全覆盖原始表面，且颜料层与基体粘结力非常微弱。使用 10~30mJ 的 Er：YAG 激光，配合松节油或乙二醇润湿表面后可以适当清除部分灰泥，由于本体和壁画十分脆弱，应当先用树脂溶液进行加固。实验室中湿壁画和干壁画的试样清洗能量密度阈值分别是干燥条件下 12 和 18mJ。干壁画孔雀石颜料只有 6mJ，

---

❶ 《Lasers in the Conservation of Artworks LACONA VI Proceedings》，Vienna，Austria，Sept.2005.

湿壁画赭黄颜料只有 3mJ。部分颜料如孔雀石（大于 40mJ）、氧化锰（大于 30mJ）等对激光有较强的耐受性。若超过阈值，则可能导致不良后果，如表面泛白、颜色变化、微观宏观龟裂、有机物碳化等。当含有羟基的液体残留在表面上时，阈值增大 3~5mJ。实际操作中壁画比试样耐受性稍强。润湿表面的最佳液体是水，其次是水／乙醇等比例混合物，最后是稀释的乙二醇，有时还加入轻石油防止脆弱表面的损坏。激光清洗同样可以对后续机械清除污迹有所帮助[1]。

S. Siano 等人对位于锡耶纳的斯卡拉家族圣玛利亚教堂两间房屋内的彩绘进行了光纤耦合长 Q 开关 Nd：YAG 激光器和短自由振荡 Nd：YAG 激光器的清洗实验。利用中等脉冲时间的缓慢气化剥蚀和散裂特点，对 1937 年石灰白色涂料残留和 20 世纪 80 年代 Paraloid 封护材料的棕黄色老化产物进行激光清洗（丙酮、酒精预处理）。发现红色颜料使用辅以水的长 Q 开关 Nd：YAG 激光器清洗效果最佳；灰白色颜料则以长脉冲短程自由振荡激光器清洗效果最佳。实验检测手段，包括显微观察、扫描电镜 -X 射线能谱分析、红外光谱分析等。壁画表面病害主要是覆盖一层粉刷石灰，同时还存在历史修复残留的呈棕黄色的 Paraloid 树脂老化产物。实验使用光纤耦合长 Q 开关 Nd：YAG 激光器（脉冲时间 120ns、脉冲能量 100mJ）和 EOS 1000 El.En.S.p.A. 型短自由振荡 Nd：YAG 激光器（脉冲时间 50~120us、脉冲能量 0.1~1J）进行清洗。长 Q 开关激光器对红 - 黄色表面进行了自动终止的剥离处理，能量密度在 0.3~0.6Jcm^{-2} 的范围内，因为 1.0Jcm^{-2} 以上会显著破坏表面。但使用短自由振荡激光器结果不佳，能量密度阈值更高（1.5~2Jcm^{-2}），不能完全清除灰泥层，甚至因为过热造成部分区域偏绿色。从美学角度来讲，润湿表面后使用长 Q 开关激光器效果最佳，不会造成红色外表的泛白。两种激光都不能完全清除灰泥和树脂老化残留。对灰白色表面，短自由振荡激光器反而清洗效果好，由于清洗深度过大，两种激光均会引起轻微黄变，但只有短自由振荡激光器可以去除灰色覆盖层而保留白色颜料层。总之，两种激光器各有所长，但它们都适于清洗赭黄颜料层，不适于清洗红色铅丹颜料层[2]。

1. 激光清洗优点

与机械摩擦清洗、化学腐蚀清洗、液体固体强力冲击清洗、高频超声清洗等传统清洗方法相比，激光清洗具有明显的优点。

（1）激光清洗是一种"绿色"的清洗方法，不需使用任何化学药剂和清洗液，清洗下来的废料基本上都是固体粉末，体积小，易于存放，可回收，便于轻易解决化学清洗带来的环境污染问题。

（2）传统的清洗方法往往是接触式清洗，对清洗物体表面有机械作用力，损伤物体表面，或者清洗的介质附着于被清洗物体的表面无法去除，造成二次污染，激光清洗的无研磨和非接触性无此问题。

（3）激光可通过光纤传输，与机器手和机器人相配合，可方便地实现远距离操作，能清洗传统方法不易达到的部位，这在一些危险的场所使用可以确保人员安全。

（4）激光清洗能够清除各种材料表面的各种类型的污染物，达到常规清洗无法达到的清洁度。而且还可以在不损伤材料表面的情况下，有选择性地清洗材料表面的污染物。

（5）激光清洗效率高，节省时间。

（6）激光清洗系统设备投资较高，但清洗系统可以长期稳定使用，运行成本低。更重要的是，可

[1][2]《Lasers in the Conservation of Artworks LACONA VI Proceedings》，Vienna，Austria，Sept.2005.

以方便地实现自动化操作[1]。

（7）激光脉冲后程序立即停止，程序具有选择性和多样性。

（8）移除物质厚度的可控性和准确性。

2. 激光清洗原理

研究表明，污染物和物体表面的结合力主要有共价键、双偶极子、毛细作用、氢键、吸附力和静电力，其中吸附力、毛细力和静电力的结合强度最高（图10-15）。

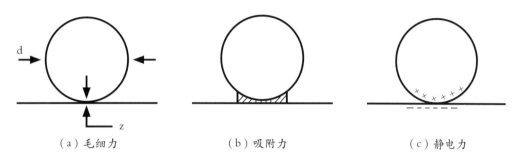

（a）毛细力　　　　　（b）吸附力　　　　　（c）静电力

图10-15　微粒在固体表面吸附三种基本力示意图

激光清洗就是利用激光强度高、能量密度大、聚焦性强、方向性好、可控性强等特点，破坏污染物与物体表面之间的作用力，而激光清洗具有的无研磨、非接触特点则可以实现去除污染物而不损伤基体的目标。激光清洗的主要机理包括：

（1）基体表面的污染层和粒子的振动：当污染层吸收调制光能受到交变加热时，部分热形成热波，在污染层面附近的气体薄层接触到这种交变热流，在交变加热作用下发生振动，实现光声转化过程。根据能量形式转化，声波能量只是接收大激光束能量的一部分，声波沿污染层厚度传播。到达污染层与基体的交界面之后又反射回来。反射声波同激光产生的新入射声波发生干涉，由于激光良好的方向性、单色性和相干性，使部分地区产生高能波而产生微爆炸，导致污染层形成小颗粒或尘埃而脱落，达到清洗效果。

（2）热膨胀：利用基体与污染层对某一波长能量具有很长的接收系数的区别。激光束聚焦到污染层表面的激光能量大部分被污染物吸收，使之温度升高，气化蒸发或瞬间膨胀。由于表面形成气流，污染层在蒸汽带动下脱离表面。在此过程中，控制好激光能量密度，即单位基体面上污染层吸收的激光能量，从而提高清洗速度，效果更佳[2]。

总之，激光清洗的实质是激光与污染层相互作用的过程[3]。

3. 激光清洗实验室试验

选用表面有积尘以及早期修复中被丙烯酸乳液加固过的土壤残留的壁画小样，经检测分析，表面颜料及污染物成分如下（表10-1），采用化学与激光两种方法进行了清洗试验。

---

[1] 付冰：《激光表面清洗的原理和实际应用》，《洗净技术》2001年第9期，第31~34页。

[2] 郭晓艳：《激光清洗原理及应用》，《科技资讯》2009年第8期，第1~2页。

[3] 林乔、石敏球、张欣等：《激光清洗及其应用进展》，《广州化工》2010年第6期，第23~25页。

表10-1　实验室试验用壁画表面颜料及污染物成分

编号	名称	方法	图谱	结论
WZ01	黑色污染物	SEM	略	显示主要的成分为碳和氧，说明主要组成物质为有机物，少量的钙说明有碳酸钙、硫酸钙存在，硅和铝为杂质。
WZ02	灰色半透明污染物	FTIR	略	一种丙烯酸树脂的乳液
WZ03	画面层修补物	FTIR XRD	略	石英（SiO_2）和石灰（CaO），其中石英的比例高，石灰的比例低。
WZ10	暗红色颜料	SEM	略	铁的氧化物
WZ11	红色颜料	SEM	略	铅丹
WZ12	红色颜料	SEM	略	有机物、朱砂

（1）化学清洗：采用化学试剂，辅以竹签清洗，目的是去除壁画表面污染物及早期加固物质（表10-2）。

表 10-2　化学清洗试验表

序号	溶剂	清洗目的	清洗效果
1	去离子水	检测去离子水对壁画表面污染物的清洗效果。	去离子水对表面灰尘清洗效果明显，对颜料没有损伤。
2	乙醇	检测乙醇对壁画表面污染物的清洗效果。	乙醇挥发性较快，清洗效果一般，可配合机械工具对表面泥渍进行清理。
3	丙酮	检测丙酮对壁画表面污染物的清洗效果。	丙酮对表面污染物和早期胶粘物效果明显，但对颜料有损伤。
4	乙酸乙酯	检测乙酸乙酯对壁画表面污染物的清洗效果。	对表面污染物和胶粘物效果明显。
5	去离子水 + 乙醇（1：1）	检测去离子水和乙醇的混合溶液对壁画表面污染物的清洗效果。	效果一般。
6	去离子水 + 丙酮（1：1）	检测去离子水和丙酮的混合溶液对壁画表面污染物的清洗效果。	对表面土锈和胶粘物有一定效果。
7	乙醇 + 丙酮（1：1）	检测乙醇和丙酮的混合溶液对壁画表面污染物的清洗效果。	效果不佳，壁画表面有泛白现象。

通过化学清洗试验可以看出，去离子水是表面灰尘的理想溶剂（图 10-16、10-17）；丙酮对表面污染物和早期胶粘物效果明显，但对颜料有损伤；乙酸乙酯对表面污染物和胶粘物效果明显，对颜料损伤程度低。因此，选用水、乙酸乙酯进行清洗，对于比较难清的硬皮可用机械法去除，结构松散部位使用 40% 的丙烯酸树脂乳液的水溶液进行预加固。

图 10-16　清洗试验前　　　　　　　　　　图 10-17　清洗试验后

（2）激光清洗试验：采用 Nd：YAG 大功率调 Q 掺钕钇钕石榴石激光器对壁画样品进行清洗，一是要去除附着在壁画表面的污染物质；二是期望通过激光清洗试验，确定不同颜料所能采用的激光清洗参数。表 10-3 是针对壁画表面的红色、白色与黑色区域进行的小面积激光清洗试验。

试验结果表明，使用参数为 1064nm、185pwr、Qdiv5，作用距离 5~10cm，能量密度 300~500mJ/cm^2 的激光针对壁画白色颜料表面的污物进行清洗非常有效且效率很高。而红色颜料则不适于用本台激光清洗器进行清洗，激光的高能量会让红色的颜料铅丹氧化变成黑色的二氧化铅，同时也会令红色的朱砂变暗。壁画中的黑色颜料对各个波长和能量的激光吸收均较强，激光在清洗掉污物的同时必然会清洗掉部分黑色颜料，因此本激光清洗器不适用于清洗壁画上的黑色颜料。出现红色颜料遇激光清洗变黑的情况后，笔者查阅了国外的相关文献，文献显示含有铅成分的颜料使用 QS 开关激光器将会变黑，目前国外有使用 Er：YAG 型 SFR 开关波长为 2940nm 的激光器进行此类颜料清洗的事例。

表 10-3　针对壁画白色、红色、黑色三种彩色区域的清洗试验

样品照片	病变描述与材料分析	
激光清洗照片	激光清洗技术参数	效果评估
	波长 / λ：1064nm pwr：185 能量密度：501mJ/cm^2 Qdiv：5 是否用水：用水	采用此参数的激光器进行清洗效果如图清洗区域右半部分所示，去除效率较高，表面原有的白色基本可以显现出来，比较清晰。故能用此参数的激光器清洗此类病害。

样品照片	病变描述与材料分析	
激光清洗照片	激光清洗技术参数	效果评估
	波长/λ：532nm pwr：185 能量密度：81mJ/cm² Qdiv：4 是 否用水：用水	采用此参数的激光器进行清洗效果如图所示，左为清洗前、右为清洗后。壁画的红色颜料在激光击打下变暗变黑，故不能用此参数的激光器清洗此类病害。
	波长/λ：1064nm pwr：170 能量密度：186mJ/cm² Qdiv：4 是否用水：用水	采用此参数的激光器进行清洗效果如图所示，激光只是在红色颜料上击打了一下，红色颜料就立刻变黑。故不能用此参数的激光器清洗此类病害。
	波长/λ：355nm pwr：190 能量密度：34mJ/cm² Qdiv：4 是否用水：用水	采用此参数的激光器进行清洗效果如图所示，左为清洗前、右为清洗后。激光将黑色颜料表面污物清洗掉的同时，黑色颜料也会脱落。故不能用此参数的激光器清洗此类病害。

　　由于研究中所使用的激光器对于红色、黑色颜料清洗的限制性，故大部分采用化学清洗的方法，白色区域部分采用了激光清洗，清洗参数为：1064nm、pwr185、操作距离 5~10cm、能量密度 300~500mJ/cm²、Qdiv5，去除的污染物质主要为含有 Ca 的泥土沉积物。

　　（3）激光对不同颜色的影响研究：针对壁画中不同颜料的清洗，需要设置不同的激光器清洗参数，产生的清洗效果也千差万别。为避免对壁画本体产生负面效果，本实验在模拟的壁画样品上面用明胶调和了几种壁画中常见的矿物颜料，制成颜料层，然后用 Nd：YAG 大功率调 Q 掺钕钇钕石榴石激光器设定不同的清洗参数照射颜料层（图 10-18、10-19）。利用色差计记算清洗前后 ΔE 值，根据计算结果判断，激光清洗对各种颜料壁画的实用性并找出临界清洗参数。

图 10-18　石绿、雌黄、朱砂清洗前后

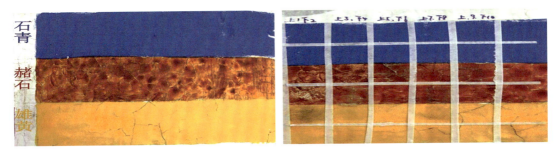

图 10-19　石青、赭石、雄黄清洗前后

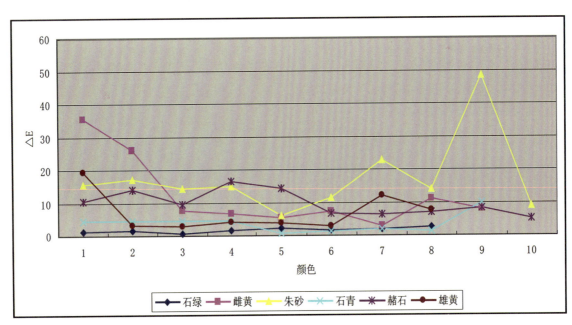

图 10-20　各种颜色不同参数下的色差值变化图

　　图 10-18、10-19 为不同颜料清洗前后对比，图 10-20 为各种颜色在不同激光参数下的色差值变化图。通过实验分析可以发现，不同颜料对激光照射的反应相差较大，叙述如下：

　　A. 石绿在不同的激光清洗参数下，都非常稳定，激光清洗前后色差值基本都在 2 以下，只有第 5、8 组略大于 2，考虑到颜料本身就涂得不均匀，参考《馆藏壁画保存技术》一书中对△E 容差的分级评价标准，应该属于 1 级，基本可以认为激光清洗对石绿没有产生影响，石绿依旧保存完好。说明针对这种颜料表面污物的清洗，可选的激光清洗参数比较广。

　　B. 雌黄对不同的清洗参数反应不同。根据色差值可见，选择波长为 1064nm 的激光，即便能量参数量 pwr 控制在 165，能量密度在 300mJ/cm² 左右时，色差值仍然在 7.6 左右，按照△E 容差的分级评价标准，属于 4 级以上，颜料层受损；如果选择波长为 532nm 的激光，能量参数 pwr 控制在 165 时，能量密度在 22mJ/cm² 左右，色差值仍然在 6 左右，同属于 4 级，颜料层受损；如果选择波长为 355nm 的激光，pwr175 时，能量密度在 12mJ/cm²，色差值小于 3，属于 2 级，基本可以认为激光清洗对颜料的影响非常小，当能量参数 pwr 大于 175 时，色差值又变到 8 以上，属于 5 级以上，说明激光清洗对颜料产生了很大的影响。考虑到检测点以及颜料层本身的不均型，雌黄颜料建议清洗波长为 355nm、pwr180 以下，能量密度在 19mJ/cm² 以下。

C. 针对颜料为朱砂区域的壁画清洗，从色差值看所有波长 1064nm、532nm、355nm 的激光均会令朱砂颜色发生很大的改变，并且能量稍高就会令朱砂颜料层脱落。因此，朱砂颜料的清洗不建议采用此台设备进行。

D. 针对石青的清洗，肉眼观察结合色差计测量，波长为 532nm，pwr 小于 190 激光对颜料的损伤值小于 3，能量密度在 350mJ/cm² 以下可以采用；1064nm 波长，pwr 小于 190，能量密度在 790mJ/cm² 以下，色差值在 4 左右，对颜色略有影响，但也相对较小，清洗时可根据污染物的状况在两个波长之间进行选择。355nm 波长虽然影响较小，但相对上两种波长效率低下，且本身属于紫外光，因此不建议采用此波长。

E. 针对颜料为赭石区域的壁画清洗，根据色差测试，所有波长对赭石的影响色差值都大于 3，在 5~17 之间，对颜色影响较大。肉眼观察显示，如果选择波长为 1064nm 的激光，则 pwr 应控制在 165 以下，能量密度在 300mJ/cm² 左右；如果选择波长为 532nm 的激光，则 pwr 应控制在 175 以下，能量密度在 60mJ/cm² 左右；如果选择波长为 355nm 的激光，则 pwr 应控制在 185 以下，能量密度在 30mJ/cm² 左右。而赭石成分以 Fe_2O_3 为主，应该尽量避免激光的热效应造成的继续氧化，因此选择 1064nm 波长相对适宜。但是由于试验为仿制壁画，在文物上应用时仍需要慎重。

F. 针对颜料为雄黄区域的壁画清洗，肉眼观察结合色差测试，如果选择波长为 1064nm 的激光，则 pwr 应控制在 165 以下，能量密度在 300mJ/cm² 左右；如果选择波长为 532nm 的激光，则 pwr 应控制在 170 以下，能量密度在 130mJ/cm² 左右；如果选择波长为 355nm 的激光，则 pwr 应控制在 175 以下，能量密度在 12mJ/cm² 左右。清洗时具体波长的确定，需根据污染物的性质而确定。

综上，考虑到古代壁画经历了数百上千年的老化，其制作、保存都存在着千差万别，确定了颜料成分后，也应根据颜料层保存的现状，参考模拟试验参数，谨慎进行试验，最终确定适用于文物的激光清洗参数。

4. 库木吐喇石窟已揭取壁画激光清洗试验

本次修复分别使用 Na_2CO_3 水溶液清洗和激光清洗进行试验。在修复实施过程中，选取了库木吐喇石窟第 15 窟第 8 块壁画进行局部试验，就清洗画面效果来说，激光清洗优于 5% 的 Na_2CO_3 水溶液。

由于中国文化遗产研究院 Nd：YAG 大功率调 Q 掺钕钇钕石榴石激光器在实验中发现对红色颜料不适用的问题，本次试验采用意大利艾伦公司生产的型号为 EOS1000-LQS 的激光清洗机，其系统参数：激光波长 1064nm，3 个调 Q 脉冲，突发时宽最大 0.5ms，脉冲能量可选 130、250 和 380mJ，脉冲频率可选单脉冲、1~10HZ、15HZ、20HZ，光斑直径 1.5~6mm，光纤直径 1000um、长 3m。工作环境温度 10~40℃，供电电源 220V/50HZ、10A，Nd：YAG 激光开关为脚踏开关，冷却为密封的热交换器（空 / 液）。

本次试验采用波长 1064nm、脉冲能量 130mJ、能量密度为 0.2J/cm² 进行。试验操作时，操作者需戴与激光波长匹配的专业护目镜，先选择边缘进行试验，在确认烟熏下层颜料层不会因激光清洗而脱落、变色时，方可进行整体清洗。试验过程及结果见下图所示。

1. 烟熏取样

2. 炭黑显微照片（50×）

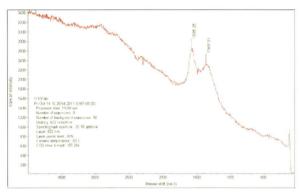

3. 炭黑拉曼光谱图

4. 激光清洗

5. 显微观察

6. 红色颜料烟熏清洗前显微照片 50×

7. 红色颜料烟熏激光清洗后显微照片 50×

8. 5% Na_2CO_3 水溶液清洗

烟熏清洗试验记录（图示一）

9. 化学清洗后显微照片 50×　　　　　　　　　10. 化学清洗后局部

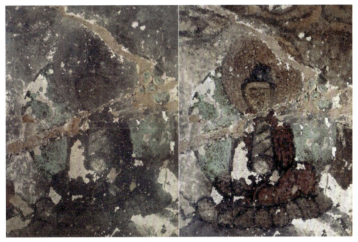

11. 同一部位激光清洗前后对比　　　　　　　12. 清洗效果对比

13. 第 15 窟第 8 块激光清洗前　　　　　　14. 第 15 窟第 8 块激光清洗后

烟熏清洗试验记录（图示二）

　　清洗后通过肉眼及显微观察，激光清洗效果优于化学清洗。但由于现场条件及施工环境的限制，无法在激光清洗前提供更多更可靠的光谱检测图像数据，同时需要一个较长的时间观察试验结果，故暂不进行大面积的烟熏清洗。

第四节　画面加固

针对颜料层起甲、颜料层粉化、龟裂、酥碱采取对应处理方法，使壁画画面相对稳定，并为之后操作奠定基础。

起甲、龟裂修复

1.修复材料

起甲壁画加固剂，需不改变壁画颜料颜色，渗透性能优良，能起到相应加固效果。本次修复基本采用浓度为3% Primal AC33丙烯酸乳液水溶液进行起甲、龟裂壁画加固。考虑到同一区域多种病害并存和"最小介入原则"，根据壁画的具体情况，溶液浓度在1%~3%Primal AC33之间调节。

2.修复工艺

（1）清除壁画表面尘土：用吸耳球小心将颜料翘起处背后的尘土和细沙吹干净、然后用软毛笔将壁画表面的尘土清除干净。这是起甲修复非常重要的步骤，不能在起甲、龟裂部位遗留尘土，否则会影响颜料层与地仗层的粘结效果，同时也会污染壁画表面。

（2）注射粘合剂：用注射器将配制好的Primal AC33从裂缝处开始注射滴渗，再沿起甲裂口处注射到起甲壁画背部使之与地仗粘合、直至画面不再吸收胶液。及时用脱脂棉吸走多余胶液、防止胶液在画面富集。

（3）回贴起甲壁画：注射加固后待粘结材料的水分被地仗吸收时，用垫有棉纸的木质修复刀轻轻压平裂口处使裂缝闭合，再用木质修复刀均匀地按压其他部位（壁画表面有裂缝时先压裂缝处，将裂缝处压平使之闭合后再压底色层和颜料层），使起甲翘起的部位表面平整。

（4）滚压：颜料层回贴到原地仗位置后，用纺绸包裹药棉制成的棉球滚压，滚压的方向应从颜料层未裂口处向开裂处轻轻滚压，以便使起甲内的空气排出，防止产生气泡，同时壁画也不会被压出皱褶。

（5）检查加固效果：因有些起甲壁画虽已脱离地仗层但未起翘，从外表不易发现，表面喷涂粘合剂后，这种画面很快出现鼓泡。故要仔细检查起甲壁画有无未注射粘合剂的遗漏处，若发现这种情况需再按上述（2）~（5）步骤操作。操作见下图所示。

1. 清理加固处尘土　　　　　　　　2. 注射粘接剂

起甲、龟裂壁画修复（图示一）

3. 棉包滚压　　　　　　　　　　　4. 回贴起甲壁画

起甲、龟裂壁画修复（图示二）

粉化加固

1.修复材料

对于壁画颜料层粉化病害的治理、加固必须满足以下要求：①颜料经加固后、色彩不能改变；②加固处理不能在壁画表面形成反光膜；③加固剂必须有较好的渗透性和较强的粘结力；④加固材料必须具备良好的耐光、高温老化性能。根据以上要求，并根据壁画的颜料分析数据，以及强阳光辐射、高温保存环境特征，选用2%~5%Primal AC33乳液作为颜料层粉化加固材料。

2.修复工艺

（1）滴渗或喷洒加固剂（根据画面粉化情况决定所采用方式，一般粉化特严重采用喷雾，防止颜料颗粒流动；粉化较轻则采用滴渗，保证渗透加固效果）。

（2）待粘接材料被地仗吸收时，使用纺绸包裹医用脱脂棉的棉包轻轻滚压壁画颜料层，压实颜料颗粒。

（3）用木质修复刀压平表面。

（4）带画面稍干，用3%Primal AC33对粉化部位进行再次加固，然后使用纺绸包裹医用脱脂棉的棉包轻轻滚压壁画颜料层，压实颜料颗粒。

（5）检验加固效果，如未达到预期加固效果，重复上述（1）~（4）步骤。见下列图示。

1. 滴渗加固　　　　　　　　　　　2. 继续滴渗加固

粉化加固（图示一）

3. 棉包滚压

4. 木质修复刀压平

粉化加固（图示二）

酥碱加固

1. 修复材料

（1）加固材料：经实验和现场修复实践，选用3%Primal AC33乳液作为壁画酥碱地仗层的加固剂。

（2）地仗层修补材料：依据已揭取壁画地仗层分析结果，选用脱盐澄板土和细砂以6.5:3.5的比例混合，加入2%麻刀，用2%Primal AC33乳液调制成泥，作为酥碱地仗填补材料。

2. 修复工艺

（1）壁画表面除尘。

（2）修补地仗层：若酥碱壁画地仗脱落或缺失时，用注射器将低浓度加固材料少量多次注入地仗缺失部位，使胶液向地仗里层渗透；再用修复刀均匀地将修补材料平铺于地仗缺失部位，以期压实后画面平整。

（3）注射粘结剂：填垫的泥浆凝固后，用较长针头的注射器将3%Primal AC33乳液沿颜料层边沿注入地仗层中，操作2~3遍。

（4）加固颜料层：悬浮的颜料层回贴原处后，对颜料层表面滴渗浓度为1%Primal AC33溶液1~2遍。

（5）滚压：粘结剂完全渗入壁画后，用棉球对衬有棉纸的颜料层从未裂口处向开裂处轻轻滚压。实施过程中要保持壁画表面平整，不应压出皱褶，不应产生气泡。

（6）压平壁画：用垫有棉纸的较大木质修复刀将壁画压平压实，实施时掌握力度和方向，不能在壁画表面留下刀痕。

（7）脱盐：表面压平即铺上棉纸，其上铺设两层潮湿X-60纸，用有透气孔的平板压在上面（棉纸光面接触画面，棉纸起隔离保护作用；X-60纸为主要吸附媒介）。当脱盐材料中盐分与壁画中盐分达到平衡状态即更换新的脱盐材料，现场依据吸附材料与画面潮湿程度是否相同作为更换脱盐材料标准，若脱盐材料与画面潮湿程度一致则更换脱盐材料，直至画面干燥。将脱盐所用吸附材料取100cm²浸泡到100ml去离子水中，测量水溶液电导率，将其与所用去离子水电导率对比，若两者相差在允许范围则脱盐完成，若前者与后者之差大于150us/ml则继续脱盐。

若颜料层下仍有颗粒状隆起，则用去离子水润湿脱盐吸附材料，垫上棉纸，敷在需脱盐部位，重复以上步骤。未见明显颗粒状隆起则上设棉纸，用常温蒸汽润湿棉纸进行再次脱盐。修复流程见下列图示。

1. 滴渗加固材料

2. 加固颜料层

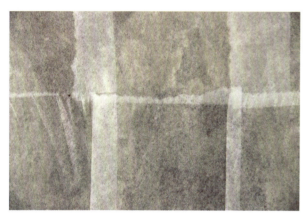

3. 铺设棉纸

4. 铺设脱盐 X-60 纸

5. 更换脱盐吸附材料

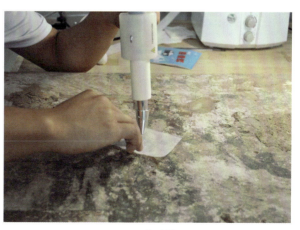

6. 二次脱盐

酥碱壁画修复

第五节　画面贴纸保护

1. 修复材料

考虑最小介入和可逆原则，兼顾所用材料在实践中的可操作性，采用 0.5% 羟甲基纤维素水溶液与棉纸、宣纸结合使用作为画面临时性封护材料。原设计方案中要求采用 10% 的桃胶水溶液，后在现场使用时发现贴纸难以去除，且局部发黄，需多次清洗才能去除，对壁画干预较大，故在现场重新进行了材料筛选试验。桃胶难以使用的原因，可能是设计阶段实验面积较小，对于大面积操作的问题反映不足，这是很多文物修复中存在的一种问题。此外，桃胶溶液对库木吐喇石窟这种泥质地仗壁画与石灰材料地仗的墓葬壁画的渗透性存在差异，也是值得关注的问题。

2. 修复工艺

（1）羟甲基纤维素水溶液配置。将称量好的羟甲基纤维素放入适量的去离子水中浸泡，待完全泡开后再加入去离子水配置成质量分数 0.5% 的羟甲基纤维素水溶液备用。

（2）用 0.5% 羟甲基纤维素把棉纸均匀刷在壁画表面，其上再刷一层宣纸，防止后续的工作对颜料层造成损坏，见图示。

1. 画面贴棉纸

2. 画面贴宣纸

画面贴纸保护

第六节　去除角铁与土质支撑体

因为修复壁画数量多，每一幅壁画都需要去除原有壁画的角铁与支撑体，工作量较大。故在开始修复前项目组试验了金属线锯沿壁画水平方向，从距离画面 2~3cm 处开始切割，以期提高工作效率。一开始工作进展顺利，且不会产生较大的灰尘。但是在进行到将近一半的时候，线锯似乎遇到硬物难以继续进行。最终确定仍沿用设计方案方法，并发现是壁画地仗中夹杂的卵石阻碍了线锯的使用。

1. 翻转壁画

（1）依据壁画尺寸和重量制作壁画新支撑背板。①平面型壁画支撑板：在木板上放置一层 2cm 厚的海绵、当画面平整时使用 3mm 厚书画毡铺设在夹板表面、用图钉固定。②非平面型壁画支撑板：根据壁画尺寸裁取蜂窝铝板，根据壁画弧度将蜂窝铝板制成相应的弧形，在弧形内侧粘接两层纹理交错的碳纤维布定型及保证强度，待完全固化后作为支撑板，在弧形蜂窝板的背侧放置一层 2cm 厚的海绵，然后用 3mm 厚书画毡铺设海绵表面。

（2）将新背板轻放在壁画上、使用金属夹子与壁画连接成为整体。

（3）翻转背板，使壁画旧支撑体朝上。

（4）将壁画背面的尘土除去后，水平抬至操作台，以便去掉背后角铁框架与泥质填充，见图示。

1. 制作支撑板

2. 铺设缓冲层

3. 将壁画翻转

壁画翻转支撑过程

清除角铁和泥质支撑体

（1）在壁画背部支撑体表面沿角铁框架划出 2cm×2cm 的切割线。

（2）喷洒蒸馏水润湿粘土泥质支撑体；

（3）用木工扁平凿刀将泥质支撑体划割成厚度 1.0cm 的 2cm×2cm 方格。

（4）用刀具从侧面水平方向切除泥质支撑体，使角铁框架完全显露。部分泥质支撑中含有交错排列的麻片，将其用美工刀割断，少量多次去掉，以防止损伤壁画。

（5）整体去除角铁框架。去除角铁框架前先用美工刀使其与壁画地仗分离，待角铁框架松动后予以整体去除，以防止角铁框架与壁画地仗结合较强，在去除过程中伤及壁画。

（6）用铲刀等工具清除剩余的泥质支撑体层，直至露出壁画原地仗层。

具体流程如下图所示：

1. 划切割线

2. 润湿泥质支撑体

3. 去除角铁框架内土质支撑

4. 露出角铁框架

5. 整体去除角铁框架

6. 清除剩余泥质支撑体

去除角铁支撑 + 黏土泥质支撑体

减薄、加固地仗层

减薄地仗层：用美工刀在壁画地仗划小菱形格状、然后用修复刀将菱形格上的土轻轻刮去，遇到地仗酥碱的地方，先用 3% 的 Primal AC33 溶液渗透加固后再轻轻去除，将地仗减薄至 1cm 左右，用洗耳球清除地仗上的浮土。用手术刀把地仗划成很浅的菱形格，利于渗透加固及过渡层制作。

地仗层加固补强：用 3%~5% 的 Primal AC33 溶液对地仗层进行渗透加固，浓度与渗透加固次数视地仗层强度而定，一般整体加固一遍即可，注意滴渗操作要缓慢均匀，同时需要注意不要让加固剂通过裂隙流到壁画正面，见下图。

1.减薄地仗层　　　　　　　　　　　　2.地仗层加固补强

减薄加固地仗

断裂及错位复原

（1）用两片木板垫毛毡夹住壁画，翻转壁画使画面朝上，在塑料纸上绘制壁画断裂错位图，在图上标注需要拼结的位置和各残块的编号。

（2）用手术刀把断面剔成"Λ"型，用3%Primal AC33 溶液对各断面滴渗加固。

（3）参照断裂错位图摆放残块，摆放时应参考各残块的线条连接和形状布局。用脱盐澄板土、粉砂和适量的麻混合，用2% Primal AC33 溶液调制的稀泥小心填入裂缝，对各残块进行拼接，拼结顺序是先小块壁画拼结，后整体拼结。

（4）待整块壁画拼结后，用混合乳液调制的泥少量多次填入裂缝，使壁画表面平整，填入泥的高度应控制低于颜料层即可，然后封护拼接处画面，翻转壁画使背面向上，见图示。

1.绘制壁画断裂错位　　　　　　　　　　2.错位拼对模拟

断裂及错位复原

3. 错位拼对

4. 断裂拼对

断裂及错位复原

第七节　制作过渡层

依据"最小介入，最大兼容"原则，在支撑体与壁画地仗层之间制作过渡层，壁画过渡层材料应选择与原壁画地仗层材料相同或相近的材料，在壁画修复时保留部分原地仗层，最大限度保留壁画原貌和原始信息。

过渡层材料准备

采取澄板土（河床沉积土）：在渭干河流经库木吐喇石窟段，选取河流较缓处干涸河床，采取沉积层较厚的澄板土，去掉表层含有机质多和下层含粗砂多的沉积层，留取中间沉积层。

澄板土脱盐处理：将采取的澄板土用去离子水浸泡、搅拌、澄清、不断移去上层清水，测量电导率，重复浸泡 3~4 次至电导率稳定，将其晾干备用。

粉沙处理：取窟区内粉沙，用去离子水洗去沙中杂质、晾干，将沙过 60 目筛备用。

麻刀处理：放在去离子水中浸泡，多次换水直至水由褐色变为清水，将麻刀晾干后，再将麻刀打散成纤维状，去掉麻刀中杂质，剪成 1~3cm 备用。

具体流程见下列图示。

1. 采取澄板土　　　　　　　　　　　　　　　2. 去除澄板土杂质

过渡层材料准备（图示一）

3. 离子水浸泡

4. 澄板土泡软搅拌

5. 晾晒

6. 筛沙

7. 淘洗沙中杂质

8. 淘洗麻刀

9. 粉碎干燥后的澄板土

10. 打散麻刀、去除杂质

过渡层材料准备（图示二）

过渡层材料配置

　　根据地仗层分析和材料筛选结果，将已经制备好的材料，按照土：沙 =6.5：3.5 的比例，掺入土沙混合总量 2% 的麻，用 2%Primal AC33 水溶液，采用水灰比 0.27~0.29 混合，用力反复挤压并捶打至泥中材料均匀，用保鲜膜分装成块放置 1~2 天使用，见图示。修复刚开始进行时，此项工作由修复壁画的修复师各自和制，修复过程中发现用泥量很大，而且同一幅壁画所用泥需要一次和制好。项目组及时调整，聘用专人按照要求和泥，大大提高了工作效率。

1. 按比例混合土与沙　　　　　　　　　　　2. 和泥（将各种材料混合均匀）

过渡层材料配置

填补过渡层材料

　　（1）制作边框。目的在于限制所要制作的过渡层厚度，用 1cm×1cm 方木条制作壁画边框。

　　（2）在地仗表面轻划，用吸尘器将壁画地仗表面浮尘吸走，用喷壶喷去离子水润湿壁画地仗层。

　　（3）在地仗表面将配置好的麻泥用金属修复刀逐层压抹在地仗层上，压抹过程需用力均匀充分压实，少量多次、交错叠加，防止因过渡层材料收缩不均匀导致地仗变形。过渡层厚度控制在 0.7cm 左右，在填补基本完成后用水平仪找平过渡层，及时调整，注意要先填补地仗缺失凹陷的地方。

　　（4）在过渡层找平后用，用锯条轻刮过渡层表面，使泥中的麻纤维出露，用吸尘器吸去浮土后，用 3%Primal AC33 溶液喷洒加固过渡层。

　　（5）养护。为防止因水分蒸发过快而产生的表面裂隙，每天上、下午用抹刀各收抹表面一次，持续三日。为防止干燥过程中收缩变形，在过渡层边缘及中间部位用熟砖压实直至完全干燥。具体操作见下图所示。

1. 制作边框　　　　　　　　　　　　　　　2. 制作边框完成

填补过渡层（图示一）

3. 润湿并填补低凹处

4. 逐层填补过渡层

5. 打毛地仗

6. 过渡层加固补强

7. 过渡层养护

8. 压砖－防止地仗变形并吸湿

填补过渡层（图示二）

粘接玻璃纤维布

因粘接支撑体采用点状粘接，考虑到粘接剂、蜂窝板材与过渡材料的整体性、强度差异，为使粘接面能均一受力，在过渡层后粘接两层河北奥波玻璃纤维布厂生产的低密度玻璃纤维布予以补强，且两层玻璃纤维布使用方向保持垂直，环氧树脂施用量要少而薄，见下图。

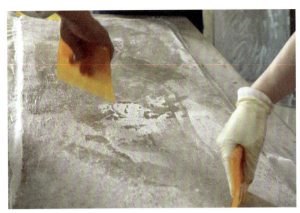

粘接玻璃纤维布

第八节　粘接支撑体

　　库木吐喇已揭取壁画有整幅是平面的"平板"型，也有是弧面、"锅底"状的非平面型壁画。"平板"型选择 1.0cm 厚度，双面铝质的蜂窝铝板材；非平面型壁画则以蜂窝铝板为基础，将蜂窝铝板单面局部切割，根据壁画弧度处理成相应的弧面，用碳纤维布进行定型和补强。考虑到壁画整体的透气性，应实行点粘接，即在壁画四周和中心每隔适当距离均匀点涂 1cm×1cm 的环氧树脂胶泥。

制作支撑体

　　1."平板型"支撑体

　　根据壁画尺寸裁取相对应大小蜂窝铝板（裁取蜂窝铝板时考虑壁画形状、正反面及边缘保护性地仗的预留），将粘接面用装上钢刷的小型打磨机打毛、以利于粘接。将蜂窝板锋利的边缘用砂纸打磨圆滑，防止划伤修复人员。

　　2.非平面型支撑体

　　国内对于非平面型壁画支撑体材料及制作研究的可知案例较少，张蜓对超轻多孔金属材料、碳纤维复合材料、聚合物修复砂浆分别进行了介绍，并设计了聚合物修复砂浆 - 碳纤维框架加固 - 聚合物修复砂浆体系，最终完成了弧形壁画的修复。[1]此体系的使用，需要先将壁画放置在定制的木龙骨架上。

　　超轻多孔金属材料又称泡沫金属材料，是 20 世纪 80 年代后期国际上迅速发展起来的一种具有优异的物理特性和良好的机械性能的新型工程材料，美国、日本、英国、加拿大等国相继研制出多种生产泡沫铝的方法，已可将泡沫铝制成管材、带材等复合材料。我国国内一些大学也在这方面有深入研究。超轻多孔金属材料具有密度小、刚度大、强度好、减震性能好、电磁屏蔽性能高等优异的物理性能，在一些高技术领域获得了广泛应用。泡沫铝重量非常轻，密度只有水密度的 1/4 左右，强度很好，又兼具隔声、隔热、比强度高、比表面积大、减震性能好等优良性能。不同的铸造方法生产出来的泡沫铝不尽相同，从结构上看，泡沫铝可分为闭孔泡沫铝和开孔泡沫铝。厂家可以根据用户提供的使用条件、

---

❶ 张蜓：《辽金时期弧形连砖揭取墓葬壁画的支撑保护体系研究》，西北大学硕士论文，2009 年，第 25~45 页。

性能要求、空隙率、厚度、颜色、收缩系数等性能进行铸造，可以根据扫描图纸铸造适用于壁画使用的形状，很有潜力成为新型的壁画保护支撑材料。

碳纤维布用于结构构件的抗拉、抗剪和抗震加固，与配套胶粘剂共同使用，形成完整的高性能增强体系，该体系适用于梁、柱、板、隧道、圆形、弧等。具有自重轻、厚度小任意长度、免搭接材料不用预加工工序方便，不用加压和起重极高的强度抗疲劳性优良抗碱，抗腐、抗酸能在狭小的空间操作，能灵活地用于抗弯、封闭箍和抗剪加固具有柔韧性，能包裹加固外形复杂的构件，适用于梁、柱、管道、墙体等各种构件表面，贮存寿命长、允许操作期限长，可以加固混凝土、砌体结构、木结构等许多结构建材永久荷载作用下抗蠕变，加固施工便捷、高效，具有良好的可操作性。加固施工时无需螺栓、铆钉固定，对现有结构扰动小，不会影响现有结构的整体性，施工质量易于保证的优点。

库木吐喇石窟已揭取壁画一共有 34 幅非平面型壁画，无论是使用超轻泡沫铝，还是利用聚合物修复砂浆－碳纤维框架加固－聚合物修复砂浆体系，都存在单独定制的问题，工作周期难以保证。项目组结合研究成果，决定采用碳纤维＋蜂窝铝板作为复合支撑体，并用多向切割蜂窝铝板的方法，解决了"非平面型"壁画的支撑体问题。

①根据壁画尺寸裁取相应大小蜂窝铝板（裁取蜂窝铝板时，考虑壁画形状、正反面、变形损失量及边缘保护性支撑的预留），将粘接面用装上钢刷的小型打磨机打毛，以利于粘接。将蜂窝板锋利的边缘用砂纸打磨圆滑，防止划伤修复人员。

②根据异形弧度及形状规划蜂窝板的弯折位置及角度，并用记号笔在蜂窝铝板标记（遇较复杂弧度先用类似蜂窝铝板层位的硬纸板先行试验）。

③按照标记线路用较厚的切割片（2.5mm）将蜂窝板一面铝板及蜂窝裁开，保留另一面铝板完整。

④沿切割线根据壁画画面弧度及形状将切割完成的蜂窝铝板折成跟画面贴合的形状，用丙酮擦拭粘接面，将两张垂直交错的碳素纤维布用环氧逐层粘接在粘接面上，用钢丝、矫形器等辅助固定。待环氧固化后，取下定型所用工具。

⑤修整支撑体边缘，去掉多余环氧及碳纤维，清理粘接面。

具体操作见下列图示。

 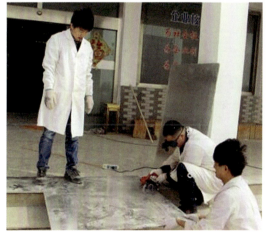

1. 量取蜂窝铝板尺寸　　　　　　　　　2. 裁剪蜂窝铝板

粘接支撑体（图示一）

3. 粘接面打毛

4. 粘接面清洁

5. 异形支撑体定型

6. 粘接碳纤维布

粘接支撑体（图示二）

壁画粘接定位

（1）将壁画形状及主要线条拓到透明塑料布上。

（2）将上述塑料纸移到支撑体上、确定壁画在支撑体上的位置，并标记出壁画边缘及四角。

操作见下图。

1. 将壁画形状拓于塑料布

2. 支撑体上标出壁画位置

壁画粘接定位

粘接支撑体

（1）用直尺、绘图笔在壁画过渡层表面等距离划分，打成 5cm×5cm 方格，每个方格交叉点为涂胶点。

（2）清理粘接面，用丙酮擦拭粘接面，保证粘接面干净。

（3）根据比例配置环氧胶泥。

（4）在标示部位点状涂胶，涂胶面积约 1cm×1cm。

（5）根据之前标记位置，将支撑体放置在涂胶的过渡层上。

（6）用金属夹子将支撑体与壁画及其支顶板连成一体，翻转壁画，使其画面朝上（防止壁画与支撑体间产生错位）。

（7）在正面上放置支顶板，并在支顶板上放置沙袋、砖等重物，使其粘接面充分接触。

（8）粘接点固化后，去掉上压重物与金属夹子。

（9）粘接支撑体的环氧胶泥完全固化后，去掉壁画上的支顶板，去除边缘多余的玻璃纤维与环氧胶泥。

具体流程见下图所示。

1. 过渡层上打格

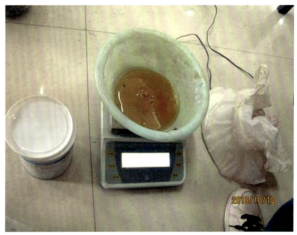

2. 配置胶黏剂

3. 点胶

4. 粘接新支撑体

粘接支撑体（图示一）

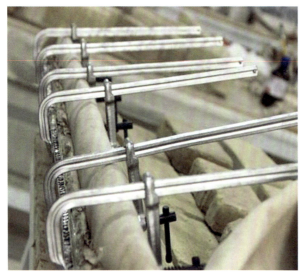

5.异形处金属夹子固定　　　　　　　　6.环氧树脂固化

粘接支撑体（图示二）

第九节　制作边缘保护性地仗

（1）在支撑体表面壁画的四周，涂刷用 Primal AC33 乳液与粗砂配置成的砂浆；

（2）用铁质修复刀将用脱盐澄板土∶细沙 =6.5∶3.5、2% 麻以及 2%Primal AC33 乳液调制的泥，少量多次进行填补，填补的高度到细泥层即可，修复刀抹平保护性地仗表面后，用锯条轻刮打毛表面，见下图。

1.蜂窝板上挂砂浆　　　　　　　　　　2.边缘填补麻泥

制作边缘保护性地仗

186

第十节　去除画面临时性贴纸

用蒸馏水轻刷棉纸表面，之后轻轻揭取棉纸。之后用棉签蘸去离子水清除壁画表面残余的纤维素，注意不要有残留，见下图。

1. 润湿棉纸

2. 揭去棉纸

3. 清除表面纤维素

去除画面临时性贴纸

第十一节　画面再处理

去除画面临时性贴纸后，对画面进行修整，对表面未处理的问题进行处理。

去除历史修补

用手术刀、钢锯条等将历史修补的三合土等填补材料分割成小块逐层去除，注意剔除过程中避免损伤原有画面，库木吐喇石窟已揭取壁画表面曾多次修补，材料成分、颜色、性质均不统一，严重影响了壁画表面的整体性。历史修补占总病害的 20.9%，去除与重新修补的工作量很大。修复初期对于表面单一的历史修补都没有处理，后期修复人员的操作和配合逐渐熟练，工作进度得到了保证，将初期修复的壁画重新做了处理，完成了全部表面历史修补的去除与修补，见下图。

去除历史填补

空鼓分层处理

（1）清理分层界面杂物；

（2）用大号注射器和长针头将2%Primal AC33溶液注射到分层处，润湿加固地仗。

（3）将脱盐澄板土与粉砂按照1∶4比例混合，用8%Primal AC33溶液配制成水灰比为0.7的稀泥浆注射到空鼓分层部位，把握注射力度与量，防止浆液撑破画面或溢出污染画面。

（4）稍干后用木质修复刀垫上棉纸轻压画面使其回帖，把握力度和方向，防止在画面留下刀痕。

（5）铺上一层棉纸和两层 X-60 纸，用透气的平板压上，并定期更换 X-60 纸直至画面干燥。

具体操作见下图。

1.清理空鼓分层面杂物

2.浸润加固地仗

3.灌浆

4.压平回帖

空鼓分层处理

缺失填补

用和好的麻泥逐层填补去除历史修补和原本缺失地仗（无保留价值的缺失），少量多次进行填补，填补的高度到细泥层即可，见下图。

1. 缺失填补　　　　　　　　　　　　　　　　2. 后补地仗

缺失填补

裂缝填补

（1）清理裂缝中杂物。

（2）用2%Primal AC33注射溶液润湿裂缝两侧地仗，微小裂隙用木质修复刀由两侧向裂隙处均匀轻压至闭合即可。

（3）用配置好的麻泥逐层填充到裂缝中，填补高度略低于颜料层。

（4）用1%Primal AC33溶液润湿填补部位，再用小号不锈钢修复刀轻压、防止因收缩出现裂隙，见下图。

1. 填补裂缝　　　　　　　　　　　　　　　　2. 修复刀处理

裂缝填补

塌陷处理

（1）用去离子水软化塌陷部位，用小号不锈钢修复刀沿塌陷破损处插入、轻轻抬起塌陷处画面。

（2）从裂口处注射 2%Primal AC33 溶液浸润、加固塌陷处地仗。

（3）填补充填物质到塌陷凹坑处。若塌陷不深用 2%Primal AC33 溶液配制成稀泥浆注射到凹坑部位；若塌陷处较深，则用小号不锈钢修复刀、竹签将配置好的麻泥填充到凹坑处。

（4）木质修复刀下垫棉纸压平画面。

（5）铺上一层棉纸和两层 X-60 纸，用透气的平板压上，并定期更换 X-60 纸直至画面干燥。

具体操作见下图。

1. 抬起塌陷画面

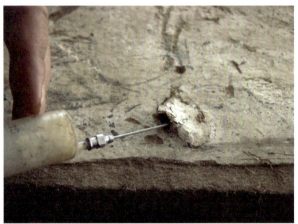

2. 浸润加固地仗

3. 填补凹坑

4. 压平画面

塌陷处理

画面协调处理

地仗缺失修补后，修补泥层会因修复刀反复压抹变得密实的同时会有炫光产生，需用修复刀或锯条将表面打毛，然后再用剪刀剪去地仗中裸露的麻纤维；将后补地仗与原画面交界处压紧，使地仗略低于颜料层，见下图。

1. 剪去多余麻纤维　　　　　　　　　　　　　　2. 压实地仗与画面交接处

画面协调处理

第十二节　边缘封护

为防止之后搬运或展陈过程中会对壁画边缘产生损害，且使支撑体边缘与地仗层相协调，将脱盐澄板土、滑石粉和粗沙粒混合，用 Primal AC33 乳液混合液调制的泥浆抹在支撑体四周边沿并做成糙面，使支撑体呈现和壁画浑然一体的效果，见下图。

支撑体及地仗边缘封护

第十三节　表面色彩协调

本次修复并未对破损处进行补色，而是在挑选填补材料及边缘保护性地仗材料时进行了协调处理，主要根据原地仗色调，选用与其色调相一致的填补材料进行填补，使画面整体协调。由于修复过程中，旧地仗去除新地仗补全过程中，难免会有灰尘重新沉积在壁画表面，表面总体修复完成后，需要视情况对局部画面进行再一次清洁，可用潮湿 X-60 纸轻蘸壁画表面去除尘土。

第十四节　修复后资料采集

对比修复前记录，对保护修复之后的壁画尺寸进行测量并记录（见附录 3），对比修复效果，通过摄影存留壁画实施修复之后图像资料（附录 4，各窟附一块）。

第十五节　防尘保护

信息采集完成后用宣纸将画面盖住，四周用纸胶带粘好，防止降尘再次沉积在画面，之后入库保存，见下图。

　　　　1. 包裹　　　　　　　　　　　　　　　　2. 放入临时库房

防尘保护

第十六节　包装运输

壁画修复完成后，需要将壁画从库木吐喇石窟工作站运至龟兹石窟研究院库房保存，为了保证壁画运输安全，依据壁画尺寸设计定制了木箱，木箱中垫泡沫板，然后将壁画装箱、封箱运至目的地，其具体步骤见下图。

1. 木箱＋泡沫衬底　　　2. 放入壁画　　　3. 泡沫盖　　　4. 封箱

壁画包装步骤

第十七节　修复前后对比

经过保护修复使壁画的各种病害得到有效去除，潜在病害得到预防，壁画稳定安全，观赏性得到改善，画面整体协调性得到统一，最大程度地展示壁画历史原真性，并减轻了壁画重量，方便以后的搬运和展陈。修复后的壁画剖面示意图见图 10-21 和 10-22。壁画修复前后对比详见壁画修复前后整体对比图。

1. 壁画修复后剖面示意

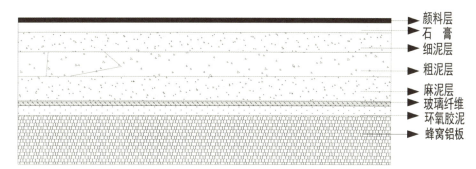

图 10-21 "平板"型壁画修复后剖面示意图

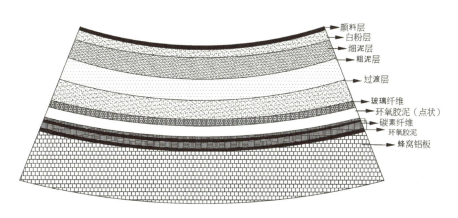

图 10-22 非平面型壁画修复后剖面示意图

2. 壁画修复前后整体对比

1. 第 10 窟第 3 块修复前

2. 第 10 窟第 3 块修复后

3. 第 10 窟第 4 块修复前

4. 第 10 窟第 4 块修复后

壁画修复前后整体对比（图示一）

5. 第12窟第8块修复前

6. 第12窟第8块修复后

7. 第15窟第8块修复前

8. 第15窟第8块修复后

壁画修复前后整体对比（图示二）

9. 第 16 窟第 12 块修复前　　　　　　　　10. 第 16 窟第 12 块修复后

11. 第 38 窟第 24 块修复前　　　　　　　　12. 第 38 窟第 24 块修复后

壁画修复前后整体对比（图示三）

3.病害修复前后对比

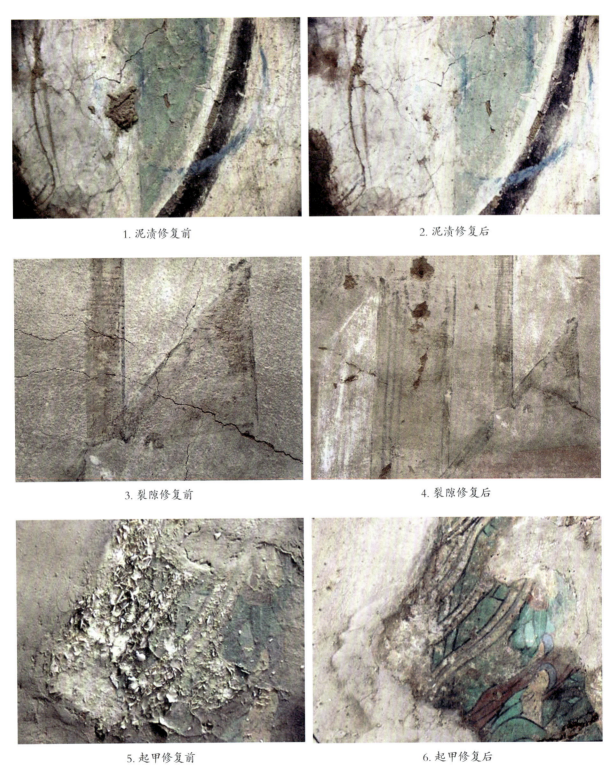

1.泥渍修复前

2.泥渍修复后

3.裂隙修复前

4.裂隙修复后

5.起甲修复前

6.起甲修复后

局部病害修复前后对比（图示一）

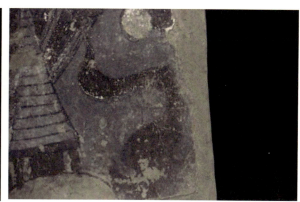

7. 龟裂、裂缝、隆起修复前　　　　　　8. 龟裂、裂缝、隆起修复后

9. 凿洞修复前　　　　　　　　　　　10. 凿洞修复后

11. 地仗脱落修复前　　　　　　　　12. 地仗脱落修复后

13. 覆盖、裂缝修复前　　　　　　　14. 覆盖、裂缝修复后

局部病害修复前后对比（图示二）

15. 地仗碎裂修复前

16. 地仗碎裂修复后

17. 烟熏清洗前

18. 烟熏清洗后

19. 涂写、龟裂修复前

20. 涂写、龟裂修复后

21. 酥碱、裂缝修复前

22. 酥碱、裂缝修复后

局部病害修复前后对比（图示三）

23. 失效历史填补修复前 24. 失效历史填补修复后

局部病害修复前后对比（图示四）

4. 背面、侧面修复前后对比

 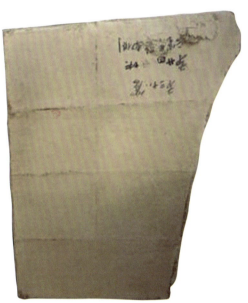 

1. 修复前
侧面

2. 修复后
侧面

3. 修复前背面

4. 修复后背面

修复前后背面、侧面对比

第十一章

施工安全措施

本次保护修复中所用到的化学材料尽量选用对文物、人体和环境无危害或者危害很小的材料；工具使用有相应的防护措施并严格按照使用规范操作，切割蜂窝铝板等的操作选派有丰富经验操作者；修复过程中产生的废料都分类进行妥善处理；在整个修复过程中没有出现对文物、人身和环境造成危害事件。整个施工过程严格遵照以下安全措施进行。

1. 环境安全

（1）本次修复中使用的各种试剂及药品对环境及人体危害极小。

（2）实施过程中的试剂、材料都按照使用量配备，避免浪费。

（3）尽量回收利用各种材料，对于无法再利用的分类进行妥善处理。

（4）保护修复操作过程中，排放的污水须符合现行国家标准 GB/T 8978-1996。

（5）施工过程中未使用产生有害气体的化学、生物材料；保护修复工作场所的空气质量，符合现行国家标准 GB/T 18883-2002 的有关规定。

（6）工作场地安全、防火防盗要求，符合国家标准 GB 50016-2006 和 GB 50348-2004。

2. 文物安全

（1）严格挑选参与保护修复工作的实施人员，主要修复人员都经过专业培训，具备较强的文物安全意识和专业修复知识，其他参与人员对其进行备案和必要的文物安全意识培训。

（2）加强安全保卫工作，龟兹研究院所辖库木吐喇石窟工作站保卫人员协助进行安全保卫工作，工作场所安装有完备的监控设备和相应的灭火设备，确保文物安全。

（3）工作现场和库房钥匙有专人保管，文物提取和入库都有多人共同参与并做了记录。

（4）文物运输过程中除了必要防护措施，还同时由至少两人共同负责，保证运输安全。

3. 人身安全

（1）保护修复中，使用材料都是对人身无毒害或者毒害极小的。

（2）给每位操作人员都配备有必要的防护装备、如护目镜、手套、防尘口罩等。

（3）所有电动工具严格按照使用说明操作，操作者具有丰富的实际操作经验，在使用过程中配备必要的防护装备。

（4）试剂配备规范操作，防止对人体造成损害。

（5）防止其他伤害事件发生，提醒所有人员加强防范，注重安全。

第十二章

保护修复档案建设

根据《古代壁画保护修复档案规范》（GB/T 30235-2013），本次保护修复项目档案建设贯穿了保护修复工作的全过程。

基本信息（修复档案）：本次保护修复工程为 135 幅壁画分别编制了修复档案，包含壁画修复前保护单位名称、保存地点、时代、具体尺寸、面积、制作材料与工艺、支撑体构成、壁画内容描述、价值简述等的文字与照片；修复过程中，按照工艺流程完成的每一步骤的文字与照片；修复后的尺寸与照片，以及修复中存在的问题与思考等记录。本书附有其中一块壁画的修复完整档案（见附录 5）。

现状调查及病害研究技术资料：按照《古代壁画现状调查规范》（WW/T 0006-2007）、《古代壁画病害与图示》（GB/T 30237-2013）要求的内容、格式，做出现状调查报告。病害研究技术资料，包括古代壁画病害研究涉及的分析检测、模拟实验等相关数据、照片、结论等资料。

保护修复材料和工艺筛选技术资料：包括保护修复材料的性能试验，材料筛选试验，与材料相适应的保护修复工艺筛选试验相关数据、照片、模拟实验、结论等。

设计方案资料：将保护修复设计方案正式文本及相关批复文件（见附录 6），作为资料纳入档案统一管理。

保护修复日志：在实施保护修复工作中，对保护修复全过程作详细记录。

①主要包括文物保护单位名称或其单体名称、编号、保护修复人员、修复日期、工作区域、工作内容、使用材料、工艺、操作条件、现状描述、工作小结、存在问题、保护修复照片等，由保护修复人员根据实际工作情况填写。

②使用材料主要记录主要成分，工艺主要记录技术方法和操作步骤，操作条件主要记录仪器设备和操作环境的温度、湿度等。

③在保护修复过程中，如遇技术问题，应详细记录其现象和原因。

影像资料：记录在壁画保护修复工作中，对清理、加固、脱盐、粘接及补强、支撑体更换等技术实施过程，以及修复前原状与修复后现状所采集的影像资料。包括视频、照片等。

验收资料：包括工作报告、技术报告、自评估报告、验收意见（含验收专家组名单）等。此次项目进行了中期评估和项目验收（见附录 7），具体验收资料包括库木吐喇石窟已揭取壁画保护修复工程报告、135 幅壁画修复档案及施工日志等。

绘图资料：为实现现状调查与最终保护修复行为之间的有效对应，分别在设计阶段绘制了病害图（附录 8，各窟附一块），在施工阶段绘制了施工图（附录 9，各窟附一块），以便相关评估与监理部门核验。

第十三章

预防性保护建议

壁画病害是壁画材料（包括保护修复材料）与环境因素作用的结果。库木吐喇石窟已揭取壁画的保存环境是其在保管、陈列、研究，以及保护修复等过程中所处各种外部条件的集合，可分为库房环境和展厅环境。保存环境是馆藏壁画病害发生、发展的外因，主要包括温湿度、光辐射、地震引起的震动等。

壁画病害不仅有其原址保存时的病害延续，还包括揭取、迁移、修复以及后续保存过程中产生的新病害。有效地控制已揭取壁画的保存环境，抑制各种病害的产生和发展，是对壁画实施有效保护和延长壁画存续时间的重要工作。

第一节　已揭取壁画库房保管时的环境

由中国文化遗产研究院承担完成的"馆藏壁画抢救性保护工程——馆藏壁画保护综合研究"项目，在查阅了国内外相关文献及博物馆现场调研的基础上，为保证馆藏壁画的保存环境的基本稳定，提出如下几点建议：

（1）在条件许可时，使用空调及隔热、保暖材料，温度尽可能控制在 20±5℃。

（2）使用空调及除湿设备，湿度尽可能控制在 55±5%。

（3）尽可能建立壁画单独保管和展示空间，以利于环境控制。

（4）按照馆藏文物保存环境质量检测技术规范，建立环境实时监控系统。

（5）使用无紫外线和红外线的光源照明，展室照度控制在 150lux 以下。

（6）壁画库房采用遮光材料。

（7）使用空气过滤装置；展室、库房、展柜、包装等使用符合标准的建筑装潢材料。

（8）壁画库房保存时，尽可能采取水平放置（画面向上）方式。

根据我国馆藏壁画的保存现状，参考国内外相关研究成果，对库房保管时的馆藏壁画保存环境控制标准提出建议，见表 13-1。

表 13-1 馆藏壁画库房保存环境标准

项目		单位	控制指标
温度		℃	20±5
相对湿度		%	55±5
光辐射	照度	Lux	≤ 150Lux
	曝光量	klx·h	≤ 200klx·h（参考汤姆森一级标准）
	紫外辐射	μW/lm	应使用无紫外线光源
有害气体	二氧化硫	ug/m³	0.05
	二氧化氮	ug/m³	0.08
	一氧化碳	ug/m³	4.00
	臭氧	ug/m³	0.12（1 小时平均浓度限值）
	可吸入颗粒物	ug/m³	0.12
污染物	甲醛	mg/m³	≤ 0.08
	苯	mg/m³	≤ 0.09
	氨	mg/m³	≤ 0.2
	氡	mg/m³	≤ 200 BQ/m³
	总挥发性有机化合物	mg/m³	≤ 0.5
微生物（沉降法、个／皿）			≤ 30

第二节　展览陈列时的保存环境

壁画的保存需要一个相对稳定的保存环境，展示环境与收藏环境同等重要，在这两种环境中保存条件应基本相同。不同的是收藏环境只考虑文物，而展示环境还要考虑为参观者提供便利的参观条件。如光线在展示中就是不可缺欠的条件，还有参观者大量的出入，造成的展厅空气与外界空气的流动、温度湿度发生变化、粉尘、有害气体的增加等诸多变化，加强了壁画自身的负担。所以，展示环境的管理难度大、成本高。现代博物馆通过整体的环境控制、设计等，保证文物展示环境的稳定。未来已揭取壁画将会在博物馆中进行保存和展示，对展览陈列时壁画保存环境控制标准建议，见表13-2。

库车县地处暖温带，属暖温带大陆性干旱气候，热量丰富，气候干燥，降雨稀少，夏季炎热，冬季干冷，年温差和日温差都较大。参考库车县气象环境数据，确定展柜内微环境按照表13-2的标准实施控制。同时，由于库车县属地震多发地带，对展柜进行防震设计。

表 13-2　馆藏壁画陈列条件下保存环境标准

项目		单位	控制指标
温度		℃	20±5
相对湿度		%	55±5
光辐射	照度	Lux	库房无光线暗室保存或≤50Lux
	曝光量	klx·h	控制曝光量尽可能小
	紫外辐射	μW/lm	应使用无紫外线光源
有害气体	二氧化硫	ug/m³	0.05
	二氧化氮	ug/m³	0.08
	一氧化碳	ug/m³	4.00
	臭氧	ug/m³	0.12（1小时平均浓度限值）
	可吸入颗粒物	ug/m³	0.12
污染物	甲醛	mg/m³	≤0.08
	苯	mg/m³	≤0.09
	氨	mg/m³	≤0.2
	氡	mg/m³	≤200 BQ/m³
	总挥发性有机化合物	mg/m³	≤0.5
微生物（沉降法、个/皿）			≤75

第三节　保存壁画展柜要求

展柜结构稳定性：基座结构采用钢骨架结构、具有良好的稳定性、牢固性，承载能力不小于500kg/m²。采用美国 DuPont 杜邦户外静电喷涂材料，对经过严格表面处理的材料进行喷涂，表面反光度小于 30°。高品质的德国肖特低反射玻璃，配合配套的灯光照明系统（德国肖特 LED 灯棒照明），达到良好的文物展示效果。根据保存壁画的特点及技术要求，完成外观及结构的设计。龙骨采用 40×80×3.0mm、40×40×2.5mm 的矩管经熔焊焊接而成。整体结构为模块化设计，展柜表面平整度 < 0.1mm/m，各部位尺寸及对角线误差 < 0.5mm/m，具有良好的稳定性、牢固性，承载能力不小于 500Kg/m²。每个底座在设计上都可水平调节。基座表面材料采用厚度为 1.5mm 冷轧钢板，表面经过静电喷涂成所需的颜色，喷涂前对工件表面平整度、漏磨处进行检验。涂层均匀，厚度为40~60um，表面无漏青、无橘皮、无褶皱、无划伤等现象，符合 GB5237.4-2004 规定。

耐用性：为确保展柜整体结构在室内环境下使用 30 年不会有明显的变化，采用以下措施：

①制作展柜的主体材料为冷拔方管、冷轧钢板、铝型材、玻璃等；

②采用美国 DuPont 杜邦户外静电喷涂材料保证外表颜色的稳定性，同时所有被上色的材料（钢件或铝合金）都经过严格的除油、除锈，以及磷化、铬化处理，确保颜色涂层在材料表面的附着力经过环境因素的影响不龟裂、不脱落；

③采用环氧树脂类的粘接胶粘接玻璃与铝型材、有机硅的密封条，使展柜的密封及结合部位不易发生老化；

④使用超硬钢为材料的转盘式锁具，没有弹簧和螺丝（这些弹簧和螺丝很容易产生机械故障）。所有零件都具有高度的耐磨性、耐污性和耐湿性以及防腐蚀、防冻性。

柜内环境可控制性：采用惰性材料，以保证柜内壁画的安全。无可替代的非惰性材料，如粘接胶、板材、织物等，都通过了苏格兰国家博物馆、史密斯学会以及馆藏文物保存环境国家文物局重点科研基地采用的 Oddy 测试法检验合格，适合用于博物馆展柜内。采用德国肖特低反射玻璃，透光率达到 99% 以上，而反射率小于 1%，更好地还原了展品的真实色彩，达到完美的展示效果。经过深加工成可过滤紫外光玻璃，其中 PVB 胶片采用 1.52mm 厚德国佳氏福 PVB 膜，过滤 98% 波长为320~380nm 的紫外光。超白玻璃透光率不小于 86%。柜内照明采用光纤系统，控制柜内紫外光强度在 10uW/lm。展柜密封性，空气交换率不大于 0.2 d⁻¹（二氧化碳检测方法检测）。根据新疆特有的气候条件，展柜内只需采用空气过滤系统来过滤展柜内的有害气体，并由 WHMI 无线控制系统自动控制。采用的电动驱动系统不运行时无功耗，运行过程中也是分时工作，确保驱动机构对展柜内环境不产生影响。

安全性：采用钢架结构，保证整体结构的可靠性。玻璃采用符合德国 DIN52290 Part3 防盗标准的夹层玻璃。锁具采用芬兰博物馆展柜专用锁具，互换率低于 1/13 亿次。电动开启展柜采用数传电台技术，驱动系统自身锁止功能。工作过程中的驱动力为 100N，遇到阻力将自动停止。

照明控制性能：采用德国肖特的 LED 灯棒照明系统，达到展柜内每层存储器都配有单独的顶照明，同时各路照明系统均是独立可控的，对任何一路的照明进行开关及调光控制均不会影响其他照明的设置。同时展柜的日常检修，主要是灯具的检修，而采用德国肖特 LED 灯棒寿命为 15 年。

操作简便性：每台展柜都拥有良好的操作性，只需要 1 个人就可以轻松操作展柜。目前采用的自动技术，更加提高了展柜的可操控性，通过手中的控制器就可实现展柜的开闭、照度的调节等功能。

第十四章

总结

第一节　工作进度与成果

新疆库木吐喇石窟已揭取壁画保护修复工程在执行《库木吐喇石窟已揭取壁画修复及其预防性保护方案》和《库木吐喇石窟已揭取壁画保护修复工程施工组织设计》的基础上，针对文物保存的实际状况，遵循严格的技术规范、操作流程，在专家、领导的指导和修复技术人员的严谨操作下，历时两年完成了龟兹研究院委托任务，并达到了设计方案及施工组织计划要求的质量标准。

本次修复工程分为三个阶段：第一阶段，2013 年 7 月至 2013 年 10 月，完成了修复前期的基本情况调查、修复试验及 40 幅壁画的保护修复，完成并通过了中期评估；第二阶段，2014 年 4 月至 2014 年 10 月，在第一阶段的基础上继续完成 95 幅壁画的保护修复；第三阶段，2014 年 10 月，对第一阶段修复的 40 幅壁画进行了重新检查，对部分细节进行了再处理，协助龟兹研究院完成了文物包装运输工作。

通过跨度为两年的现场施工，总计有 14 名修复师先后投入到修复现场，其中龟兹研究院的 5 名修复师是通过本项目培养出来。累计修复壁画 135 幅，其中非平面型壁画 34 幅。去除角铁及泥质支撑体、减薄地仗、加固地仗层、制作过渡层、去除修复处理表面病害、切割粘接支撑体等，总计工作量超过 1000m²；使活跃病害得到有效治疗，发展中病害得到有效控制，将要发生的病害得到有效预防。

除了做好保护修复工作的同时，对壁画进行了全面系统的信息采集，包括文字、照片、图纸在内的基础档案资料约 200G，每个修复师个人纪录的资料约在 50G 左右，为每一幅壁画制作的修复档案总计 48 万字，最大限度地保存了壁画及其保护修复过程的各种信息，为之后保护和研究提供第一手资料。在修复过程中有原则有计划地对壁画进行了系统的样品采集，采集的样品用于之后对壁画制作材料和制作工艺进行更为深入的研究。

本次修复施工现场工作结束于 2014 年 11 月，现场验收于 2016 年 3 月进行，经历了两个冬天和一个夏天，壁画保存状况良好，验收专家组对本项目设计、施工、档案资料等工作均予以了肯定。

此外，修复项目实施期间，还对龟兹研究院馆藏的壁画残片进行了修复（见附录 10），为此类残片的展示提供了可借鉴的方法。

第二节　修复中的问题与思考

1. 修复技术与修复效果的关系问题

本次修复所涉及的 135 幅库木吐喇石窟已揭取壁画，历经千余年呈现在修复师的面前，壁画表面的可读性已经衰减了很多。以本次修复的 16K12(72#) 为例，图 14-1 为壁画位于洞窟时未进行干预的状态，图 14-2 为位于洞窟时进行了地仗修补的状态❶，图 14-3 为 1991 年揭取修复后的状态，图 14-4 为本次修复完成的状态。从前两张不同时间所摄照片可见，局部地仗加固后，虽然壁画的稳定性得到了提高，但是修补处色彩不均匀，导致壁画的原始信息受到了干扰，降低了壁画的艺术价值。图 14-3 显然没有对未揭取前的不当修补予以去除，图 14-4 修复后恢复了地仗的统一性，部分被遮盖的纹饰经清洗得到了显现，壁画的艺术价值相对得到了恢复。从干预的角度而言，第一次、第二次修复都采用了最小干预原则，但是修复效果无法保证；本次修复虽然经历了去除补全材料、重新补全地仗的过程，但是有效而且无损的修复行为才是值得肯定的。这也是为什么本次修复项目在接近尾声时，对 2013 年度修复完成的壁画进行了再处理的原因。

图 14-1　洞窟壁画地仗修复前（摘自中国石窟图 43）

图 14-2　洞窟壁画地仗修复后（摘自《西域壁画全集 4》图二○四）

图 14-3　1991 年揭取修复后

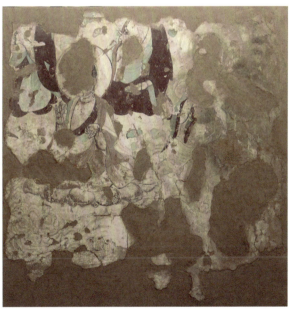

图 14-4　2014 年修复后

❶《中国石窟·库木吐喇石窟》为 1992 年出版，《西域壁画全集 4》为 2017 年出版，此两本图录出版时间均晚于壁画揭取时间，所用照片应为历史资料。

壁画本体修复前需要经历大量的历史研究、科学分析、技术试验，修复师的最终操作需要对前期所有的结论负责。文物修复师的综合认知与修复技术水平，直接影响文物修复的效果，决定着文物能否长期稳定地保存，在加强行业专业发展建设的同时，加强文物修复师的培养才是保证修复效果的当务之急。

2. 如何提升画面严重缺失壁画的可读性

本次修复工作没有对任何一幅画面进行补全，即使是有修复依据的局部也没有进行干预。这不仅仅是关乎一个局部的问题，而是135幅离开原位的石窟寺壁画，究竟应该修成什么样？关于文物修复原则与理念的探讨集中见于马里奥·米凯利、詹长法主编的《文物保护与修复的问题》四卷中[1]，陆寿麟[2]、王武胜[3]、贾文忠[4]等也都对文物修复的国际、国内不同的原则与理念进行了讨论。讨论的焦点实际上主要集中在修复干预的行为究竟应该在什么时候停下来，文物修复后怎样的面貌才算真实？文物本身的材质、制作工艺、体量、保存状况、历史信息、赋存环境等千差万别，现有的文物保护修复科学技术发展水平依然存在局限，不同对象的审美要求参差不一，这些因素似乎都造成了文物修复结果的不确定性。

在科学保护当中，决策是以客观依据为基础、根据客观规律做出的，意义、主观感受或个人喜好在其发展中无法发挥作用。其结果是对象不会因被欣赏而存在；也没有对象会受到特殊关照。因为科学保护围绕材料和物理特性而非价值展开，基于价值的判断则会因其非科学性而被忽略。这样每个保护对象都会具有同等的重要性，保护也就有了唯一的标准。即便是伟大艺术家的杰作也会被以"唯一维护标准"（克拉维尔·2002）进行处置，其所获得的关注和一幅次要的无名制作或1940年代的铁皮玩具没有任何不同。与之相反，当代伦理则更加灵活，引入了"适应性伦理"的概念[5]。

文物修复发展到今天，不同国家对不同体量、不同材质、不同保存状态、不同价值的文物都在探索思考其更加适合的修复理念。具体到库木吐喇石窟已揭取壁画的这个项目中，我们目前选择尊重壁画画面缺失的现状，不对绘画层进行补全。但是有些曾经有清晰影像的壁画在不断的劣化与干预中，信息几乎无法识读。如窟群区第16窟的飞天，曾被描述为"头戴花蔓冠，上身披短衫，双手合十，下身着长裙，遮住双足，衣带比飞天的身长超过几倍，在天空中飞舞飘扬……充满了强烈的动感与浪漫的气息。这躯飞天恐怕是龟兹石窟艺术中的最美形象了"（图14-5、14-6）[6]。本次修复的窟群区第16窟16K16壁画（图14-7、14-8），仅存了原资料图中的屋顶局部，最美的飞天形象却消失了。从修复的结果来看，现有修复保留了重要的研究线索，然而这样的缺失怎样来修复展示，无疑是我们专业人员必须深入思考的问题。随着数字化等技术的进步，在充分进行历史研究的基础上，采用多种非直接干预方式展示壁画曾经的绚丽美好应该是一种不错的选择，这也是我们慎重干预本体，但深入

[1] 马里奥·米凯利、詹长法：《文物保护与修复的问题》卷一，科学出版社，2005年；卷二、卷三、卷四，文物出版社，2009年。

[2] 陆寿麟：《对文物保护修复理念的一点认识》，《中国文物报》2015年12月25日第006版。

[3] 王武胜：《从三彩马的修复看修复理念的变化》，《中国文物保护技术协会第四次学术年会论文集》，科学出版社，2005年，第115~119页。

[4] 贾文忠：《中国应有自己的文物修复理念》，《文物修复与研究》2007年第00期，第364~366页。

[5] [西]萨尔瓦多·穆尼奥斯·比尼亚斯著，张鹏、张怡欣、吴霄婧译：《当代保护理论》2012年，第178页。

[6] 韩翔、朱英荣：《龟兹石窟》，新疆大学出版社，1990年，第261页，对应图版126。原文中记作15号窟中心柱正面佛龛两旁飞天像，经与本次修复壁画及资料核对，应为16窟。

开展价值研究的重要意义所在。

3. 仍需加强与重视的问题

在本次修复中还有以下几个问题需要进一步研究探讨：第一，对于壁画保存环境与劣化机理的研究应该持续开展，建立龟兹石窟壁画保护基础数据库；第二，对于烟熏壁画的清洗技术研究应该继续进行，在观察编号为15K8的壁画表面变化的同时，配合高光谱检测进行进一步的实验研究；第三，对于修复效果的评估方法需进一步深化；第四，修复后长期跟踪监测及日常管理需到位。

4. 文物修复项目管理建议

在本次修复工程项目实施过程中，始终存在修复数量大与修复师数量不足、修复空间不足的矛盾，在无法达到理想工作配置的情况下，要合理分工，如和泥、配置材料、切割蜂窝铝板等需要专人负责；统筹安排，在多幅壁画同时修复时要错开工序，保证一幅壁画在养护时，其他壁画可以进行修复操作，提高效率；此外，保护修复档案的整理与校核也需要有专人负责，确保大量资料的准确完整。

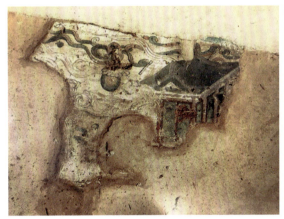
图 14-5　窟群区第 16 窟飞天及建筑图样

图 14-6　窟群区第 16 窟飞天特写

图 14-7　窟群区第 16 窟 16K16 壁画

图 14-8　窟群区第 16 窟 16K16 壁画内容特写

附录 1

已揭取壁画病害类型及面积统计

样块编号	壁画面积（m²）	病害类型及面积［病害面积（cm²）］										
		起甲	泥渍	水渍	地仗脱落	地仗碎裂	烟熏	历史修补	白粉层脱落	颜料层脱落	粉化	点状脱落
10K1	0.9		90		70			956	0	830		
10K2	0.69	7254	150		245	150	6200	502		182	98	86
10K3	0.62	1800	212		2000	1200	3100	1100		521	436	80
10K4	0.74	3075	78		150		7380	528		630	96	56
10K5	0.26		135		262			610		2214		
小计1	3.21	12129	665	0	2727	1350	16680	3696	0	4377	630	222
11K1	0.67	200	169		54			1560	53	450		
11K2	0.64	600	67		75			1300		543		
11K3	0.66	220	258		3478			2014	415	840		
11K4	0.63	1332			908			1016	380	1230		
11K5	0.44		89		35			3102	242	970	120	
11K6	0.91				216			2726		132		
11K7（上）	0.86		96		65			1160	52	95	140	
11K7（下）	0.79		114		1158			2670	130	426		
11K8（上）	0.67		320		210			3900	310	530		
11K8（下）	1.03		110		1035			2458	230	450	224	
11K9（上）	0.79		111		222			1152		1228	160	
11K9（下）	0.84		106		1568			1041	380	1326	223	
11K10	0.86		106		36			3530	6400	7600		
11K11	0.87		620		297			2052		1230	176	
11K13	0.43		450		140			2549		1568	210	

龟裂	塌陷	空鼓	酥碱	霉斑	鸟粪	涂写	凿痕	划痕	胶液残留	水泥	覆盖	错位	支撑体变形	裂隙（cm）
					12				76		29			116
														303
											975			54
							78				380			146
														92
0	0	0	0	0	12	0	78	0	76	0	1384	0		711
							156	45	853		173			36
							240	1200			215			
							360	878						17
			636			272	235	63	1120		245			62
								840	450		135			95
								3235	750					155
								352			38			48
								2160						52
							150	780			178			64
								4644			62			72
							262	988			38			94
							350				21			31
			1100				210	141			20			55
							124	238			54			85
							10				70			37

样块编号	壁画面积(m²)	病害类型及面积［病害面积（cm²）］										
		起甲	泥渍	水渍	地仗脱落	地仗碎裂	烟熏	历史修补	白粉层脱落	颜料层脱落	粉化	点状脱落
小计2	11.09	2352	2616	0	9497	0	0	32230	8592	18618	1253	0
12K1	0.8		120	2000	96			2203		418	104	
12K2	0.54		158	780	66			868		420	210	
12K3	0.84		98	3500	235			3444	120	152		
12K4	0.64	2432	102	3200	340	424		1728		2161	236	310
12K5	0.81	224	94		98	210		3882		488	358	259
12K6	0.82	182	102	2500	135			3760		320	192	
12K8	0.94	988	100	5300	100			2497		412	142	
12K9	0.7	1230	126		310	350		1715	182	256		
12K10	0.98	1462	96		258	332		1700	112	244		
12K11	0.81	324	7350		242			3482		524	152	
12K12	0.71	112	164		104			1822	317	1055		
12K13	0.32	219	233		385	290		2373		230	175	
12K14	1.07	1324	228		214	383		1559		700	394	420
12K15	0.05	189	24		146			268		49	84	
小计3	10.03	8686	8995	17280	2729	1989	0	31301	731	7429	2047	99
14K1	0.49	72	207		430			2655		171	95	
14K2	0.61		380		206	680		2106	668	987		
14K3	0.84	146						5530	184	323		10
14K4	0.67		182		160			1656		1312	348	21
14K5	0.72		86		82			2685	157	313		
14K6	1.04	350	86	326	93			4984		462	120	

龟裂	塌陷	空鼓	酥碱	霉斑	鸟粪	涂写	凿痕	划痕	胶液残留	水泥	覆盖	错位	支撑体变形	裂隙（cm）
0	0	0	1736	0	0	272	1487	14096	5251	0	1249	0		903
						858		2953			49			69
								53			62			144
2664				46		524		167		230	100			137
							272	72						89
							136	342						152
											130			86
	106							1714						55
6600								15			140	83		145
6700											124	150		174
							105	884						26
							206	715	580					213
							154							27
8565	523	250					284	3164						72
														26
4529	0	629	250	46	0	1382	1157	10079	580	230	605	233		1415
			261								305			72
						367		427						89
234		30						18						95
254								152			260			79
						150		99			96			101
								30			92			87

样块编号	壁画面积（m²）	病害类型及面积［病害面积（cm²）］										
		起甲	泥渍	水渍	地仗脱落	地仗碎裂	烟熏	历史修补	白粉层脱落	颜料层脱落	粉化	点状脱落
14K7	0.6		158	2560	106			1836		2118	107	
14K8	0.84		36	2008	153	96		1370	580	1732	332	
14K9	0.99		62		106			6109	428	1325	430	
14K10	0.78		58	780	296			1006		192	331	
14K11	0.72		106	562	450			3600		640	384	
14K12	0.77	56	142	3500	1077	450		4065		1218	246	
14K13	0.71		89		261			815		920	452	
14K14	0.82	240	130	1800	56	336		4106		582	356	
小计4	10.6	864	1722	11536	3476	1562	0	42523	2017	12295	3201	324
15K1	0.74	864	1000		860	2336	3500	2845		1377		
15K3-1	0.5		348		2850	3870		2346		1540	520	
15K3-2	0.86		380		605	6940		4300		1560	994	
15K4	0.97	3660	95	485	260	85	5200	3800		300		
15K5	0.48	3219					1860	1905	358	410	260	
15K6	0.53	1860	86		690		560	670	320	452		
15K7	0.83						946	5640		3404	208	
15K8	0.42	1760	121			845	2800	1570		742	643	
15K9	0.61	328			262	360		4357		1313	530	
15K10(58#)	0.39		56		655			1844		1904	758	
15K10(59#)	0.36				234			1077		680	405	
小计5	6.69	11691	2086	485	3566	13416	18736	30354	678	13682	4318	0
16K1	1.08	2244			156	1650		4203		990		

龟裂	塌陷	空鼓	酥碱	霉斑	鸟粪	涂写	凿痕	划痕	胶液残留	水泥	覆盖	错位	支撑体变形	裂隙（cm）
								190			114			48
							150	855			106	358		43
							2006	266			330			58
							106	40			209			87
	86													99
								1200			65			125
	152	206						470			47	380		62
								506			102			174
488	238	206	291	0	0	517	2262	4253	0	0	1726	738		1219
						1800		705						109
								649				570	694	
											302			129
	466					575		662				580	710	202
			56			1175		106						100
								230			360		580	327
			3264					130					1020	233
								95			106			217
								42	268		162			62
									540					74
	347						243							86
0	813	0	3320	0	0	3550	243	2619	808	0	930	1150		1539
									3760		78			185

样块编号	壁画面积(m²)	病害类型及面积［病害面积（cm²）］										
		起甲	泥渍	水渍	地仗脱落	地仗碎裂	烟熏	历史修补	白粉层脱落	颜料层脱落	粉化	点状脱落
16K2	0.46	3760	210		126		1753	493		720		
16K3	0.65	1906	147	4567	184			1612		645		
16K4	0.45	970	25		100			1844		42		
16K5	0.67		89		124			3891	258	389		
16K6	0.77		77		114			4865	144	2849		
16K7	0.83				122			2298		6395	354	
16K8	1.13	872	74	752	69			4389	228	555		
16K9	0.14				255			1056		750	143	
16K10	0.7		48		384			4871		2971	331	
16K11	0.59		77		109	780		1669	206	315		
16K12(71#)	0.88		89	5600	377			2394		608	150	
16K12(72#)	0.63	140	54	1500	24	480		2441		282		
16K13	0.45	80						3528		549	116	
16K14	0.54		21		52			4539		1250		
16K15	0.88		1380		717			6651		385		
16K16	0.52		144		87			3879	255	1864		
16K17	0.7		455		96			4857	113	2648		
16K18	0.96		120		104	172	1452	3549	205	192		
16K19	0.7	2306	332				4500	2662		360	111	
16K20	0.3					2106		1298		355	66	
16K21	1.13	120	71		402	4059		6426		1036		
16K22	0.68	405	39		42	1056		4990		239	122	

龟裂	塌陷	空鼓	酥碱	霉斑	鸟粪	涂写	凿痕	划痕	胶液残留	水泥	覆盖	错位	支撑体变形	裂隙（cm）
			120										450	10
			400				6		1406		96			78
	150						85		754					69
							23		740		38			305
			377	55	12	25	25				26			221
							26		1050		55			100
			58		39		68	164	433		101			89
							35		78		25			180
									56					23
								104			44			3223
			2200					1406	765		47			140
	57						374							68
40											34			98
			84								26			26
							240				120			23
			1450	15				560			115			24
				25				109						138
						1265		156			103			256
											52			234
													589	77
			2523					1520						146
													624	105

样块编号	壁画面积（m²）	病害类型及面积［病害面积（cm²）］										
		起甲	泥渍	水渍	地仗脱落	地仗碎裂	烟熏	历史修补	白粉层脱落	颜料层脱落	粉化	点状脱落
16K23	0.57		105		98	3200		2124	520	2682		
小计6	16.41	12803	3557	12419	3742	13503	7705	80529	1929	29071	1393	0
38K6	0.82	1000	58				3240	1430		105		58
38K7	1.05	2240	4473		164	1044		544		2240		
38K8	0.54	1712	54		35			2100	350	376		
38K9	0.82	5100			10		4320	2062		260	1020	
38K10	1.05	5476			58		4524	3512				
38K11	0.6	3454	65		106		5454	206		119		
38K12	0.65	1230	152				6500	324		22		
38K13	0.75		2036	620	140	560		2370	186	875		
38K14	0.6	2010	57		193			1908		20	302	
38K15、16	0.93	566	105		56			3312	105	680		
35K17	0.77	1080	102		223		780	176		1316		
38K18	0.7		6002		52		642	1024		178	321	
38K19	0.81	205	1386	1058	245		2806	1034		2280	588	
38K20	1.01	144	78		39		5380	1056	205	85		
38K21	0.58	105	440		750		762	2032	385	2020		
38K22	1.32				250	154	8536	4313		600	240	
38K23	0.98	1022	320				1752	5536		232	145	
38K24	1.31	1024	103	442	230	558	6785	581		442	120	
38K26	1.06	798	98	786	552		1122	5336	243	220		
38K27	0.48	1234	33		158		3552	272	226	750		

龟裂	塌陷	空鼓	酥碱	霉斑	鸟粪	涂写	凿痕	划痕	胶液残留	水泥	覆盖	错位	支撑体变形	裂隙（cm）
			1200					209			55			142
140	207	0	8412	95	51	1290	767	4343	9042	0	1015	0	1663	5960
1880			291			3012	153	125	3509					80
			1008			255		104						185
						548		79			142			53
			770					986	786					130
			1444					126						
2430								43	983				3500	62
4580						120			1023				348	76
			890					86	452		75	364		28
	103	106	1392					63			378	201		70
6562			58	106	52	395	146	56			78			75
											184			15
			2038			350	112							42
2200	1053		2005											35
4178			504			4032		144	7856				355	98
900			920			780		78			89			102
			208			6380		54			105			78
264			666								395	456		152
100			780			8625		90	1026		354			233
			1896			230		2035			205			53
496			788	650		680		256			40			32

样块编号	壁画面积 (m²)	病害类型及面积 [病害面积（cm²）]										
		起甲	泥渍	水渍	地仗脱落	地仗碎裂	烟熏	历史修补	白粉层脱落	颜料层脱落	粉化	点状脱落
38K28	0.33	1458	35		42		3300	20		102		
38K29	0.54	1246	125		174		4087	1266		147		
38K30	1.29	985	78		67		2577	2596	125	1210		
38K31\32	0.69	770	102				6900			1800	75	
38K33	1.1	3240	377		19		11000	138		114		
38K34	0.83	1552					8300	205	142	302		
38K35	0.5	1025	147		28		4720	45		334		
38K36	1.1	887	25		88		8978	98		205	155	
38K37	0.88	1006	102		26		8800	182		345		
38K38	0.4	508	65		56	772	3118	1580				
38K39	1.04	300	54		66		5500	756		322		
38K40	0.7	1025	63		99		7000	360	56	78		
38K41（后甬道顶）	0.89	56	36		104		842	120		1078	689	
38K41（120#）	0.31	52	23		274	1142	1026			650	389	
38K42	1.97		546		1052			3246	442	3079		
小计7	29.4	42510	17340	2906	5356	4230	132303	49740	2465	22586	4044	58
61K1	0.75	1350	101				1980	2355		985		
61K2	0.72	968	77	826	254	742	1955	1664		302		
61K3	0.56	240	39		71		2792	231		1060	306	
61K4	0.44	2551	225		32		2200	158		1080	256	
61K5	0.43	3132	106		83		2950	35		203	185	
38K27	0.48	1234	33		158		3552	272	226	750		

龟裂	塌陷	空鼓	酥碱	霉斑	鸟粪	涂写	凿痕	划痕	胶液残留	水泥	覆盖	错位	支撑体变形	裂隙(cm)
2850			135								25			58
2680	542		652				152				930			62
3490			522			5080		63	1020		420			142
						760								55
.0115									7980		57			120
7560			355			6785					34			58
4230	524					2579	106							65
5678						3624	124		7650				490	235
7171		442							2455					221
2370									1524		16			68
2110						367		3468						72
5680			1036				6002	445			43			58
	884						756					150		35
							2062	773						27
												258		256
6524	3106	548	18358	756	52	44602	9613	8301	37037	0	3570	973	5149	3131
						3080	768						567	143
			378			1980	105							45
						1041	336				104			291
	299		115			1996		648						182
						3964	925							46
496			788	650		680	256				40			32

样块编号	壁画面积 (m²)	病害类型及面积 [病害面积（cm²）]											
		起甲	泥渍	水渍	地仗脱落	地仗碎裂	烟熏	历史修补	白粉层脱落	颜料层脱落	粉化	点状脱落	龟裂
61K6	0.47	2288	35		58		4650	433		2548			
61K7	0.7	3080	356		101		3460	1200		1040			
61K8	0.63	2752	336		223		4022	976	98				
61K9	0.91	6660	58		45		7956	1345	133	362			
61K10 (133#)	0.72	1352	95		26		5230	564		644	205		
61K10 (134#)	0.57	3610	42		350		3650	982		1900	786		
61K12	0.73	3226	118		45		3422	1044		445			
61K13	0.7	1056	302		72		3322	1259		389	101		
61K14	0.7	355	119		98		1335	23		5860	125		
61K15	0.64	1560	205		136		6002	1032	247	52			
小计8	9.67	34180	2214	826	1594	742	54926	13301	478	16870	1964	0	0
无编号佛头	0.36	1360	66		540	509	2008	1009		70			
无编号方形	1.02	1080	222			1728		5606		87			
小计9	1.38	2440	288	0	540	2237	2008	6615	0	157	0	0	0
合计	98.5	127655	39483	45452	33227	39029	2E+05	290289	16890	125085	18850	1599	1E+05
合计换算	98.5	12.766	3.948	4.545	3.3227	3.903	23.24	29.029	1.689	12.5085	1.885	0.1599	11.17

说明：本表所列病害面积不含尘土覆盖、裂隙病害以长度计量，考虑到病害类型的齐全因素，加之裂隙长度数值较小，故在计算病害总面积时直接进行了相加、特此说明。

塌陷	空鼓	酥碱	霉斑	鸟粪	涂写	凿痕	划痕	胶液残留	水泥	覆盖	错位	支撑体变形	裂隙（cm）
					3900					32			53
		544			2240	521							150
					4120	875	3852			111		606	144
		206			4440	428	7850						244
		156			1558		4332						86
		388			2670		1005						17
		689			3050	339				225		1230	68
						444							96
		449			135								201
											125	950	212
299	0	2925	0	0	34039	135	4741	17687	0	597	0	3353	1978
406	352	430								48	104		138
		288						504			115		53
406	352	718	0	0	0	0	0	504	0	48	219	0	191
5069	1735	36010	897	115	85652	15742	48432	70985	230	11124	3313	10165	17047
0.51	0.17	3.601	0.09	0.01	8.565	1.574	4.843	7.099	0.02	1.112	0.33	1.0165	1.705

附录 2

壁画残片实验室修复报告

为了研究库木吐喇石窟壁画制作材料和工艺，并在此基础上研究壁画保护修复工艺和材料，经新疆维吾尔自治区文物局和龟兹石窟研究所的同意，中国文化遗产研究院工作人员将保存在龟兹石窟研究所的脱落壁画残片带回北京实验室进行分析，以及保护修复工艺的研究。

三块壁画残片如附图 2-1 至附图 2-3 所示，壁画画面受仿爱液蛾粪便和霉菌污染严重，颜料层龟裂、起甲、裂隙较多；壁画地仗层酥碱。在壁画保存现状的详细调查及制作材料和工艺科学分析的基础上，进行保护修复试验。

壁画保护修复资料的留取与记录

1.保护修复前，对壁画的大小、形状、保存状况等进行详细记录、照相，并绘制病害图。记录整个保护修复过程的操作工艺等原始资料，制作修复档案。

2.对壁画颜料层、地仗层、白粉层及表面附着物取样进行科学分析检测，为保护修复提供依据。

3.保护修复过程中，详细记录具体操作步骤，对于不断出现的新问题，进行文字记录、影像资料留取。

4.整个保护修复工作完成后，进行资料整理并编写保护与修复工作报告。

保护修复原则

1.不改变原状的原则：所有文物的保护应有大量的资料为依据；不改变文物的款式、结构、纹样、色彩、质地。

2.少干预原则：控制清洗剂与加固剂的使用种类与数量，尽量采用无残留、无损伤的方法。

3.可再处理原则：所使用的材料不会对文物有破坏，材料的老化产物不会对文物有破坏；材料要有利于除去，不影响后人对文物的保护。

4.局部小试原则：在进行大范围的工作之前，在一些不重要的地方进行试验，观察修复材料和干预对文物的影响，确认对文物没有负面影响并能够起到保护作用。

壁画的保护修复

壁画的现状调查：三块库木吐喇壁画残片从小到大依次编号为 A、B、C。首先对其拍照，然后进行大小的测量。壁画残片 A：最长 11.5cm，最宽 9.5cm，厚度 2.7cm；壁画残片 B：最长 21.0cm，最宽 15.0cm，最大厚度 7.5cm，最小厚度 2.0cm；壁画残片 C：最长 29.0cm，最宽 16.0cm，最大厚度 4.7cm，最小厚度 1.0cm。分别见附图 2-1、附图 2-2、附图 2-3。

附图 2-1　库木吐喇壁画残片 A

附图 2-2　库木吐喇壁画残片 B

附图 2-3　库木吐喇壁画残片 C

附图 2-4　清除壁画表面仿爱液蛾粪便

　　清除画面污染物：清除画面灰尘：用洗耳球、软毛刷等工具对画面上覆着的尘土进行清理。

　　清除仿爱液蛾粪便：用棉签蘸蒸馏水、乙醇的混合溶液对画面仿爱液蛾粪便先进行软化，然后用竹制小刀轻轻刮去粪便，最后用蒸馏水清洗画面，如附图 2-4 所示。如果仿爱液蛾粪便年久较硬，可用棉签蘸丙酮溶液轻轻擦拭清除。

　　清除残留霉斑：由于三块壁画残片自洞窟中取回后，长期保存在环境湿度干燥的库房，壁画表面霉菌没有发生蔓延而对壁画造成新的危害。用 5％胰蛋白酶和微量表面活性剂（或 5％中性蛋白酶和微量表面活性剂）的清洗液清洗淡化霉斑，然后用去离子水进行清洗。如果遇到较难处理、老化的霉斑和顽固的污渍时，用氨水／乙醇混合溶液进行清洗。

　　修复加固壁画颜料层：修补壁画地仗层缺失部分：对于画面细小裂纹、裂隙、坑状、边角等地仗层脱落部位，在边缘区域用医用注射器滴渗蒸馏水，润湿地仗层，用统一调和的泥浆（泥浆的黏稠度需根据每一缺失处的具体情况适当调整）分两次填补缺失的地仗层，并用专用壁画修复刀压实。填补的地仗层表面应低于原地仗层，以为后期补色时与原壁画有所区别。

　　加固龟裂、起甲壁画颜料层：用医用注射器将质量分数为 1.5％的明胶溶液沿壁画颜料层龟裂、起甲处注入，用修复刀回贴压平龟裂、起甲处，如附图 2-5 所示。

附图2-5　加固龟裂、起甲壁画颜料层

加固粉化壁画颜料层：用喷壶均匀在壁画表面喷雾，加固粉化颜料层，待干燥至80%后，画面上铺一层宣纸，用仿绸包裹医用脱脂棉的拓包轻轻拍打，以使颜料颗粒紧密结合。

但采用上述方法加固壁画粉化颜料层时，对于绿色颜料的加固效果极为不好。为此，改用3%Prmial AC33乳液，效果较好。

壁画画面的封护：在壁画画面上铺一层宣纸，用刷子刷上10%的桃胶溶液，使宣纸湿润，并粘贴在画面上，如附图2-6所示。由于残片C块破坏比较严重，已断裂为几块，先在每一裂缝之间放一小块宣纸进行粘贴封护，然后用较大的宣纸对画面进行整体封护，如附图2-7所示。

附图2-6　壁画画面封护

附图2-7　断裂壁画的封护

减薄、平整、加固壁画原地仗层：在木板上垫铺一层宣纸，把封护好的壁画画面向下放在木板上，在原地仗层表面用医用注射器滴渗蒸馏水，使地仗土湿润后，用刻刀和刷子减薄地仗层，如附图 2-8 和附图 2-9 所示。在滴渗蒸馏水时，为防止蒸馏水渗透到画面而影响颜料层，不能一次过量，采用少量多次渗透的方法。

壁画残片 A 块地仗层粗泥层去掉以后，画面呈弯曲不平整，用医用注射器滴渗蒸馏水，待壁画残片整体软化后，压平壁画，如附图 2-10 所示。

壁画残片 C 块的地仗层极为酥松，地仗层中的植物纤维很少，而且有分层现象，如附图 2-11 所示。采用 5% 硅丙乳液渗透的方法加固酥碱地仗层。

制作壁画支撑体：由于三块壁画残片脱落的原始位置没有记录，这三块壁画已无法复原到原位置，只能作为馆藏壁画在龟兹石窟研究所陈列室进行展陈，需要制作壁画支撑体，以便于壁画的移动和展陈。因壁画面积较小，制作壁画支撑体时，为尽量保存壁画原有制作材料和工艺信息，采用减薄地仗层时的原地仗土制作支撑体。

（1）支撑体草泥的配制

配制支撑体草泥：由于壁画残片 B 块的原地仗层较厚，去除后所剩泥土较多，可用于制作新的支撑体的黏土材料。支撑体用粘土：麦糠：水的比例为 100：3：40 进行配制。同时添加 5% 的聚醋酸乙烯酯乳液以增加支撑体的强度，并且加入 5% 的麝香草酚，以防止生霉。

支撑体泥的养护：支撑体草泥搅拌和好后，须静置发酵一周以上，否则麦草太硬，易翘起。放置过程中应每隔 1~2 日搅拌一次，视干湿情况补充水分，一般放置 10~15 日后的支撑体草泥的状况最佳。

（2）制作支撑体

①在玻璃板上铺上 2~3 层宣纸，把壁画画

附图 2-8　壁画地仗层表面渗透蒸馏水

附图 2-9　减薄、平整壁画地仗层

附图 2-10　软化平整壁画

附图 2-11　旧地仗层的去除与加固

面向下放在玻璃板上，并在壁画四周固定好木框，如附图2-12所示；

②在壁画原有地仗层表面喷洒蒸馏水，润湿地仗层；

③在壁画原有地仗层上涂一层较薄（厚度约0.5cm）的稀草泥，以使新的支撑体与原有地仗层紧密结合；

④待稀草泥层半干后，用小刀刻划凹槽，铺抹厚草泥层并压实整平，最终的壁画总厚度约1.5cm，如附图2-13所示；

⑤待新制作的支撑体表面无液体水分时，用砖块压紧，以防止壁画整体变形。

制作地仗层时，应密切观察气候变化和室内温湿度变化，以调整抹压和压砖的时间，随后每天要用泥抹子对支撑体压实几次，若有支撑体鼓起，可用针刺破，放出里面的空气。

附图2-12　固定木框　　　　　　　　附图2-13　制作支撑体

补色要求：依据壁画颜料及胶结材料分析结果，选用相同的矿物颜料和胶结材料调配颜料，对画面裂隙等颜料缺失区域进行补色，使壁画画面整体协调统一。补色必须在有依据的情况下进行，无依据的区域进行相似颜色的随色处理。

附录 3

修复后壁画尺寸及面积统计

修复后壁画尺寸及面积统计表

壁画编号	壁画序号	修复后长 (cm)	修复后宽 (cm)	修复后厚 (cm)	修复后面积 (cm²)	异形高度 (cm)
10 窟 1 块	1	220	52	2.6	11440	
10 窟 2 块	2	124	70	2.8-3.2	8680	20
10 窟 3 块	3	111.5	63	2.8-3	7024.5	20
10 窟 4 块	4	208	40	2.5-3	8320	9
10 窟 5 块	5	28.5	95.5	2.5	2721.8	
11 窟 1 块	6	99	68.5	2.5	6781.5	
11 窟 2 块	方案无	110	63	2.3	6930	
11 窟 3 块	7	117	58	2.5	6786	
11 窟 4 块	8	107.5	64	2.5	6880	
11 窟 5 块	9	57.7	77.5	2.3	4471.8	
11 窟 6 块	10	142.5	65	2	9262.5	
11 窟 7 块（上）	11	93	94	2.3	8742	
11 窟 7 块（下）	12	95	89.5	2.6	8502.5	
11 窟 8 块（上）	方案无	97.3	74.5	2.5-2.8	7248.9	
11 窟 8 块（下）	13	115	97	2.5	11155	
11 窟 9 块（上）	14	90.5	89	2.4	8054.5	

壁画编号	壁画序号	修复后长 (cm)	修复后宽 (cm)	修复后厚 (cm)	修复后面积 (cm²)	异形高度 (cm)
11窟9块（下）	15	92	91	2.6	8372	
11窟10块	16	157	56	2.5	8792	
11窟11块	17	93	95.2	2.5	8853.6	
11窟13块	18	78	56.7	2.2	4422.6	
12窟1块	20	120.5	78	2.5	9399	
12窟2块	22	92	64	2.6	5888	
12窟3块	23	92	92.5	2.5	8510	
12窟4块	24	104	68	2.5	7072	
12窟5块	25	113	72.5	2.5	8192.5	
12窟6块	26	117.5	66	2.4	7755	
12窟8块	27	113.5	86.5	2.4	9817.8	
12窟9块	28	115.2	64	2.5	7372.8	
12窟10块	29	78.8	157.7	2.5	12426.8	
12窟11块	30	70.5	115	2.4	8107.5	
12窟12块	31	95	75.5	2.6	7172.5	
12窟13块	32	96	33.5	2.7	3216	
12窟14块	33	146.5	78.5	2.5	11500.3	
12窟15块	34	46	20	2.6	920	
14窟1块	35	55.3	85.3	2.5	4717.1	
14窟2块	36	145.5	40	3.2	5820	
14窟3块	37	99.2	97	2.7	9622.4	
14窟4块	38	104	75.7	2.7	7872.8	

壁画编号	壁画序号	修复后长(cm)	修复后宽(cm)	修复后厚(cm)	修复后面积(cm²)	异形高度(cm)
14 窟 5 块	39	102	73	2.5-2.7	7446	
14 窟 6 块	40	151	68	2.5-3	10268	
14 窟 7 块	41	116	52	2.5	6032	
14 窟 8 块	42	110	76	2.6	8360	
14 窟 9 块	43	111.5	92	2.6	10258	
14 窟 10 块	44	112	72	2.6	8064	
14 窟 11 块	45	65.5	115.5	2.5	7565.3	
14 窟 12 块	46	122	67.5	2.6	8235	
14 窟 13 块	47	102	80	2.7	8160	
14 窟 14 块	48	117.5	73.5	2.4	8636.3	
15 窟 1 块	49	129	58	2.5	7482	
15 窟 3 块 -1	50	66.3	76.5	2.4	5072	
15 窟 3 块之二	51	82.5	68.2	2.6	5626.5	
15 窟 4 块	52	130	77	2.6	10010	
15 窟 5 块	53	47.5	102	2.5	4845	
15 窟 6 块	54	89.5	66	2.5	5907	
15 窟 7 块	55	144	58.5	2.5-2.7	8424	
15 窟 8 块	56	61.6	70.4	2.4	4336.6	
15 窟 9 块	57	87	75	2.7	6525	
15 窟 10 块	59	50	73.3	2.4	3665	
15 窟 10 块	58	59	69.5	2.5	4100.5	
16 窟 1 块	60	110.3	98.3	2.7	10842.5	

壁画编号	壁画序号	修复后长 (cm)	修复后宽 (cm)	修复后厚 (cm)	修复后面积 (cm²)	异形高度 (cm)
16窟2块	61	75.8	79.7	2.3	6041.3	
16窟3块	62	77.4	105	2.3	8127	
16窟4块	63	72	70	2.4	5040	
16窟5块	64	84.5	80.5	3.5-5	6802.3	
16窟6块	65	133	57.2	2.5	7607.6	
16窟7块	66	109.5	75.5	2.5	8267.3	
16窟8块	67	134	90	2.5	12060	
16窟9块	68	69.8	46.5	2.3	3245.7	
16窟10块	69	90	78.6	2.5	7074	
16窟11块	70	120	49	2.6	5880	
16窟12块	72	82	82	2.5	6724	
16窟12块	71	102	90	2.5	9180	
16窟13块	73	91	51.2	2.5	4659.2	
16窟14块	74	91	79	3-3.5	7189	
16窟15块	75	100	90	2.5-2.7	9000	
16窟16块	76	81	65	2.5-2.8	5265	
16窟17块	77	102	71	2.8-3	7242	
16窟18块	78	151	65	2.9	9815	
16窟19块	79	94.5	75	2.6	7087.5	
16窟20块	80	52.5	59.5	2.4	3123.8	
16窟21块	81	140.5	90.5	2.6	12715.3	
16窟22块	82	117	48	2.6	5616	

壁画编号	壁画序号	修复后长 (cm)	修复后宽 (cm)	修复后厚 (cm)	修复后面积 (cm²)	异形高度 (cm)
16 窟 23 块	83	105	55	2.3	5775	
38 窟 6 块	89	144	62	2.4	8928	10
38 窟 7 块	90	149	75	2.7	11175	11
38 窟 8 块	92	85	64.5	3-3.3	5482.5	11
38 窟 9 块	94	101	87	2.8	8787	
38 窟 10 块	94	114	93	2.5	10602	
38 窟 11 块	95	112	54	2.6	6048	7
38 窟 12 块	96	99-137	55-59	2.5	6726	16
38 窟 13 块	97	102	75	2-2.2	7650	
38 窟 14 块	98	83	76	2.7	6308	
38 窟 15、16 块	99	143	70	2.6	10010	8.5
38 窟 17 块	100	116	72	2.5	8352	13
38 窟 18 块	方案无	140	72	2.5	10080	14
38 窟 19 块	101	144	76.5	2.6-3	11016	12
38 窟 20 块	102	144	76	2.5-2.7	10944	14
38 窟 21 块	103	127.5	47	3.3-5	5992.5	8
38 窟 22 块	104	156.5	81-90	2.5-3.3	13380.8	9
38 窟 23 块	105	152	71	2.2-3	10792	7
38 窟 24 块	106	142	87.5-107	2.3-2.6	13774	9
38 窟 26 块	107	139	80	2.5	11120	4
38 窟 27 块	109	128	55	2.8	7040	10
38 窟 28 块	110	85	46	2.6-2.8	3910	20

壁画编号	壁画序号	修复后长 (cm)	修复后宽 (cm)	修复后厚 (cm)	修复后面积 (cm²)	异形高度 (cm)
38窟29块	111	119	54	2.6	6426	10
38窟30块	112	107–126	93–104.5	2.5–2.7	11504	
38窟31、32块	113	88	78	2.7	6864	15
38窟33块	115	126.5	95	2–2.3	12017.5	13.5
38窟34块	114	115.5–128.3	64.5–93	2.5	9213.8	3
38窟35块	116	92.5	59	2.5–3.3	5457.5	15
38窟36块	方案无	137–162	70.5–87.5	2.3–2.7	11810.5	19.5
38窟37块	117	136.5	59–71	2.5	8872.5	13.5
38窟38块	118	168	28	2.8	4704	10
38窟39块	119	124.5	88.5	2.3	11018.3	4
38窟40块	120	93–103	60–63.5	2.5–3.5	6076	25
38窟41块	122	165	70	2.5–4	11550	18
38窟41块（后甬道边）	121	126	28	2.7	3528	
38窟42块	方案无	191	107.5	2.5	20532.5	
61窟1块	123	100	75	2.4	7500	
61窟2块	124	98	74.5	2.5	7301	
61窟3块	125	91.7	75.5	2.1	6923.4	
61窟4快	126	56.5	80.8	2.5	4565.2	
61窟5块	127	79.6	59.5	2.2	4736.2	
61窟6块	128	60.5	93.5	2.5	5656.8	
61窟7块	129	71	121	2.5	8591	
61窟8块	130	98.5	64	2.4	6304	

壁画编号	壁画序号	修复后长 (cm)	修复后宽 (cm)	修复后厚 (cm)	修复后面积 (cm^2)	异形高度 (cm)
61 窟 9 块	132	122	74.5	2.6	9089	
61 窟 10 块	133	67	109	2.5	7303	
61 窟 10 块	134	121	49	2.5	5929	
61 窟 12 块	135	111.5	65	2.6	7247.5	
61 窟 13 块	136	90	77.5	2.5	6975	
61 窟 14 块	137	91	79	3–3.5	7189	20
61 窟 15 块	方案无	96	74	2.5	7104	20
无编号 1（方形）	138	105	101	3	10605	
无编号 2（佛头）	139	66	61	2.5–4	4026	9

附录 4

修复完成后图片示例

附图 4-1　窟群区第 10 窟 -10K1 壁画修复后

附图 4-2　窟群区第 11 窟 -11K7（下）壁画修复后

附图 4-3　窟群区第 12 窟 -12K10 壁画修复后

附图 4-4　窟群区第 14 窟 -14K14 壁画修复后

附图 4-5 窟群区第 15 窟 -15K3（1）壁画修复后

附图 4-6　窟群区第 16 窟 -16K2 壁画修复后

附图 4-7　窟群区第 38 窟 -38K41（后甬道顶）壁画修复后

附图 4-8 窟群区第 61 窟 -61K3 壁画修复后

附录 5

单幅壁画修复报告范例

1 前期调查

1.1 修复前基本信息

壁画编号：揭取时编号，第十窟第二块；修复方案序号，2。

壁画尺寸：长 116cm、宽 62cm、总厚 3~6.4cm、泥层厚 1~4.4cm、面积 0.69m²。

画面内容：壁画呈不规则弧形，画面下部为五尊宝塔，中部可见有人物形象，画面皆模糊不清，身形可以辨别的有两尊，为扛木比丘，画面上部主要为飘带。

揭取地点：库木吐喇石窟第 10 号窟后室前壁。

揭取时间及原因：20 世纪 70 年代，新疆维吾尔自治区水电部门在库木吐喇石窟保护区范围内修建水电站时，大坝截流导致窟区水位上涨，造成下层沿河十余个洞窟被水淹没，洞窟内的壁画遭水浸蚀。为了抢救这批珍贵壁画，新疆龟兹研究院（原新疆龟兹石窟研究所）委托敦煌研究院的技术人员于 1991 年将 8 个洞窟的壁画分为 137 块，面积近 100m² 的壁画进行了揭取，并进行了简单的加固。

揭取后保存地点：库木吐喇石窟第 42 号窟。

1.2 壁画制作材料及工艺

（1）壁画地仗层：下层麦草泥层，上层麻泥层。

（2）支撑体：厚约 2cm 的角铁框架，其间填充麦草泥。

（3）颜料层：壁画表面颜色以暗红、红色、黑、白、棕色为主。

（4）制作工艺：壁画制作工艺是先在陡峭的砂砾岩崖壁上开凿成形洞窟，之后在洞窟围岩上用掺有麦秸的黏土泥抹平砂岩壁面，然后上面再抹一层掺羊毛或棉、麻的细泥，待这层泥质地仗层完全干燥后，用石膏或白垩粉涂刷形成白粉层；最后进行线描添彩。库木吐喇石窟壁画的制作方法与我国其他地方的石窟壁画一致，也属于古代干壁画的形式，其基本组成为四部分，即基础支撑体、地仗层（粗泥层＋细泥层）、白粉层、颜料层。

1.3 病害描述：

整个画面被一层灰尘覆盖，且被熏黑，画面可辨识度很低，画面左侧碎裂较为严重，且碎块有错位现象，画面有较明显的起甲现象，甲片未见卷曲；画面有多条裂缝，左侧有颜料层点状脱落，右侧颜料层粉化较为明显。主要病害有烟熏、灰尘覆盖、泥渍、起甲、裂隙、颜料层粉化、颜料层脱落、颜料层点状脱落、地仗层碎裂、凿洞、地仗层缺失、地仗层碎裂、不当历史加固。

（1）颜料层病害：颜料层病害主要有灰尘、覆盖、泥渍覆盖、颜料层脱落、颜料层粉化、颜料层起甲、颜料层点状脱落等。整个画面都覆盖着一层灰尘，且被烟熏黑，严重影响了画面的可辨识度和美感；泥渍和覆盖主要集中在画面的下半部分，局部覆盖住了下面的绘画色彩和线条；起甲，画面起甲部位比较多，沿裂开边缘微微隆起；甲片末卷曲翘起；颜料层粉化主要存在于画面左侧；颜料层脱落，画面左侧靠下部，画面下部的半椭圆部位；颜料层点状脱落，右侧人物部位。

（2）地仗层病害：地仗层病害主要有地仗层脱落、地仗层碎裂、裂隙、粗泥层与细泥层空鼓分离、错位、塌陷、不当历史填补等。地仗层脱落主要集中在画面的左下部；地仗层碎裂主要分布在画面的左半部分；裂隙，主要在画面的左侧，弧度处有较大的裂隙，还伴随有细小的裂隙；塌陷主要存在于画面的左侧；不当历史填补主要表现为用水泥及三合土填补缺失地仗，填补部位多已与原地仗分离，且多数填补边缘覆盖污染了画面。

（3）支撑体病害：主要有支撑体变形、支撑体与地仗层分离等。

（4）病害成因简析：

外部因素：主要表现为赋存大环境的变化对壁画材质造成的影响，如气候的变化：季节交替、旱涝交替；自然灾害的发生，地震、水灾、火灾、等；赋存环境的变化：相对湿度、温度、大气污染物、降尘、光照、生物活动、生物腐蚀、风沙等；人类活动的干预：战争、偷盗、故意破坏、宗教冲突、题名题字、基础建设；保护干预：揭取、清洗、加固、搬运、灌浆、复原性的修复、历史修复的去除等等。

内部因素：主要取决于壁画自身制作材料的性质，如壁画制作材料天生的敏感性，包括制作材料的物化稳定性、支撑体的稳定性，孔隙度，比重，强度，含盐量，盐的种类、不同制作材料的兼容性、在自然条件下是否稳定等。

内外因素的综合作用，导致了壁画的衰退以及各种病害的产生，一种病害的产生通常是多种因素综合作用的结果，同一位置的壁画也是多种病害并存，共同发展。

图1　壁画正面正投影照片

图2　壁画背面正投影照片

图 3　画面灰尘及泥渍覆盖

图 4　颜料层脱落

图 5　起甲及裂隙、地仗层碎裂

图 6　地仗层碎裂

图 7　裂缝

图 8　凿痕

246

5.壁画病害图

新疆库木吐喇石窟已揭取壁画病害图			
位置	窟群区第 10 窟第二块		
制图	王力丹	校核	孙延忠
审定	郭宏	日期	2011.11
设计单位	中国文化遗产研究院		

图例：裂隙　灰浆修补　起甲　地仗脱落　涂写　颜料层脱落　泥渍　水渍　点状脱落
龟裂　酥碱　划痕　空鼓　烟熏　覆盖　盐霜　水泥修补　环氧粘接

图 9　壁画病害图

2　壁画的修复材料及工艺

2.1 壁画修复材料筛选

在考虑壁画修复材料选材 "最小介入、最大兼容、兼顾可逆" 原则的前提下，选取能够达到预期修复加固效果，且不会对壁画的观赏及长期保存带来危害的材料。在实验室试验的基础上结合新疆干旱地区的工作经验，选取不同浓度的 Primal AC33 乳液作为壁画的画面加固及地仗层加固材料；选取浓度为 0.5% 的羟甲基纤维素水溶液以及棉纸、宣纸作为画面的保护性封护材料；选用蜂窝铝板、玻璃纤维布、碳纤维布配合环氧制作壁画新的支撑体；采用环氧胶泥作为支撑体与地仗层之间的粘接材料；根据地仗层分析结果，用脱盐澄板土与沙按照 65∶35 混合，加上总质量 2% 的麻刀，再混合 27%~30% 的 2% Primal AC33 水溶液和泥作为过渡层及缺失地仗填补材料。

2.2 壁画修复工艺筛选：

经过试验与现场前期实际工作确定了以下修复工艺，如图10所示。

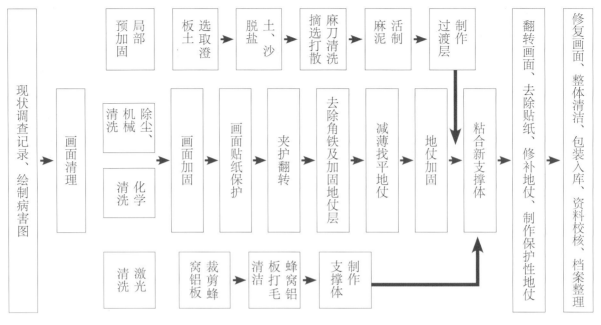

图10　壁画修复工艺筛选图

3　实施修复

在前期调查及现场试验的基础上，确定了该幅壁画的具体修复路线，如图11所示。

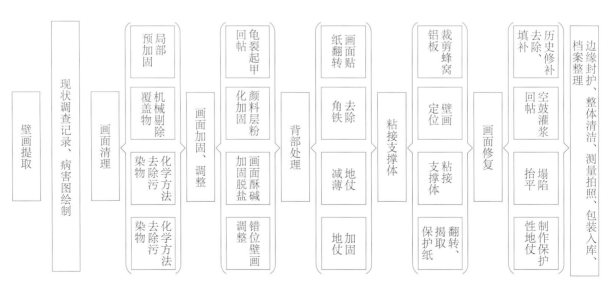

图11　壁画修复流程示意图

3.1 表面清理

除尘：用软毛刷轻轻扫去表面浮土，再用洗耳球沿一个方向吹去附着在颜料层上的浮尘。对较为稳定画面使用洗耳球吹，然后软毛刷扫，再用洗耳球吹走。起甲部位用软毛刷扶住甲片，洗耳球吹干净甲片表面及背后浮土。较严重的酥碱部位上的浮土，可用小的软毛刷接触尘土，轻沾提走。

泥渍去除：一般泥渍，竹刀、手术刀机械剔除。较顽固污渍：用去离子水先软化，再用竹刀手术刀等逐层剔除，附着画面的用棉签蘸水轻滚，使完全去除。历史加固覆盖去除，用手术刀剔除覆盖画面的三合土、麦草泥、麻泥等，较硬的三合土先用2A软化后，再逐层去除。

画面污染：X-60纸润湿贴敷吸附表面残留胶液，重复操作，直到画面污染物去除。

图12　画面清理（泥渍）

图13　画面清理（除尘）

3.2 画面加固

（1）颜料层粉化加固：加固材料 Primal AC33 乳液浓度 2~5%。

工艺流程：滴渗加固剂－棉包滚压－修复刀垫棉纸压平－脱脂棉蘸胶液再加固。

（2）颜料层龟裂起甲回贴：加固材料 Primal AC33 乳液，浓度 1.5~3%，视具体情况而定（颜料层、颜料层附带白粉层、颜料层附带细泥层）。

工艺流程：清除壁画表面尘土－注射粘合剂－回贴起甲壁画－用棉球滚压起甲壁画表面。

图14　画面加固（滴胶）

图15　画面加固（压平回帖）

3.3 地仗层病害处理

（1）酥碱壁画的处理：使用材料有 Primal AC33 乳液，棉纸，X-60 纸。

工艺流程： 壁画表面除尘－修补地仗层－注射粘结剂－加固颜料层－滚压－压平壁画面－敷设脱盐材料－更换脱盐材料。

（2）空鼓分层的处理：加固材料及用具有脱盐澄板土，沙，Primal AC33 乳液，大号注射器，大号针头。

工艺流程：清除分层面杂物－渗透加固下层地仗－注入浆液－回贴分层壁画－压实阴干

（3）错位的处理：使用材料有泥浆，麻泥，Primal AC33 乳液 。

工艺流程：错位叠压部位分离－浸润加固地仗层－调整错位画面－凹陷地仗补平－调整回贴

（4）塌陷的处理：使用材料有泥浆，麻泥，Primal AC33 乳液。

工艺流程：抬高塌陷画面－清理洼坑杂物－浸润加固地仗－凹陷地仗补平－回贴

（5）裂缝填补：加固材料及用具有脱盐澄板土，沙，Primal AC33 乳液。

工艺流程：清理裂缝－渗透加固－填补麻泥。

（6）地仗层缺失的处理：使用材料有 Primal AC33 乳液，麻泥。

工艺流程：清理画面灰尘－清理干净断面的沙土、地仗碎屑－地仗层进行加固－最后对壁画地仗层脱落处进行修补。

图 16　空鼓分层处理　　　　　　　　　　图 17　错位处理

3.4 画面贴纸保护

使用材料：棉纸，宣纸，0.5% 甲基纤维素。

工艺流程：配制 0.5% 甲基纤维素水溶液－剪裁合适大小的棉纸和宣纸－画面铺上棉纸上刷羟甲基纤维素水溶液－棉纸上贴宣纸。

图 18　画面贴纸保护（裁纸）　　　　　　图 19　画面贴纸保护（刷胶）

3.5 去除旧支撑体

工艺流程：翻转壁画－在壁画背部支撑体表面沿角铁框架划出 2cm×2cm 的切割线－喷洒蒸馏水润湿粘土泥质支撑体－用木工扁平凿刀将泥质支撑体划割成厚度 1.0cm 的 2cm×2cm 方格－用刀具从侧面水平方向切除泥质支撑体，使角铁框架完全显露－整体去除角铁框架－用铲刀等工具减薄找平地仗层－选择浓度为 3~5% Primal AC33 乳液渗透加固地仗层（保留原地仗层厚度约 0.8~1cm）。

图 20　去除角铁

图 21　减薄地仗层

图 22　地仗层加固补强

图 23　地仗层养护

3.6 制作过渡层

修复材料：脱盐澄板土和细砂以 65:35 的比例混合，加入 2% 的麻刀，用 2% 的 PrimalAC33 乳液调制成泥。

修复工艺：制作边框－用蒸馏水润湿壁画地仗层－制作壁画过渡层－养护。

图 24　制作过渡层

图 25　过渡层养护

3.7 制作新支撑体

使用材料：蜂窝铝板，丙酮。

工艺流程：裁剪蜂窝板－蜂窝板面打毛－丙酮擦洗－非平面型整形调整

图26　制作支撑体（蜂窝板处理）

3.8 粘贴新支撑体

使用材料：环氧、固化剂、滑石粉、玻璃纤维布。

工艺流程：壁画定位－打格子－滴胶－粘贴－翻转壁画－养护。

图27　粘接玻璃纤维

图28　滴环氧胶泥

图29　粘接蜂窝板

图30　养护

3.9 制作保护性地仗

修复材料：保护性地仗用脱盐澄板土和细砂以 65∶35 的比例混合，加入 2% 的麻刀，用水灰比为 29% 的 2% 的 Primal AC33 乳液调制成泥。封堵蜂窝铝板空隙用粗砂与 Primal AC33 原液混合而成的砂浆。

工作流程：边缘修整－切割面填补－边缘空白蜂窝板处理－制作新的保护性地仗。

图 31　制作边缘保护性地仗　　　　　　图 32　制作边缘保护性地仗

3.10 揭纸、细部处理

使用材料：温水，Primal AC33，滑石粉，砂。

工艺流程：揭纸（去除表面封护的棉纸）－效果处理（画面边缘细节处理）－加固（画面及后补地仗再处理）－边缘封护（滑石粉、沙、土、Primal AC33 原液按比例混合）。

图 33　去除画面保护棉纸　　　　　　　图 34　边缘封护

3.10 修复后拍照记录、入库

修复后拍照；画面临时性用宣纸包裹，防止降尘；修复完成，入库。

图 35　修复完成正面照片

图 36　修复完成背面照片

4　修复后信息

修复后壁画尺寸为长 124cm、宽 70cm、总厚 3.2cm、弧高 20cm，面积 $0.87m^2$（面积包括边缘保护性地仗）。

5　修复的难点与重点

修复难点：该幅壁画修复的主要难点是画面清理、错位处理、支撑体的制作，因画面颜料层特别脆弱，画面又经过烟熏，画面局部的覆盖物比较坚硬，难以去除；左侧画面错位较多，碎块较小，且线条不清晰，给错位碎块的归位带来了一定的困难；因为此幅壁画是非平面型壁画，支撑体为刚性的蜂窝铝材，将蜂窝铝材处理成贴合壁画的形状加大了修复的难度。

修复重点：修复重点在于画面的清理、错位拼对、起甲回贴、粉化加固以及支撑体更换。

附录6

施工批复及项目委托书

关于新疆库木土喇石窟已揭取壁画的修复及其预防性保护方案的批复

[2012-07-25]

文物博函〔2012〕1491号

新疆维吾尔自治区文物局：

你局《关于报送新疆维吾尔自治区龟兹研究院院藏珍贵文物保护修复方案的请示》（新文物博发[2012]18号）收悉。经研究，我局批复如下：

一、原则同意所报《新疆库木土喇石窟已揭取壁画的修复及其预防性保护方案设计》。

二、请你局组织有关单位建立详细的文物保护修复技术档案，撰写文物修复报告，请于项目结束后3个月内将文物修复报告报我局备案。

国家文物局

二〇一二年六月二十六日

委 托 书

中国文化遗产研究院：

由贵院承担完成的《新疆库木吐喇石窟揭取壁画的修复及其预防性保护方案》和《新疆龟兹研究院馆藏彩绘泥塑的修复及其预防性保护方案设计》经新疆维吾尔自治区文物局上报国家文物局，现国家文物局已正式批准实施该两个方案。为了加强对新疆龟兹石窟文物的保护，根据《中国文物古迹保护准则》和《文物保护工程管理办法》等文物保护法规的要求，现特委托贵院承担完成《新疆库木吐喇石窟揭取壁画的修复》和《新疆龟兹研究院馆藏彩绘泥塑的修复》。敬请贵院按照国家文物保护相关法规和行业标准，组织技术队伍，依据国家文物局的批复意见编制施工组织设计方案，完成我院库木吐喇石窟已揭取壁画，以及我院收藏的彩绘泥塑文物的保护修复施工任务。

特此委托！

新疆龟兹研究院

2013年3月13日

附录 7

中期评审及终期验收文件

库木吐喇石窟揭取壁画暨龟兹研究院馆藏彩塑保护修复工程

中期评估会议纪要

2013 年 10 月 22 日，在新疆自治区文物局的支持和龟兹研究院的组织下，会议邀请了相关专家对《库木吐喇揭取壁画暨龟兹研究院馆藏彩塑保护修复工程》项目进行了中期评估。专家组在现场考察的基础上，听取了项目组汇报，并进行了评估，提出了意见和建议，具体内容如下：

1、项目任务量及难度较大，但项目组工作细致、规范，程序合理、方法科学、效果良好，符合预期目标要求；

2、保护修复团队构成合理，促进了当地壁画保护修复人才培养；

3、加强起甲部位修复实验，确定更适应新疆气候条件的修复材料及方法；

4、在下一步工作中继续做好文物档案的完整记录和保存工作；

5、由龟兹研究院妥善保存已修复完成的壁画，保存环境应相对稳定。

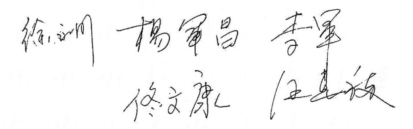

新疆库木吐喇石窟已揭取壁画保护修复工程
专家验收意见

2016 年 3 月 17 日，新疆维吾尔自治区文物局组织专家对新疆库木吐喇石窟已揭取壁画保护修复工程进行了验收。该工程由中国文化遗产研究院设计与施工，新疆龟兹研究院组织实施。经现场考察、查阅资料、听取汇报和询问，讨论形成以下意见和建议：

1、工程前期研究工作充分,工作效率高。

2、工程质量合格，保护修复效果良好。

3、工程施工管理规范，验收资料齐全。

建议通过验收。

专家签字：

二〇一六年三月十七日

260

新疆维吾尔自治区文物局

关于新疆库木吐喇石窟已揭取壁画的修复
及其预防性保护项目验收情况的函

中国文化遗产研究院:

　　新疆库木吐喇石窟已揭取壁画的修复及其预防性保护项目（文物博函〔2012〕1491号）由你院设计、施工，我局受国家文物局委托，于2016年3月17日组织专家对该项目进行验收。通过现场考察、查阅资料、听取汇报和询问等环节，专家组认为该工程质量合格，修复效果良好，工程管理规范，资料齐全。经专家组综合评定，该项目通过验收。

　　此函。

2016年12月15日

附录 8

已揭取壁画病害图示例（部分）

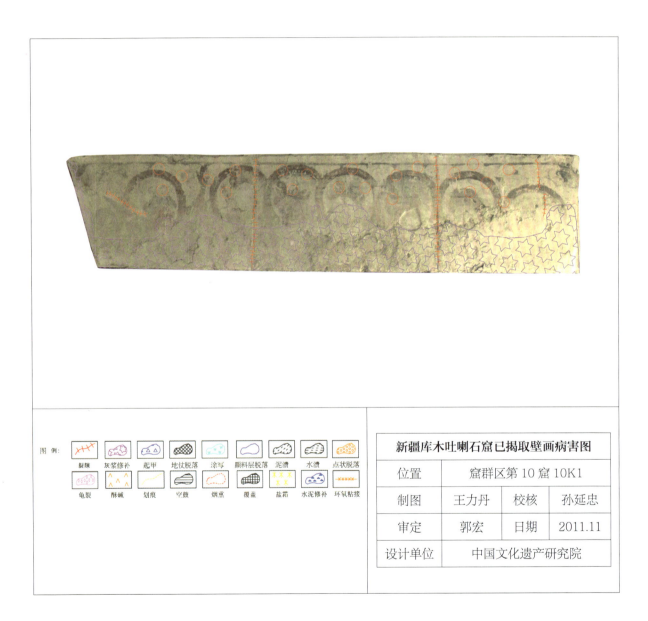

图 例：

裂隙	灰浆修补	起甲	地仗脱落	涂写	颜料层脱落	泥渍	水渍	点状脱落
龟裂	酥碱	划痕	空鼓	烟熏	覆盖	盐霜	水泥修补	环氧粘接

新疆库木吐喇石窟已揭取壁画病害图

位置	窟群区第 10 窟 10K1		
制图	王力丹	校核	孙延忠
审定	郭宏	日期	2011.11
设计单位	中国文化遗产研究院		

图例：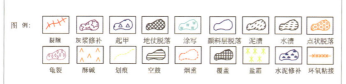

裂隙　灰浆修补　起甲　地仗脱落　涂写　颜料层脱落　泥渍　水渍　点状脱落

龟裂　酥碱　划痕　空鼓　烟熏　覆盖　盐霜　水泥修补　环氧粘接

新疆库木吐喇石窟已揭取壁画病害图			
位置	窟群区第 11 窟 11K7（下）		
制图	王力丹	校核	孙延忠
审定	郭宏	日期	2011.11
设计单位	中国文化遗产研究院		

图例: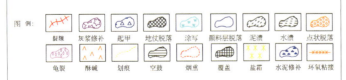

裂隙　灰浆修补　起甲　地仗脱落　涂写　颜料层脱落　泥渍　水渍　点状脱落

龟裂　酥碱　划痕　空鼓　烟熏　覆盖　盐霜　水泥修补　环氧粘接

新疆库木吐喇石窟已揭取壁画病害图			
位置	窟群区第 12 窟 12K10		
制图	王力丹	校核	孙延忠
审定	郭宏	日期	2011.11
设计单位	中国文化遗产研究院		

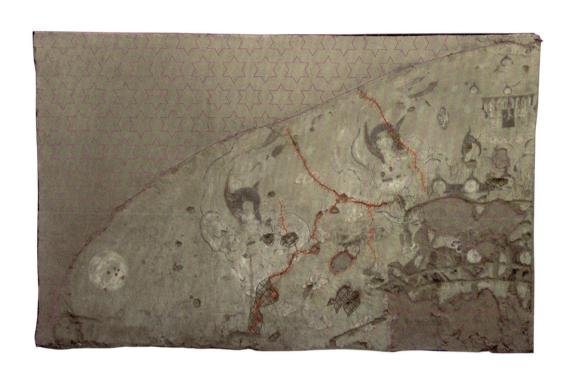

图 例: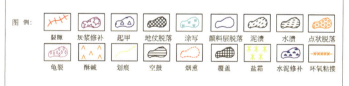

裂隙	灰浆修补　起甲　地仗脱落　涂写　颜料层脱落　泥渍　水渍　点状脱落
龟裂	酥碱　划痕　空鼓　烟熏　覆盖　盐霜　水泥修补　环氧粘接

新疆库木吐喇石窟已揭取壁画病害图			
位置	窟群区第 14 窟 14K14		
制图	王力丹	校核	孙延忠
审定	郭宏	日期	2011.11
设计单位	中国文化遗产研究院		

图 例: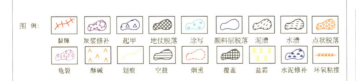

裂隙　灰浆修补　起甲　地仗脱落　涂写　颜料层脱落　泥渍　水渍　点状脱落

龟裂　酥碱　划痕　空鼓　烟熏　覆盖　盐霜　水泥修补　环氧粘接

新疆库木吐喇石窟已揭取壁画病害图				
位置	窟群区第 15 窟 15K3(1)			
制图	王力丹	校核		孙延忠
审定	郭宏	日期		2011.11
设计单位	中国文化遗产研究院			

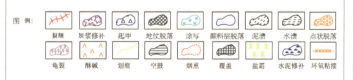

图例：

裂隙	灰浆修补	起甲	地仗脱落	涂写	颜料层脱落	泥渍	水渍	点状脱落

龟裂	酥碱	划痕	空鼓	烟熏	覆盖	盐霜	水泥修补	环氧粘接

新疆库木吐喇石窟已揭取壁画病害图			
位置	窟群区第 16 窟 16K2		
制图	王力丹	校核	孙延忠
审定	郭宏	日期	2011.11
设计单位	中国文化遗产研究院		

图例：

裂隙	灰浆修补	起甲	地仗脱落	涂写	颜料层脱落	泥渍	水渍	点状脱落
龟裂	酥碱	划痕	空鼓	烟熏	覆盖	盐霜	水泥修补	环氧粘接

新疆库木吐喇石窟已揭取壁画病害图			
位置	窟群区第 38 窟 38K41（后甬道顶）		
制图	王力丹	校核	孙延忠
审定	郭宏	日期	2011.11
设计单位	中国文化遗产研究院		

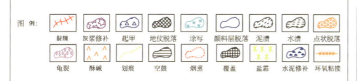

图例：

製隙　灰浆修补　起甲　地仗脱落　涂写　颜料层脱落　泥渍　水渍　点状脱落

龟裂　酥碱　划痕　空鼓　烟熏　覆盖　盐霜　水泥修补　环氧粘接

新疆库木吐喇石窟已揭取壁画病害图			
位置	窟群区第 61 窟 61K3		
制图	王力丹	校核	孙延忠
审定	郭宏	日期	2011.11
设计单位	中国文化遗产研究院		

附录9

已揭取壁画
修复施工图示例

除尘
材料工具：软毛刷、洗耳球。
工艺流程：（1）完整画面：用软毛刷轻轻扫去表面浮土，再用洗耳球
一个方向吹去附着在颜料层上的浮尘。
（2）起甲部位：软毛刷扶住甲片，洗耳球吹干净甲片表面及背后浮土
（3）酥碱、颜料层粉化部位：用小的软毛刷接触尘土，轻沾提走。

泥渍去除
材料工具：竹刀、手术刀、棉签、去离子水。
工艺流程：（1）一般泥渍：竹刀、手术刀机械剔除。
（2）较顽固泥渍：先用去离子水软化，再用竹刀、手术刀等
面较紧密的用棉签蘸去离子水轻滚，使其完全去除。
（3）黑色泥点：将小号画工笔前端刷毛部分剪去，留0.5cm
再用洗耳球吹去尘土。

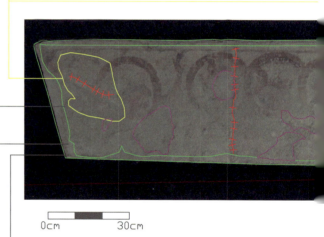

0cm　　　　30cm

制作隔离层
材料工具：脱盐澄板土和细沙以65:35的比例混合，加入2%
刀，用2% Primal AC33乳液和制成泥；修复刀。
工艺流程：（1）制作边框。
（2）用蒸馏水润湿壁画地仗层。
（3）制作壁画过渡层。
（4）养护。

拆除角铁
材料工具：木工刀、美工刀、铲刀。
工艺流程：（1）翻转壁画。
（2）在壁画背部支撑体表面沿角铁框架划出2cm×2cm的切割线。
（3）喷洒蒸馏水润温黏土泥质支撑体。
（4）用木工刀将泥质支撑体划割成厚度1.0cm的2cm×2cm方格。
（5）用美工刀从侧面水平方向切除泥质支撑体，使角铁框架完全显
（6）整体去除角铁框架。
（7）用铲刀等工具减薄找平地仗层。
（8）选择浓度为3%-5% Primal AC33水溶液渗透加固地仗层
地仗厚度约0.8-1cm）。

历史加固覆盖去除
工艺流程：（1）用手术刀剔除覆盖面面的三合土、麦草泥、麻泥等
（2）较硬的三合土先用2A软化后再逐层去除

裂缝填补
材料工具：脱盐澄板土、沙、Primal AC33乳液、修复刀。
工艺流程：（1）清理裂缝（2）渗透加固（3）填补麻泥

画面贴纸保护
材料工具：棉纸、宣纸、0.5％羟甲基纤维素、排刷。
工艺流程（1）配制0.5％羟甲基纤维素水溶液（2）剪裁合适大小的棉纸和宣纸
（3）画面铺棉纸后刷纤维素水溶液（4）棉纸上贴宣纸

揭纸、细部处理
工艺流程
（1）去除表面封护的棉纸、宣纸（2）画面边缘细节处理
（3）画面及后补地仗再加固处理
（4）滑石粉、沙士、Primal AC33原液按比例混合进行边缘封护

地仗层错位的处理
材料工具：泥浆、麻泥、Primal AC33乳液、修复刀、针管
工艺流程：（1）错位叠压部位分离（2）浸润加固地仗层
（3）调整错位画面（4）低凹地仗补平（5）调整回贴

地仗层缺失的处理
材料工具：Primal AC33乳液、麻泥、修复刀
工艺流程：（1）清理画面灰尘（2）清理断面内的沙土、地仗碎属
（3）对地仗层进行加固（4）对地仗脱落处进行修补

制作保护性地仗
工艺流程：（1）边缘修整（2）切割面填补（3）边缘
空白蜂窝铝板补泥，制作新的保护性地仗

制作新支撑体
材料工具：蜂窝铝板、丙酮
工艺流程：（1）裁剪蜂窝铝板（2）
用钢刷打毛蜂窝铝板表面（3）丙酮清
洁表面

地仗层塌陷的处理
材料工具：泥浆、麻泥、Primal AC33乳液、修复刀、针管
工艺流程：（1）抬高塌陷画面（2）清理洼坑杂物（3）浸润加固地仗
（4）低凹地仗补平（5）回贴

粘接新支撑体
材料工具：环氧树脂、滑石粉
工艺流程：（1）壁画定位（2）壁画
背面画点胶定位格子（3）点胶（4）
粘贴（5）翻转壁画（6）压实

中国文化遗产研究院 CHINESE ACADEMY OF CULTURAL HERITAGE				项目名称	库木吐喇石窟已揭取壁画 保护修复工程		
审　定	马清林	子项负责		图　名	第10窟第1块壁画竣工图		
审　核	张晓彤	勘　测		绘　图	刘生豪	图　号	
项目负责	张晓彤	设　计	郭　宏	校　对	王乐乐	日　期	2015.01

除尘：
材料工具：软毛刷、洗耳球
工艺流程：（1）完整画面：用软毛刷轻轻扫去表面浮土，再用洗耳球沿一个方向吹去附着在颜料层上的浮尘
（2）起甲部位：软毛刷扶住甲片，洗耳球吹干净甲片表面及背后浮土
（3）酥碱、颜料层粉化部位：用小的软毛刷接触尘土，轻沾提走

裂缝填补：
材料工具：脱盐澄板土、沙、Primal AC33乳液、修复刀。
工艺流程：（1）清理裂缝（2）渗透加固（3）填补麻泥

制作新支撑体：
材料工具：蜂窝铝板
工艺流程：（1）
（3）丙酮清洁表面

颜料层龟裂起甲回帖：
材料工具：1.5%-3%Primal AC33乳液（浓度视起甲情况而定）、绸布棉拓包、木质修复刀、棉纸、胶滚
工艺流程：（1）清除壁画表面尘土（2）注射加固剂
（3）回帖起甲壁画（4）用棉球包滚压（5）整体滚压

画面贴纸保护：
材料工具：棉纸、宣纸、0.5%羟甲基纤维素、排刷。
工艺流程：（1）配制0.5%羟甲基纤维素水溶液
（2）剪裁合适大小的棉纸和宣纸
（3）画面铺棉纸后刷纤维素水溶液
（4）棉纸上贴宣纸

拆除角铁：
材料工具：木工刀、美工刀、铲刀。
工艺流程：（1）翻转壁画
（2）在壁画背部支撑体表面沿角铁框架划出2cm×2cm的切割线
（3）喷洒蒸馏水润温黏土泥质支撑体
（4）用木工刀将泥质支撑体划割成厚度1.0cm的2cm×2cm方格
（5）用美工刀从侧面水平方向切除泥质支撑体,使角铁框架完全显露
（6）整体去除角铁框架
（7）用铲刀等工具减薄找平地仗层
（8）选择浓度为3%-5% Primal AC33水溶液渗透加固地仗层（保留原地仗厚度约0.8-1cm）

颜料层粉化加固
材料工具：2%-5
布棉拓包、木质
工艺流程：（1）
（2）绸布拓棉包
（3）修复刀垫棉
（4）视情况再加
（5）再滚压

制作隔离层：
材料工具：脱盐澄板土和细沙以65:35的比例混合，加入2%的麻刀，用2% Primal AC33乳液和制成泥；修复刀。
工艺流程：（1）制作边框
（2）用蒸馏水润湿壁画地仗层
（3）制作壁画过渡层
（4）养护

泥渍去除：
材料工具：竹刀、手术刀、棉签、去离子水。
工艺流程：
（1）一般泥渍：竹刀、手术刀机械剔除（2）较顾固泥渍：先用去离子水软化，再用竹刀、手术刀等逐层剔除，附着画面较紧密的用棉签蘸去离子水轻滚，使其完全去除

板（2）用钢刷打毛蜂窝铝板表面

历史加固覆盖去除：
材料工具：手术刀、2A溶液
工艺流程：（1）用手术刀剔除覆盖面面的三合土、麦草泥、麻泥等
（2）较硬的三合土先用2A软化后再逐层去除

画面污染：
材料工具：棉签、X-60纸、棉纸、去离子水、蒸汽加湿器
工艺流程：（1）棉签蘸去离子水去除淌痕、污渍
（2）壁画表面敷设棉纸，用蒸汽加湿器软化、溶解残留胶液、棉纸吸附
（3）X-60纸湿润吸附残留胶液、重复操作、直至表面残留胶液去除

地仗层缺失的处理：
材料工具：Primal AC33乳液、麻泥、修复刀
工艺流程：（1）清理画面灰尘（2）清理断面内的沙土、地仗碎属
（3）对地仗层进行加固（4）对地仗脱落处进行修补

揭纸、细部处理：
工艺流程：
（1）去除表面封护的棉纸、宣纸
（2）画面边缘细节处理
（3）画面及后补地仗再加固处理
（4）滑石粉、沙士、Primal AC33原液按比例混合进行边缘封护

30cm

粘接新支撑体：
材料工具：环氧树脂、滑石粉
工艺流程：（1）壁画定位（2）壁画背面画点胶定位格子
（3）点胶（4）粘贴（5）翻转壁画
制作保护性地仗：
工艺流程：（1）边缘修整（2）切割面填补
（3）边缘空白蜂窝铝板补泥，制作新的保护性地仗

AC33、绸

中国文化遗产研究院 CHINESE ACADEMY OF CULTURAL HERITAGE		项目名称	库木吐喇石窟已揭取壁画保护修复工程		
审　定	马清林	子项负责		图　名	第11窟第7块（下）壁画竣工图
审　核	张晓彤	勘　测		绘　图	刘生豪　图　号
项目负责	张晓彤	设　计 郭　宏		校　对	王乐乐　日　期　2015.01

除尘：
材料工具：软毛刷、洗耳球
工艺流程：（1）完整画面：用软毛刷轻轻扫去表面浮土，再用洗耳球沿一个方向吹去附着在颜料层上的浮尘。
（2）起甲部位：软毛刷扶住甲片，洗耳球吹干净甲片表面及背后浮土
（3）酥碱、颜料层粉化部位：用小的软毛刷接触尘土，轻沾提走

画面污染：
材料工具：棉签、X-60纸、棉纸、去离子水、蒸汽加湿器
工艺流程：（1）棉签蘸去离子水去除淌痕、污渍
（2）壁画表面敷设棉纸，用蒸汽加湿器软化、溶解残留胶液、棉纸吸附
（3）X-60纸湿润吸附残留胶液、重复操作、直至表面残留胶液去除

揭纸、细部处理：
工艺流程：
（1）去除表面封护的棉纸、宣纸
（2）画面边缘细节处理
（3）画面及后补地仗再加固处理
（4）滑石粉、沙士、Primal AC33原液按比例混合进行边缘封护

颜料层粉化加固：
材料工具：2%-5% Primal AC33、绸布棉拓包、木质修复刀、棉纸
工艺流程：（1）滴渗加固剂（2）绸布拓棉包滚压
（3）修复刀垫棉纸压平（4）视情况再加固（5）再滚压

颜料层龟裂起甲回帖：
材料工具：1.5%-3%Primal AC33乳液（浓度视起甲情况而定）、绸布棉拓包、木质修复刀、棉纸、胶滚
工艺流程：（1）清除壁画表面尘土（2）注射加固剂（3）回帖起甲壁画
（4）用棉球包滚压（5）整体滚压

制作隔离层：
材料工具：脱盐澄板土和细沙以65:35的比例混合，加入2%的麻刀，用2% Primal AC33乳液和制成泥；修复刀。
工艺流程：（1）制作边框（2）用蒸馏水润湿壁画地仗层
（3）制作壁画过渡层（4）养护

制作保护性地仗：
工艺流程：（1）边缘
（3）边缘空白蜂窝铝
性地仗

拆除角铁：
材料工具：木工刀、美工刀、铲刀。
工艺流程：（1）翻转壁画（2）在壁画背部支撑体表面沿角铁框架划出2cm×2cm的切割线（3）喷洒蒸馏水润温黏土泥质支撑体（4）用木工刀将泥质支撑体划割成厚度1.0cm的2cm×2cm方格（5）用美工刀从侧面水平方向切除泥质支撑体，使角铁框架完全显露（6）整体去除角铁框架（7）用铲刀等工具减薄找平地仗层（8）选择浓度为3%-5% Primal AC33水溶液渗透加固地仗（保留原地仗厚度约0.8-1cm）

制作新支撑体：
材料工具：蜂窝铝板、
工艺流程：（1）裁剪蜂
蜂窝铝板表面（3）丙酮
粘接新支撑体：
材料工具：环氧树脂、
工艺流程：（1）壁画
定位格子（3）点胶（4

去除：
工具：竹刀、手术刀、棉签、去离子水。
流程：（1）一般泥渍：竹刀、手术刀机械剔除。（2）较顾固泥渍：先用去离子水软化，再用竹刀、手术刀等逐层剔除，附着画面较紧密的用棉签蘸去离子水轻滚，使其完全去除。
黑色泥点：将小号画工笔前端刷毛部分剪去，留0.5cm左右，轻刷黑点，再用洗耳球吹去尘土。

画面贴纸保护：
材料工具：棉纸、宣纸、0.5%羟甲基纤维素、排刷。
工艺流程：（1）配制0.5%羟甲基纤维素水溶液（2）剪裁合适大小的棉纸和宣纸
（3）画面铺棉纸后刷纤维素水溶液（4）棉纸上贴宣纸

历史加固覆盖去除：
材料工具：手术刀、2A溶液
工艺流程：（1）用手术刀剔除覆盖面面的三合土、麦草泥、麻泥等
（2）较硬的三合土先用2A软化后再逐层去除

地仗层塌陷的处理：
材料工具：泥浆、麻泥、Primal AC33乳液、修复刀、针管
工艺流程：（1）抬高塌陷画面（2）清理洼坑杂物（3）浸润加固地仗
（4）低凹地仗补平（5）回贴

地仗层缺失的处理：
材料工具：Primal AC33乳液、麻泥、修复刀
工艺流程：（1）清理画面灰尘（2）清理断面内的沙土、地仗碎属
（3）对地仗层进行加固（4）对地仗脱落处进行修补

裂缝填补：
材料工具：脱盐澄板土、沙、Primal AC33乳液、修复刀
工艺流程：（1）清理裂缝（2）渗透加固（3）填补麻泥

0cm   30cm

地仗层空鼓分层的处理：
材料工具：脱盐澄板土、沙、Primal AC33乳液、大号注射器、大号针头、修复刀
工艺流程：（1）清除分层面杂物（2）渗透加固下层地仗（3）注入浆液
（4）回帖分层壁画（5）压实阴干

切割面填补
作新的保护

用钢刷打毛

背面画点胶
翻转壁画

中国文化遗产研究院 CHINESE ACADEMY OF CULTURAL HERITAGE		项目名称	库木吐喇石窟已揭取壁画 保护修复工程		
审　定	马清林	子项负责	图　名	第12窟第10块壁画竣工图	
审　核	张晓彤	勘　测	绘　图	刘生豪	图　号
项目负责	张晓彤	设　计　郭　宏	校　对	王乐乐	日　期　2015.01

除尘：
材料工具：软毛刷、洗耳球
工艺流程：（1）完整画面：用软毛刷轻轻扫去表面浮土，再用洗耳球沿一个方向吹去附着在颜
（2）起甲部位：软毛刷扶住甲片，洗耳球吹干净甲片表面及背后浮土
（3）酥碱、颜料层粉化部位：用小的软毛刷接触尘土，轻沾提走

画面污染：
材料工具：棉签、X-60纸、棉纸、去离子水、蒸汽加湿器
工艺流程：（1）棉签蘸去离子水去除淌痕、污渍
（2）壁画表面敷设棉纸，用蒸汽加湿器软化、溶解残留胶液、棉纸吸附
（3）X-60纸湿润吸附残留胶液、重复操作、直至表面残留胶液去除

地仗层塌陷的处理：
材料工具：泥浆、麻泥、Primal AC33乳液、修复刀、针管
工艺流程：（1）抬高塌陷画面（2）清理洼坑杂物（3）浸润加固地仗
（4）低凹地仗补平（5）回贴

历史加固覆盖去除：
材料工具：手术刀、2A溶液
工艺流程：（1）用手术刀剔除覆盖面面的三合土、麦草泥、麻泥等
（2）较硬的三合土先用2A软化后再逐层去除

裂缝填补：
材料工具：脱盐澄板土、沙、Primal AC33乳液、修复刀
工艺流程：（1）清理裂缝（2）渗透加固（3）填补麻泥

颜料层粉化加固：
材料工具：2%-5% Primal AC33、绸布棉拓包、木质修复刀、棉纸
工艺流程：（1）滴渗加固剂（2）绸布拓棉包滚压
（3）修复刀垫棉纸压平（4）视情况再加固（5）再滚压

制作隔离层：
材料工具：脱盐澄板土和细沙以65:35的比例混合，加入2%的麻刀，用
2% Primal AC33乳液和制成泥；修复刀。
工艺流程：（1）制作边框（2）用蒸馏水润湿壁画地仗层
（3）制作壁画过渡层（4）养护

制作保护
工艺流程
（2）切
（3）边

拆除角铁：
材料工具：木工刀、美工刀、铲刀。
工艺流程：（1）翻转壁画
（2）在壁画背部支撑体表面沿角铁框架划出2cmx2cm的切割线
（3）喷洒蒸馏水润温黏土泥质支撑体
（4）用木工刀将泥质支撑体划割成厚度1.0cm的2cmX2cm方格
（5）用美工刀从侧面水平方向切除泥质支撑体,使角铁框架完全显露
（6）整体去除角铁框架
（7）用铲刀等工具减薄找平地仗层
（8）选择浓度为3%-5% Primal AC33水溶液渗透加固地仗层（保
留原地仗厚度约0.8-1cm）

制作新支撑体
材料工具：蜂
工艺流程：（1
（2）用钢刷打
（3）丙酮清洁
粘接新支撑体
材料工具：环
工艺流程：（
（2）壁画背面
（3）点胶（4

泥渍去除：
材料工具：竹刀、手术刀、棉签、去离子水。
工艺流程：（1）一般泥渍：竹刀、手术刀机械剔除。
（2）较顽固泥渍：先用去离子水软化，再用竹刀、手术刀等逐层剔除，附着画面较紧密的用棉签蘸去离子水轻滚，使其完全去除。（3）黑色泥点：将小号画工笔前端刷毛部分剪去，留0.5cm左右，轻刷黑点，再用洗耳球吹去尘土。

颜料层龟裂起甲回帖：
材料工具：1.5%-3%Primal AC33乳液（浓度视起甲情况而定）、绸布棉拓包、木质修复刀、棉纸、胶滚
工艺流程：（1）清除壁画表面尘土（2）注射加固剂
（3）回帖起甲壁画（4）用棉球包滚压（5）整体滚压

地仗层缺失的处理：
材料工具：Primal AC33乳液、麻泥、修复刀
工艺流程：（1）清理画面灰尘（2）清理断面内的沙土、地仗碎属
（3）对地仗层进行加固（4）对地仗脱落处进行修补

30cm

地仗层错位的处理：
材料工具：泥浆、麻泥、Primal AC33乳液、修复刀、针管
工艺流程：（1）错位叠压部位分离（2）浸润加固地仗层
（3）调整错位画面（4）低凹地仗补平（5）调整回贴

揭纸、细部处理：
工艺流程
（1）去除表面封护的棉纸、宣纸
（2）画面边缘细节处理
（3）画面及后补地仗再加固处理
（4）滑石粉、沙士、Primal AC33原液按比例混合进行边缘封护

画面贴纸保护：
材料工具：棉纸、宣纸、0.5%羟甲基纤维素、排刷
工艺流程（1）配制0.5%羟甲基纤维素水溶液
（2）剪裁合适大小的棉纸和宣纸
（3）画面铺棉纸后刷纤维素水溶液
（4）棉纸上贴宣纸

尘

象修整

板补泥，制作新的保护性地仗

板
面

粉
子
翻转壁画

中国文化遗产研究院 CHINESE ACADEMY OF CULTURAL HERITAGE	项目名称	库木吐喇石窟已揭取壁画 保护修复工程			
审　定	马清林	子项负责	图　名	第14窟第14块壁画竣工图	
审　核	张晓彤	勘　测	绘　图	刘生豪	图　号
项目负责	张晓彤	设　计	郭　宏	校　对	王乐乐	日　期	2015.01

除尘：
材料工具：软毛刷、洗耳球
工艺流程：（1）完整画面：用软毛刷轻轻扫去表面浮土，再用洗耳球沿一个方向吹去附着在颜料层上的浮尘。
（2）起甲部位：软毛刷扶住甲片，洗耳球吹干净甲片表面及背后浮土
（3）酥碱、颜料层粉化部位：用小的软毛刷接触尘土，轻沾提走

历史加固覆盖去除：
材料工具：手术刀、2A溶液
工艺流程：（1）用手术刀剔除覆盖画面的三合土、麦草泥、麻泥等
（2）较硬的三合土先用2A软化后再逐层去除

粘接新支撑体：
材料工具：环氧树脂、滑石粉
工艺流程：（1）壁画定位（2）壁画背面画点胶定位格子
（3）点胶（4）粘贴（5）翻转壁画

制作保护性地仗：
工艺流程：（1）边缘修整（2）切割面填补
（3）边缘空白蜂窝铝板补泥，制作新的保护性地仗

制作隔离层：
材料工具：脱盐澄板土和细沙以65:35的比例混合，加入2%的麻刀，用2% Primal AC33乳液和制成泥；修复刀。
工艺流程：（1）制作边框（2）用蒸馏水润湿壁画地仗层
（3）制作壁画过渡层（4）养护

拆除角铁：
材料工具：木工刀、美工刀、铲刀。
工艺流程：（1）翻转壁画
（2）在壁画背部支撑体表面沿角铁框架划出2cmx2cm的切割线
（3）喷洒蒸馏水润温黏土泥质支撑体
（4）用木工刀将泥质支撑体划割成厚度1.0cm的2cmX2cm方格
（5）用美工刀从侧面水平方向切除泥质支撑体,使角铁框架完全显露
（6）整体去除角铁框架
（7）用铲刀等工具减薄找平地仗层（8）选择浓度为3%-5% Primal AC33水溶液渗透加固地仗层（保留原地仗厚度约0.8-1cm）

制作新
材料工
工艺流
（2）用
（3）用

泥渍去除：
材料工具：竹刀、手术刀、棉签、去离子水。
工艺流程：（1）一般泥渍：竹刀、手术刀机械剔除
（2）较顾固泥渍：先用去离子水软化，再用竹刀、手术刀等逐层剔除，附着画面较紧密的用棉签蘸去离子水轻滚，使其完全去除
（3）黑色泥点：将小号画工笔前端刷毛部分剪去，留0.5cm左右，轻刷黑点，再用洗耳球吹去尘土

地仗层缺失的处理：
材料工具：Primal AC33乳液、麻泥、修复刀
工艺流程：（1）清理画面灰尘（2）清理断面内的沙土、地仗碎属
（3）对地仗层进行加固（4）对地仗脱落处进行修补

颜料层粉化加固：
材料工具：2%-5% Primal AC33、绸布棉拓包、木质修复刀、棉纸
工艺流程：（1）滴渗加固剂
（2）绸布拓棉包滚压
（3）修复刀垫棉纸压平
（4）视情况再加固
（5）再滚压

画面贴纸保护：
材料工具：棉纸、宣纸、0.5%羟甲基纤维素、排刷
工艺流程：（1）配制0.5%羟甲基纤维素水溶液
（2）剪裁合适大小的棉纸和宣纸
（3）画面铺棉纸后刷纤维素水溶液
（4）棉纸上贴宣纸

30cm

揭纸、细部处理：
工艺流程
（1）去除表面封护的棉纸、宣纸
（2）画面边缘细节处理
（3）画面及后补地仗再加固处理
（4）滑石粉、沙土、Primal AC33原液按比例混合进行边缘封护

、丙酮
蜂窝铝板
铝板表面

中国文化遗产研究院 CHINESE ACADEMY OF CULTURAL HERITAGE		项目名称	库木吐喇石窟已揭取壁画 保护修复工程			
审　定	马清林	子项负责		图　名	第15窟第3块（之一）壁画竣工图	
审　核	张晓彤	勘　测		绘　图	刘生豪	图　号
项目负责	张晓彤	设　计	郭　宏	校　对	王乐乐	日　期　2015.01

除尘：
材料工具：软毛刷、洗耳球
工艺流程：（1）完整画面：用软毛刷轻轻扫去表面浮土，再用洗耳球沿一个方向吹去附着在颜料层
（2）起甲部位：软毛刷扶住甲片，洗耳球吹干净甲片表面及背后浮土
（3）酥碱、颜料层粉化部位：用小的软毛刷接触尘土，轻沾提走

画面污染：
材料工具：棉签、X-60纸、棉纸、去离子水、蒸汽加湿器
工艺流程：（1）棉签蘸去离子水去除淌痕、污渍
（2）壁画表面敷设棉纸，用蒸汽加湿器软化、溶解残留胶液、棉纸吸附
（3）X-60纸湿润吸附残留胶液、重复操作、直至表面残留胶液去除

颜料层粉化加固：
材料工具：2%-5% Primal AC33、绸布棉拓包、木质修复刀、棉纸
工艺流程：（1）滴渗加固剂（2）绸布拓棉包滚压
（3）修复刀垫棉纸压平（4）视情况再加固（5）再滚压

裂缝填补：
材料工具：脱盐澄板土、沙、Primal AC33乳液、修复刀
工艺流程：（1）清理裂缝（2）渗透加固（3）填补麻泥

历史加固覆盖去除：
材料工具：手术刀、2A溶液
工艺流程：（1）用手术刀剔除覆盖面面的三合土、麦草泥、麻泥等
（2）较硬的三合土先用2A软化后再逐层去除

制作隔离层：
材料工具：脱盐澄板土和细沙以65:35的比例混合，加入2%的麻
刀，用2% Primal AC33乳液和制成泥；修复刀。
工艺流程：（1）制作边框（2）用蒸馏水润湿壁画地仗层
（3）制作壁画过渡层（4）养护

制作保护性地仗
工艺流程：（1）
（3）边缘空白蚀

拆除角铁：
材料工具：木工刀、美工刀、铲刀。
工艺流程：（1）翻转壁画
（2）在壁画背部支撑体表面沿角铁框架划出2cm×2cm的切割线
（3）喷洒蒸馏水润温黏土泥质支撑体
（4）用木工刀将泥质支撑体划割成厚度1.0cm的2cm×2cm方格
（5）用美工刀从侧面水平方向切除泥质支撑体,使角铁框架完全
显露
（6）整体去除角铁框架
（7）用铲刀等工具减薄找平地仗层
（8）选择浓度为3%-5% Primal AC33水溶液渗透加固地仗层
（保留原地仗厚度约0.8-1cm）

制作新支撑体：
材料工具：蜂窝铝板、丙
工艺流程：（1）裁剪蜂窝
（2）用钢刷打毛蜂窝铝板
（3）丙酮清洁表面
粘接新支撑体：
材料工具：环氧树脂、滑
工艺流程：（1）壁画定
定位格子
（3）点胶（4）粘贴（5

泥渍去除：
材料工具：竹刀、手术刀、棉签、去离子水。
工艺流程：（1）一般泥渍：竹刀、手术刀机械剔除。
（2）较顾固泥渍：先用去离子水软化，再用竹刀、手术刀等逐层剔除，附着画面较紧密的用棉签蘸去离子水轻滚，使其完全去除。
（3）黑色泥点：将小号画工笔前端刷毛部分剪去，留0.5cm左右，轻刷黑点，再用洗耳球吹去尘土。

30cm

） 切割面填补
制作新的保护性地仗

面画点胶

压实

地仗层空鼓分层的处理：
材料工具：脱盐澄板土、沙、Primal AC33乳液、大号注射器、大号针头、修复刀
工艺流程：（1）清除分层面杂物（2）渗透加固下层地仗
（3）注入浆液（4）回帖分层壁画（5）压实阴干

颜料层龟裂起甲回帖：
材料工具：1.5%-3%Primal AC33乳液（浓度视起甲情况而定）、绸布棉拓包、木质修复刀、棉纸、胶滚
工艺流程：（1）清除壁画表面尘土（2）注射加固剂
（3）回帖起甲壁画（4）用棉球包滚压（5）整体滚压

地仗层缺失的处理：
材料工具：Primal AC33乳液、麻泥、修复刀
工艺流程：（1）清理画面灰尘（2）清理断面内的沙土、地仗碎属（3）对地仗层进行加固（4）对地仗脱落处进行修补

画面贴纸保护：
材料工具：棉纸、宣纸、0.5%羟甲基纤维素、排刷工
艺流程（1）配制0.5%羟甲基纤维素水溶液
（2）剪裁合适大小的棉纸和宣纸
（3）画面铺棉纸后刷纤维素水溶液
（4）棉纸上贴宣纸

揭纸、细部处理：
工艺流程
（1）去除表面封护的棉纸、宣纸
（2）画面边缘细节处理
（3）画面及后补地仗再加固处理
（4）滑石粉、沙士、Primal AC33原液按比例混合进行边缘封护

中国文化遗产研究院 CHINESE ACADEMY OF CULTURAL HERITAGE		项目名称	库木吐喇石窟已揭取壁画 保护修复工程			
审　定	马清林	子项负责		图　名	第16窟第2块壁画竣工图	
审　核	张晓彤	勘　测		绘　图	刘生豪	图　号
项目负责	张晓彤	设　计	郭　宏	校　对	王乐乐	日　期 2015.01

除尘：
材料工具：软毛刷、洗耳球
工艺流程： （1）完整画面：用软毛刷轻轻扫去表面浮土，再用洗耳球沿一个方向吹去附着在颜料层上的浮尘。
（2）起甲部位：软毛刷扶住甲片，洗耳球吹干净甲片表面及背后浮土
（3）酥碱、颜料层粉化部位：用小的软毛刷接触尘土，轻沾提走

颜料层粉化加固：
材料工具：2%-5% Primal AC33、绸布棉拓包、木质修复刀、棉纸
工艺流程： （1）滴渗加固剂（2）绸布拓棉包滚压（3）修复刀垫棉纸压平
（4）视情况再加固（5）再滚压

0cm　　　　30cm

制作隔离层：
材料工具：脱盐澄板土和细沙以65:35的比例混合，加入2%的麻刀，用2% Primal AC33乳液和制成泥；修复刀。
工艺流程： （1）制作边框（2）用蒸馏水润湿壁画地仗层
（3）制作壁画过渡层（4）养护

拆除角铁：
材料工具：木工刀、美工刀、铲刀。
工艺流程： （1）翻转壁画
（2）在壁画背部支撑体表面沿角铁框架划出2cm×2cm的切割线
（3）喷洒蒸馏水润湿黏土泥质支撑体
（4）用木工刀将泥质支撑体划割成厚度1.0cm的2cm×2cm方格
（5）用美工刀从侧面水平方向切除泥质支撑体,使角铁框架完全显露
（6）整体去除角铁框架
（7）用铲刀等工具减薄找平地仗层
（8）选择浓度为3%-5% Primal AC33水溶液渗透加固地仗层（保留原地仗厚度约0.8-1cm）

历史加
材料工
工艺流
（2）转

制作保护
工艺流程
（3）边缘

制作新支
材料工具
工艺流程
（2）用钐
（3）丙酮
粘接新支
材料工具
工艺流程
（2）壁画
（3）点胶
（4）粘贴
（5）翻转
（6）压实

竹刀、手术刀、棉签、去离子水。
（1）一般泥渍：竹刀、手术刀机械剔除。
固泥渍：先用去离子水软化，再用竹刀、手术刀等逐层剔除，附着画面较紧密的用棉签蘸去离子水轻
完全去除。
泥点：将小号画工笔前端刷毛部分剪去，留0.5cm左右，轻刷黑点，再用洗耳球吹去尘土。

颜料层龟裂起甲回帖：
材料工具：1.5%-3%Primal AC33乳液（浓度视起甲情况而定）、绸布棉拓包、
木质修复刀、棉纸、胶滚
工艺流程：（1）清除壁画表面尘土（2）注射加固剂（3）回帖起甲壁画（4）用棉
球包滚压（5）整体滚压

地仗层错位的处理：
材料工具：泥浆、麻泥、Primal AC33乳液、修复刀、针管
工艺流程：（1）错位叠压部位分离（2）浸润加固地仗层（3）调整错位画面
（4）低凹地仗补平（5）调整回贴

地仗层塌陷的处理：
材料工具：泥浆、麻泥、Primal AC33乳液、修复刀、针管
工艺流程：（1）抬高塌陷画面（2）清理洼坑杂物（3）浸润加固地仗
（4）低凹地仗补平（5）回贴

2A溶液
术刀剔除覆盖面面的三合土、麦草泥、麻泥等
用2A软化后再逐层去除

画面贴纸保护：
材料工具：棉纸、宣纸、0.5%羟甲基纤维素、排刷。
工艺流程（1）配制0.5%羟甲基纤维素水溶液
（2）剪裁合适大小的棉纸和宣纸
（3）画面铺棉纸后刷纤维素水溶液
（4）棉纸上贴宣纸

整（2）切割面填补
补泥，制作新的保护性地仗

揭纸、细部处理：
工艺流程
（1）去除表面封护的棉纸、宣纸
（2）画面边缘细节处理
（3）画面及后补地仗再加固处理
（4）滑石粉、沙土、Primal AC33原液按比例混
合进行边缘封护

酮
离铝板
表面

石粉
工
格子

中国文化遗产研究院
CHINESE ACADEMY OF CULTURAL HERITAGE

			项目名称	库木吐喇石窟已揭取壁画 保护修复工程		
审　定	马清林	子项负责		图　名	第38窟第41块壁画竣工图	
审　核	张晓彤	勘　测		绘　图	刘生豪	图　号	
项目负责	张晓彤	设　计	郭　宏	校　对	王乐乐	日　期	2015.01

除尘：
材料工具：软毛刷、洗耳球
工艺流程：（1）完整画面：用软毛刷轻轻扫去表面浮土，再用洗耳球沿一个方向吹去附着在颜料层上的浮尘。
（2）起甲部位：软毛刷扶住甲片，洗耳球吹干净甲片表面及背后浮土
（3）酥碱、颜料层粉化部位：用小的软毛刷接触尘土，轻沾提走

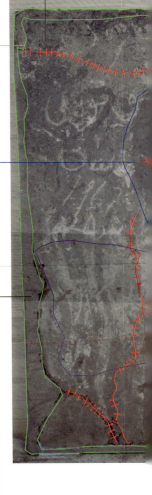

历史加固覆盖去除：
材料工具：手术刀、2A溶液
工艺流程：（1）用手术刀剔除覆盖面面的三合土、麦草泥、麻泥等
（2）较硬的三合土先用2A软化后再逐层去除

颜料层龟裂起甲回帖：
材料工具：1.5%-3%Primal AC33乳液（浓度视起甲情况而定）、绸布棉拓包、木质修复刀、棉纸、胶滚
工艺流程：（1）清除壁画表面尘土（2）注射加固剂
（3）回帖起甲壁画（4）用棉球包滚压（5）整体滚压

制作隔离层：
材料工具：脱盐澄板土和细沙以65:35的比例混合，加入2%的麻刀，用2% Primal AC33乳液和制成泥；修复刀。
工艺流程：（1）制作边框（2）用蒸馏水润湿壁画地仗层
（3）制作壁画过渡层（4）养护

拆除角铁：
材料工具：木工刀、美工刀、铲刀。
工艺流程：（1）翻转壁画
（2）在壁画背部支撑体表面沿角铁框架划出2cm×2cm的切割线
（3）喷洒蒸馏水润温黏土泥质支撑体
（4）用木工刀将泥质支撑体划割成厚度1.0cm的2cm×2cm方格
（5）用美工刀从侧面水平方向切除泥质支撑体，使角铁框架完全显露（6）整体去除角铁框架
（7）用铲刀等工具减薄找平地仗层
（8）选择浓度为3%-5% Primal AC33水溶液渗透加固地仗层（保留原地仗厚度约0.8-1cm）

制作保护性地仿
工艺流程：（1
（3）边缘空白

制作新支撑体：
材料工具：蜂窝铝板、丙酮
工艺流程：（1）裁剪蜂窝铝板
（2）用钢刷打毛蜂窝铝板表面（3
粘接新支撑体：
材料工具：环氧树脂、滑石粉
工艺流程：（1）壁画定位（2）壁
（3）点胶（4）粘贴（5）翻转壁

颜料层粉化加固：
材料工具：2%-5% Primal AC33、绸布棉拓包、木质修复刀、棉纸
工艺流程：（1）滴渗加固剂（2）绸布拓棉包滚压（3）修复刀垫棉纸压平
（4）视情况再加固（5）再滚压

地仗层缺失的处理：
材料工具：Primal AC33乳液、麻泥、修复刀
工艺流程：（1）清理画面灰尘
（2）清理断面内的沙土、地仗碎属
（3）对地仗层进行加固
（4）对地仗脱落处进行修补

裂缝填补：
材料工具：脱盐澄板土、沙、Primal AC33乳液、修复刀
工艺流程：（1）清理裂缝（2）渗透加固（3）填补麻泥

画面贴纸保护：
材料工具：棉纸、宣纸、0.5%羟甲基纤维素、排刷。
工艺流程（1）配制0.5%羟甲基纤维素水溶液
（2）剪裁合适大小的棉纸和宣纸
（3）画面铺棉纸后刷纤维素水溶液
（4）棉纸上贴宣纸

揭纸、细部处理：
工艺流程：
（1）去除表面封护的棉纸、宣纸
（2）画面边缘细节处理
（3）画面及后补地仗再加固处理
（4）滑石粉、沙士、Primal AC33原液按比例混合
进行边缘封护

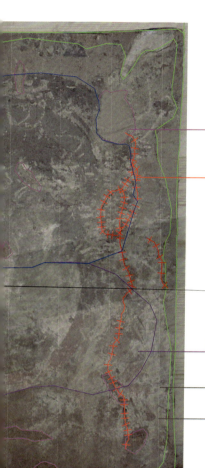

30cm

）切割面填补
制作新的保护性地仗

位格子

中国文化遗产研究院 CHINESE ACADEMY OF CULTURAL HERITAGE		项目名称	库木吐喇石窟已揭取壁画 保护修复工程			
审　定	马清林	子项负责		图　名	第61窟第3块壁画竣工图	
审　核	张晓彤	勘　测		绘　图	刘生豪	图　号	
项目负责	张晓彤	设　计	郭　宏	校　对	王乐乐	日　期	2015.01

附录 10

壁画残片修复档案示例

龟兹研究院馆壁画残片文物保护修复档案（一）

编号：克 5	尺寸：16cm × 21.5cm × 4.2cm	年代：唐
出土地点：克孜尔石窟	保存地点：龟兹研究院库房	修复时间：2014 年 9 月
制作工艺：壁画残片。麦草泥粗泥层 + 细泥层 + 白粉层 + 颜料层。		
保存现状：表面积尘、裂隙、起甲、粉化、颜料层脱落		

修复前	3%PrimalAC33 起甲加固	喷雾加固

减薄地仗	麻泥抹平地仗	贴泥板

与泥板粘合	打毛泥板	修复后

修复过程：先用洗耳球、软毛刷除尘，再用 3% Primal AC33 乳液加固表面颜料层，半干时用绸布拓包滚压压实颜料层；减薄原始地仗层，用 3% Primal AC33 加固，将壁画贴于制好的泥板之上，注意观察画面内容，使之正像保持与泥板底边垂直，压实阴干。

龟兹研究院馆藏壁画残片文物保护修复档案（二）

编号：克 17	尺寸：25cm×17.6cm×5.5cm	年代：唐
出土地点：克孜尔石窟	保存地点：龟兹研究院库房	修复时间：2014 年 9 月
制作工艺：壁画残片。麦草泥粗泥层＋细泥层＋白粉层＋颜料层。		
保存现状：表面积尘、起甲、粉化，壁画断裂		

 修复前	 除尘	 大块表面加固
 小块喷雾加固	 剔平地仗	 麻泥补平地仗
 贴泥板	 拼接	 平整缝隙内麻泥
 泥板边缘平整	 加麻泥	 修复后

修复过程：先用洗耳球、软毛刷除尘，再用 3% Primal AC33 乳液加固表面颜料层，半干时用绸布拓包滚压压实颜料层；减薄原始地仗层，用 3% Primal AC33 加固，将壁画贴于制好的泥板之上，注意观察画面内容，使之正像保持与泥板底边垂直，压实阴干。

参考文献

（按第一作者姓名音序排列）

研究论著类

◎ 阿尔伯特·冯·勒柯克 [德] 著，陈海涛译：《新疆地下文化宝藏》，新疆人民出版社，2013 年。

◎ 巴菲尔德 (Barfield，Thomas) 著，袁剑译：《危险的边疆：游牧帝国与中国》，凤凰出版传媒集团，江苏人民出版社，2011 年。

◎ 北京市文物研究所：《北京地区辽金墓葬壁画保护研究》，科学出版社，2008 年。

◎ 北京大学考古学系、克孜尔千佛洞文物保管所：《新疆克孜尔石窟考古报告》(第 1 卷)，文物出版社，1997 年。

◎ 伯希和 (Pelliot，Paul) 等著，耿昇译：《伯希和西域探险记》，人民出版社，2011 年。

◎ 布萨格里·玛里奥 (Bussagli·Mario)、帕塔卡娅·查娅 (Bhattacharya·Chhaya)、普里·B. N(Puri·B.N.) 著，许建英、何汉民编译：《中亚佛教艺术》，新疆美术摄影出版社，1992 年。

◎ 常书鸿：《新疆石窟艺术》，中共中央党校出版社，1996 年。

◎ 晁华山：《佛陀之光——印度与中亚佛教胜迹》，文物出版社，2001 年。

◎ 茨默 (Zieme·Peter) 著，桂林、杨富学译：《佛教与回鹘社会》，民族出版社，2007 年。

◎ 楚启恩：《中国壁画史 (修订版)》，北京工艺美术出版社，2012 年。

◎ 大谷光瑞等著，章莹译：《丝路探险记》，新疆人民出版社，1998 年。

◎ 丁和：《德藏新疆壁画》，上海市新闻出版局内部资料，（2015）第 38 号。

◎ 敦煌研究院：《敦煌研究文集》(石窟保护篇上、下)，甘肃人民出版社，1994 年。

◎ 冯斐：《龟兹佛窟人体艺术》，新疆美术摄影出版社，香港：香港文化教育出版社，1992 年。

◎ [法] 郭鲁柏、格鲁赛、色伽蓝著，冯承钧译：《西域考古记举要中国西部考古记》，国家图书馆出版社，1941 年。

◎ 高礼智、何培斌、杨春棠：《法相传真——古代佛教艺术》，香港大学美术博物馆，1998 年。

◎ [日] 宫治昭著，李萍、张清涛译：《涅槃与弥勒的图像学》，文物出版社，2009 年。

◎ 韩翔、朱英荣著，新疆维吾尔自治区文化厅龟兹石窟研究所、新疆大学中亚文化研究所编：《龟兹石窟》，新疆大学出版社，1990 年。

◎ 韩森、芮乐伟 (Hansen，Valerie) 著，张湛译：《丝绸之路新史》，北京联合出版公司，2015 年。

◎ 黄文弼：《塔里木盆地考古记》(中国田野考古报告集·考古学专刊丁种第三号)，科学出版社，1958 年。

◎ 黄骏、谢成水：《中国石窟壁画修复与保护》，中国美术学院出版社，2017 年。

◎ 何恩之、魏正中著，王倩译：《龟兹寻幽——考古重建与视觉再现》，上海古籍出版社，2017 年。

288

第 136~144 页。

◎ 马玉华：《敦煌北凉北魏石窟壁画的制作》，《装饰》2008 年第 6 期，第 3~39 页。

◎ 马赞峰、李最雄、苏伯民等：《偏光显微镜在壁画颜料分析中的应用》，《敦煌研究》2002 年第 4 期，第 33~37 页。

◎ 马赞峰、青木繁夫、犬竹和：《敦煌莫高窟壁画地仗修补材料筛选》、《敦煌研究》2007 年第 5 期，第 22~27 页。

◎ 祁英涛：《永乐宫壁画的揭取方法 》，《文物》1960 年第 Z1 期，第 82~86 页。

◎ 苏伯民、陈港泉：《不同含盐量壁画地仗泥层的吸湿和脱湿速度的比较》，《敦煌研究》2005 年第 5 期，第 62~66 页。

◎ 苏伯民、陈港泉、王旭东等：《中华人民共和国文物保护行业标准 WW/T0001-2007：古代坠画病害分类标识规范》，文物出版社，2007 年。

◎ 苏伯民、胡之德、李最雄：《敦煌壁画中混合红色颜料的稳定性研究》，《敦煌研究》1996 年第 3 期，第 149~162 页。

◎ 苏伯民、张爱民、胡之德等：《色谱法在古代绘画胶结材料分析中的应用 》，《敦煌研究》1999 年第 1 期，第 82~85 页。

◎ 苏伯民、李最雄、马赞峰：《克孜尔石窟壁画颜料研究》，《敦煌研究》2000 年第 1 期，第 65~75 页。

◎ 苏自兵：《浅谈我国壁画的现状》，《重庆工商大学学报：自然科学版》2008 年第 2 期，第 220~222 页。

◎ 孙洪才：《新疆库车库木吐拉石窟壁画揭取保护技术》，《敦煌研究》2000 年第 1 期，第 150~152 页。

◎ 唐玉民、孙儒僴：《敦煌莫高窟壁画颜料变色原因探讨》，《敦煌研究》1988 年第 3 期，第 18~25 页。

◎ 铁付德、孙淑云等：《已揭取壁画的损坏及保护修复》，《中原文物》2004 年第 1 期，第 81~86 页。

◎ 汪万福、蔺创业：《损坏敦煌莫高窟壁画的害虫——仿爱夜蛾生活习性与防治研究》，《昆虫知识》2000 年第 4 期，第 282~285 页。

◎ 汪万福、马赞峰、李最雄等：《空鼓病害壁画灌浆加固技术研究》，《文物保护与考古科学》2006 年第 1 期，第 52~59 页。

◎ 汪万福、马赞峰、蔺创业等：《昆虫对石窟壁画的危害与防治研究》，《敦煌研究》2002 年第 4 期，第 84~91 页。

◎ 汪万福、马赞峰、于宗仁等：《西藏布达拉宫、罗布林卡和萨迦寺壁画制作材料分析》，《敦煌研究》2002 年第 6 期，第 78~84 页。

◎ 汪万福、苏伯民、青木繁夫等：《几种壁画修复材料物性指数的试验测试》，《敦煌研究》2000 年第 1 期，第 87~94 页。

◎ 王庆喜：《文物环境与文物保护综论》，《湖南科技学院学报》2009 年第 6 期，第 65~68 页。

◎ 王世襄：《记修整壁画的"脱胎换骨法" 》，《文物参考资料》1957 年第 3 期，第 32~43 页。

◎ 王小伟、柴勃隆、孙胜利：《莫高窟壁画现状调查记录方法的思考》，《敦煌研究》2007 年第 5 期，第 103~106 页。

◎ 王旭东、陈港泉、樊再轩等：《中华人民共和国文物保护行业标准 WW/T0006-2007：古代壁画现状调查规范 》文物出版社，2007 年。

◎ 夏寅、郭宏等：《内蒙古阿尔寨石窟壁画制作工艺和颜料的分析研究》，《文物保护与考古科学》2007 年第 2 期，第 41~46 页。

◎ 于宗仁、赵林毅等：《马蹄寺、天梯山和炳灵寺石窟壁画颜料分析》，《敦煌研究》2005 年第 4 期，第 67~70 页。

◎ 于宗仁：《敦煌石窟元代壁画制作材料及工艺分析研究》，兰州大学，2009 年。

◎ 赵林毅、李燕飞等：《丝绸之路石窟壁画地仗制作材料及工艺分析》，《敦煌研究》2005 年第 4 期，第 75~82 页。

◎ 张明泉、张虎元、曾正中等：《莫高窟壁画酥碱病害产生机理》，《兰州大学学报》，《自然科学版》1995 年第 1 期。

◎ 张蜓：《辽金时期弧形连砖揭取墓葬壁画的支撑保护体系研究》，《西北大学学报》，2009 年。

◎ 周国信、程怀文：《对云冈石窟古代壁画颜料剖析》，《考古》1994 年第 10 期，第 948~951 页。

◎ Cappitelli F，Sorlini C.Microorganisms Attack Synthetic Polymers in Items Representing Our Cultural Heritage. Applied and Enviromental Microbiology.2008 .74 (3)：564~569.

◎ Cappitelli F，Nosanchuk J D. Casadevall A，et al. Synthetic consolidants attacked by melanin producing fungi：case study of the biodeterioration of Milan Cathedral (Italy) marble treated with acrylics.Appl.Environ.Microbiol. 2007.73：271-277.

◎ Cappitelli F，Principi P，Pedrazzani R，et al. Bacterial and fungal deterioration of the Milan Cathedral marble treated with protective synthetic resins.Sci. Total Environ, 2007.385：172~181.

◎ Eljarrat E，Barcelo D. Priority lists for persistent organic pollutants and emerging contaminants-based on their relative toxic potency in environmental samples, Trends in Analytical Chemnistry，2003. 22(10)：655~665.

◎ El-Sherbiny I M，Salama A；Sarhan A A. Grafting Study and Antifungal Activity of a Carboxy-methyl Cellulose Derivative.International Journal of Polymeric Materials，2009.58 (9)：453~467.

◎ Ershad-Langroudi A，Rahimi. A. Synthesis and characterisation of nano silica-based coatings for protection of antique articles. International Journal of Nanotechnology，2009. 6(10-11)：915~925.

◎ Evenson J，Crews P C. The Effects of Light Exposure and Heat-Aging on Selected Quilting Products Containing Adhesives, Journal of the American Institute for Conservation，2005. 44(1)：27~38.

◎ Giorgi R，Dei L，Baglioni P. A New Method for Consolidating Wall Paintings Based on Dispersions of Lime in Alcohol. Studies in Conservation，2000. 45(3)：154~161.

◎ Rodriguez-Navarro C，Doehne E. Salt weathering：influence of evaporation rate：super saturation and crystallization pattern. Earth Surface Processes and Landforms，1999. 24(3)：191~209.

◎ Rosina E，Ludwig N，Torre S D. et al. Thermal and Hygroscopic Characteristics of Restored

感谢我们有着八十余年历史的研究院，给予我们发展的平台和成长的土壤；感谢柴晓明院长、乔云飞副院长在繁忙工作中给予本书的宝贵建议；感谢历任领导的支持，感谢同事们的帮助。

感谢项目进行期间，年迈的父母给分身无术的我照料孩子；感谢女儿在项目期间从中学生变成了大学生。

感谢所有真诚鼓励，无私帮助，督促指引！

由于作者研究能力有限，致本书整体逻辑与学术深度都存在不足；加之工程项目进行过程中综合研究的意识欠缺，部分图像采集与样品处理不尽如人意；有关文物修复的思考与探讨也仅基于个人的不成熟观点，难免有失偏颇。诸多不足与疏漏，敬请大家批评指正。